교양으로 읽는 고려사

교양으로 읽는 고려사

송은명 지음

시아

최근 「태조 왕건」, 「제국의 아침」, 「무인시대」 등등 고려시대를 다룬 드라마의 잇따른 방영으로 고려에 대한 관심이 점점 높아지고 있다. 사실 삼국사나 조선사에 비해 고려사는 일반인들뿐 아니라 연구자들에게도 잘 알려지지 않은 미지의 영역이다. 조선과 마찬가지로 500년의 유구한 역사를 가지고 있으면서도 현존하는 유물과 자료의 부족 등을 이유로 우리 역사상 가장 어두운 베일에 싸여 있는 시대가 바로 고려이며, 심지어 조선에 비해 미숙한 사회, 과도기의 역사로 이해되어 왔다.

그렇다면 고려는 어떤 나라일까? 지금으로부터 1천 년 전에 과연 이 땅에서는 어떤 일이 벌어지고 있었을까? 이 답을 찾기 위해서는 먼저 역사와 인물과의 관계를 고찰할 필요가 있다. 전편 『인물로 보는 조선사』에서부터 제기됐던 이와 같은 고민은 이 책에서도 마찬가지로 계속되었다.

과거의 기록을 통해 현재를 돌아보는 데 역사의 의의가 있다고 한다면, 인물의 삶만큼 효과적인 매개체도 없을 것이다. 이 책은 고려시대 인물들의 삶을 통해 고려의 역사적 특징과 의의를 새롭게 조명해 보고자 한다. 이 책에 실린 인물들의 생생한 삶을 통해 역사의 생동감과 현장감을 느껴볼 수 있었으면 한다.

5

그렇다면 우리나라의 중세를 장식했던 고려는 어떤 역사적 특징을 가지고 있을까? 본문에 들어가기에 앞서 고려 시대가 지니고 있는 특징들을 잠시 알아보자.

우선 고려는 문종 대의 안정기를 제외한 대부분의 시기를 혼란스러운 대내외 상황에 시달려야 했다. 대외적으로는 외침이 끊임없이 계속되었는데, 당나라 이후 요나라(거란)·송나라·금나라(여진)·원나라(몽골) 등으로 쉴새없이 주도세력이 바뀌는 중국 대륙의 정세에 능동적으로 대처하지 못했기 때문이다. 건국 때부터 표방해 온 북진정책도 중국 왕조와의 마찰에 한몫했다. 고려는 송나라를 제외한 요나라·금나라·원나라 등과 수차례에 걸쳐 전쟁을 치르거나 군사적으로 대립했다. 이러한 과정에서 국력이 크게 소모되고 국토는 피폐해질 수밖에 없었다. 내부적으로는 크고 작은 변란에 시달렸다. 특히 중기 이후 이자겸의 난을 시작으로 묘청의 난·무신란 등을 겪으면서 지배층의 변화와 함께 사회적 혼란이 가중되었고, 결국 원나라의 지배를 받기에 이르렀다.

이러한 대내외적인 시련을 겪으면서 500여 년 간 존속했던 고려는 다음과 같은 역사적 특징을 가지고 있다. 첫째, 고려는 사회적으로 특권을 지닌 일부 계층, 즉 귀족이 나라를 좌우했던 '귀족국가'였다. 고려를 지배했던 귀족계층은 급부상과 몰락을 반복하며 조금씩 변화되었는데, 국초에는 건국과 후삼국 통일에 참여했던 호족, 왕권과 국가체제가 정비되면서부터는 왕실과 혼인한 외척과 과거를 통해 관료화한 문벌귀족, 무신정변 이후 몽골 침입과 원나라 지배기를 거쳐 멸망할 때까지는 권문세족 등으로 지배층이 변모해 왔다. 귀족들은 고려의 정치·경제·사회·문화를 이끌며 많은 업적을 남기기도 했지만, 권력과 부를 독점하며 전횡을 일삼음으로써 수많은 폐단을 낳아 결국 국력이 쇠하고 나라가 멸망하는 원인을 제공하기도 했다.

둘째, 고려는 불교를 국교로 하는 '불교국가'였다. 과거제 실시 이후 유학을 공부한 학자들이 관료로 등장했지만, 왕건의 「훈요십조」에 나타나 있듯 불교를 나라의 근본 이념으로 삼고 있다. 고려 전기에는 왕실과 문벌귀족의 후원을 받은 경전 중심의 교종, 즉 화엄종과 천태종이 나라를 이끄는 사상적 토대가 되었고, 무신정변 이후에는 무인집권자와 권문세족의 후원을 받은 참선 중심의 선종, 구산선문을 통합한 조계종 등이 불교계를 주도했다. 집권자와 불교는 떼려야 뗄 수 없는 밀접한 관계를 가지고 있었고, 국가개혁과 중흥의 중심에는 언제나 당대의 고승들이 자리하고 있었다. 그러나 지나친 불교 우대정책에 따른 여러 가지 폐단과 부작용으로 인해 말기에 이르러서는 신진사대부들에 의해 불교가 철저하게 배격되기도 했다.

셋째, 고려 시대에는 사학이 크게 발달했다. 유학을 시제로 하는 과
거가 실시되면서 지방 토호나 향리를 비롯한 양민들은 이를 통해 신분
상승을 꾀했다. 그런 중에 관학인 국자감이 유명무실해 지고 최충의 구
재학당을 필두로 유학자들이 세운 사학이 크게 성행했다. 이들 유학자
들은 대부분 관료 출신으로 과거를 주관했던 지공거 출신이었으므로
과거를 준비하는데 있어서는 사학이 더욱 효과적일 수밖에 없었다.

넷째, 한때 무신들이 국정을 장악했다. 이것은 역대 왕조들 가운데
유일하게 무신들에 의해 국정이 좌우된 변칙의 역사다. 고려는 과거제
실시 이후 문벌귀족을 비롯한 문신들이 국정을 총괄했고, 군 지휘권 또
한 문신들이 차지했다. 이로 인해 무신들은 철저하게 권력에서 소외되
었고, 이것은 결국 1170년의 무신정변으로 이어졌다. 이의방·정중
부·경대승·이의민·최충헌 등으로 이어진 무인집권자들은 원종 때
왕권이 복구되기까지 약 80여 년 동안 고려를 지배했다.

이와 같은 특징들과 함께 고려왕조 500년을 좀더 흥미롭고 재미있게
접할 수 있도록 시대의 중심에 서 있던 28인의 삶을 통해 고려사를 서술
하고자 했다. 한 개인의 삶을 통해 역사를 들여다본다는 것은 매우 흥미

8

로운 작업이며, 이것이 바로 인물로 보는 역사 시리즈가 갖는 매력이라고 생각한다. 물론 개인적인 저술이다 보니 한 개인의 편견과 역사에 대한 부족한 지식이 드러나리라 생각한다. 많은 채찍질을 부탁드린다.

송은명

차례

1장 새로운 시대가 열리다

왕건
광종
균여
성종
서희
강조
양규
강감찬

오백 년 고려의 문을 열다
왕건

    고려 태조 왕건, 그는 후삼국 시대의 대혼란을 잠재우고 민족을 재통일한 영웅이다. 왕건은 통일신라 말 나라가 다시 삼국으로 분열하여 서로 치열한 공방전을 벌이던 후삼국 시대에 태어나, 고려를 건국하고 난세를 평정해 마침내 통일을 이룩함으로써 500년 고려왕조를 열었다. 왕건은 전국 곳곳에서 독자적인 세력을 형성하고 있던 호족들을 혼인정책 · 사성정책 · 사심관제도 · 기인제도 등 여러 정책을 통해 새 왕조의 품으로 끌어들였다.

    왕건은 고구려의 계승자임을 천명하고, 국호를 '고려'라고 명명했듯 북진정책을 통해 고구려의 옛 영토를 회복하려 했다. 그리고 숭불정책을 통해 흩어진 민심을 하나로 모으고 나라의 안정을 도모하고자 했다. 죽기 전에 남긴 「훈요십조」는 그의 정치적 신념임과 동시에 이후 고려왕조를 이끌어가는 밑바탕이 되었다.

궁예 휘하에서 신망을 쌓다

    왕건은 신라 헌강왕 3년(877), 송악(개성)의 호족 왕융의 아들로 태어났다. 『고려사』에는 "어려서부터 매우 총명하고 지혜롭고 슬기로웠으며, 얼굴이 널찍하고 턱은 풍만하며 이마가 넓은 것이 마치 용의 얼굴과 같았다. 기개와 도량이 크고 깊었으며, 말소리는 우렁찼다. 성품이 너그럽고 후하여 세상을 건질 만한 도량을 갖추었다"고 전한다.

아버지 왕융은 해상무역을 통해 큰 세력을 형성하고 있던 송악 지역의 대부호였는데, 진성여왕 10년(896), 당시 한반도 중부 지방에서 큰 세력을 형성하고 있던 궁예에게 귀부했다. 이때 왕건의 나이 스무 살이었다.

궁예에게 있어서 왕건 부자의 귀부는, 송악을 중심으로 예성강 일대를 장악함으로써 중부 이북의 최강자로 군림할 수 있는 계기가 되었다. 궁예는 왕건 부자의 귀부를 크게 환영하며 왕융을 금성태수로 임명했다. 이때 왕건은 궁예의 명을 받아 송악에 발어참성을 쌓고 정기대감에 올랐다.

그 후 왕건은 광주 · 충주 · 청주의 3주와 당성(남양)과 괴양(괴산) 등을 평정함으로써 궁예를 중부 이북의 최강자로 만들었다. 이러한 왕건의 활약으로 확실한 세력을 구축한 궁예는 901년 송악에서 고려(후고구려)를 세우고 왕위에 올랐다.

903년 3월, 왕건은 수군 함대를 이끌고 서해를 거쳐 후백제의 광주 지경을 치고, 금성을 공격하여 함락시킨 데 이어 인근 10여 개의 군 · 현을 빼앗는 대승을 거두었다. 왕건은 새로 얻은 땅인 금성의 지명을 나주라 고치고 일부 군사를 주둔시켜 이를 방어하게 한 뒤 송악으로 돌아왔다. 왕건의 나주 점령은 후삼국을 통일할 때까지 후백제의 배후에 전략적 요충지를 마련한 쾌거였다.

이로써 왕건은 궁예가 변방과 군사에 대한 모든 대책을 그에게 물을 정도로 신망을 받았다. 궁예는 904년 국호를 '마진'(摩震), 연호를 '무태'(武泰)로 했다가 이듬해 도읍을 송악에서 철원으로 옮기면서 다시 연호를 '성책'(聖冊)으로 바꾸었다. 이때도 왕건은 조금도 흔들리지 않고 묵묵히 자신의 소임을 다했다.

906년, 왕건은 상주 사화진에서 후백제 견훤과 대치하여 상주 관내 30여 성을 점령하고 공주장군 홍기의 항복을 받아내는 대승을 거두었다. 909년에는 후백제의 강성한 군세를 보고 사기가 떨어진 장졸들에게 "모든 장졸들은 조금도 두려워하지 말라. 싸움에 승리하는 것은 오로지 단결과 화합에 있는 것이지 군사가 많은 데 있는 것이 아니다."라고 독려하며 견훤이 간신히 목숨을 건져 도망칠 정도로 후백제군을 크게 물리치고 대승을 거두었다. 이로써 궁예가 서남해 지역을 장악할 수 있게 되었다.

왕건은 싸움만 잘하는 장수가 아니라 부하 장졸들도 다독일 줄 아는 덕을 지닌 사람이었다. 왕건이 나주에 머물며 전함을 수리하고 군량미를 비축하는 등 만일에 있을지 모를 싸움에 대비하고 있을 때였다. 부장인 김언 등이 후백제와의 계속된 싸움에서 큰 공을 세웠는데도 궁예가 상을 주지 않은 것에 대해 불만을 터뜨리자, 왕건은 다음과 같은 말로 이들을 달랬다.

"그럴수록 태만한 마음을 삼가고 오직 힘을 다하여 두 마음을 먹지 않으면 어찌 복을 얻지 못하겠는가. 지금 성상(궁예)께서는 학정이 심하여 무고한 사람들을 죽이고 있으며, 또한 조정에는 모함과 참소로 자신의 뜻을 펴려는 간사한 무리들이 많다. 차라리 밖에 나와 전쟁터에 있으면서 힘을 다해 임금을 돕는 것이 몸을 보전하기에는 더 나을 것이다."

이렇듯 왕건은 밖으로는 뛰어난 전략과 용병술로 싸우는 족족 큰 승리를 거두었고, 안으로는 장졸들의 용기를 북돋아주고 불만을 잠재움으로써 자신의 입지를 세워 나갔다. 이와 같은 왕건의 세심한 배려는 장졸들로부터 진심에서 우러나온 존경심과 복종을 이끌어냈다. 이것은 뒷날 폭정을 일삼는 궁예를 몰아내고 장졸들의 추대로 고려를 건국

『고려사』(高麗史)
조선 초, 김종서 · 정인지 등이 세종의 교지를 받아 만든 고려의 역사를 기록한 책이다. 원래 정도전 · 조준 등에 의해 1395년에 처음 완간되었으나, 조선 건국을 미화하기 위해 많은 사실이 왜곡되었고, 편찬자의 개인적인 이해 관계까지 개입되는 등 많은 문제점이 발견되었다. 여러 차례의 개수 끝에 문종 대인 1451년 총 139권으로 완성되었다.

할 수 있는 밑바탕이 되었다.

구사일생으로 목숨을 건지다

911년, 국호를 '태봉'(泰封)으로 고친 궁예는 그로부터 2년 뒤, 그동안 여러 전쟁터를 누비며 큰 공을 세워온 왕건의 관등을 높이고 시중으로 임명하여 내직으로 불러들였다. 그러나 외정(外征)을 할 때에는 반드시 왕건에게 물어서 시행하도록 했다.

왕건은 비로소 백관의 으뜸인 시중의 자리에 올랐지만, 그것은 그가 원했던 바가 아니었다. 태봉이 한반도 안에서 주도권을 잡게 되자 궁예는 초기의 평상심을 잃고 신하들을 의심하기 시작했고, 신하들 또한 서로 헐뜯고, 비방과 참소를 일삼았기 때문이다. 왕건은 언제나 정사를 공평하게 처리하기 위해 힘썼으며 사적인 감정을 억제하고자 하였다. 그리고 어진 사람을 가까이 하고 모진 사람을 멀리하며, 억울하게 참소당한 사람들을 구명하는 데 앞장섰다. 이에 조정 관리들과 장졸들이 모두 그를 따랐다.

이렇듯 왕건이 밖에서는 뛰어난 무장으로 안에서는 명재상으로 맹활약하는 동안 태봉국은 영토가 늘어나고 국력이 막강해져 갔다. 그러한 가운데 궁예는 죄 없는 사람들을 의심하여 죽이는 등 점점 폭군으로 변해갔다. 궁예는 스스로 미륵불이라 칭하고, "나는 미륵의 관심법을 터득했으므로 능히 사람들의 음란하고 사악한 마음을 알 수 있다. 만약 내 관심법을 거스르는 자가 있으면 곧 준법을 행하리라."는 말을 내세워 사람들을 마구 죽였다.

백성들의 원성은 높아만 갔고, 이를 보다 못한 왕후 강씨가 간하자 쇠몽둥이를 불에 달궈 음부를 쳐서 죽였으며, 이를 말리는 두 아들까지 죽이는 등 궁예의 흉포함은 극에 달했다. 그 후 궁예는 의심하고 화를 내는 일이 더욱 빈번해졌으며, 보좌관과 장수, 관리들로부터 평민에 이르기까지 죄 없이 죽임을 당한 사람의 수를 헤아릴 수 없었다.

한때 "여러 장수들 중에서 누가 가히 왕 장군과 견줄 수 있겠는가?"라는 극찬을 받았던 왕건 또한 궁예의 의심으로부터 벗어나지 못했다. 어느 날 왕건이 왕명을 받고 입궐하자 궁예가 성난 눈으로 흘겨보며 다음과 같이 물었다.

"경이 어젯밤 무리들을 모아 모반을 꾀한 이유는 무엇인가?"

왕건은 눈앞이 아찔해졌다. 그때까지 궁예의 의심을 받았던 사람 가운데 목숨을 건진 사람은 아무도 없었기 때문이다. 꼼짝없이 목숨을 잃을 위기에 처한 것이다. 그러나 왕건은 곧 정신을 가다듬고 태연하게 웃으면서 다음과 같이 대답했다.

"소신이 어찌 그런 마음을 품을 수 있겠습니까?"

"경은 나를 속이지 말라. 나는 남의 마음을 꿰뚫어 보기 때문에 다 알 수 있다. 내 지금 즉시 관심법으로 그대의 마음을 알아보겠다."

궁예는 말을 마친 뒤 곧 눈을 감고 두 손을 모은 채 한참 동안 가만히 앉아 있었다. 왕건으로서는 일촉즉발의 위기였다. 이때 곁에 있던 최응이 일부러 붓을 떨어뜨린 뒤, 붓을 집기 위해 왕건의 옆을 지나면서 다음과 같이 속삭였다.

"장군, 잘못을 인정하지 않으면 위험합니다."

순간 최응의 말뜻을 알아차린 왕건은 재빨리 무릎을 꿇으면서 이렇게 말했다.

"사실은 소신이 모반을 꾀했으며, 그 죄는 죽어 마땅합니다."

최응은 오경과 문장에 능한 신동으로 겨우 열 살 가량의 어린 나이에 출사하여 궁예로부터 "이른바 성인을 얻는다 함은 바로 이 사람을 가리키는 말이 아닌가!"라는 말을 들을 정도로 신임을 받고 있는 인물이었다. 따라서 최응은 그 누구보다도 궁예의 마음을 잘 알고 있었다.

하지만 왕건의 말은 역모를 인정하는 것이었고, 그것은 곧 죽음을 의미했다. 모두들 숨을 죽인 채 지켜보는 가운데, 갑자기 궁예가 큰소리로 껄껄껄 웃으면서 말했다.

"경은 과연 정직하도다. 앞으로 다시는 나를 속이지 말라."

그런 후 궁예는 금은으로 장식된 안장과 말고삐를 왕건에게 내려주었다. 이것은 평소 왕건이 장군으로서 장졸들에게 모범을 보였을 뿐 아니라 시중으로서 나랏일을 엄정하고 공평무사하게 처리함으로써 신망을 얻었기 때문에 가능한 것이었다.

새 왕조를 열다

918년 6월 을묘일 밤, 기장 홍유·배현경·신숭겸·복지겸 등이 왕건을 찾아왔다. 그들은 폭정과 살육으로 백성들을 공포에 떨게 하고, 나라를 도탄에 빠뜨린 궁예를 내쫓고 왕건을 새 임금으로 추대하기로 결정한 뒤였다. 그들은 왕건에게 정변을 일으킬 것을 청했다.

"궁예의 정치가 어긋나고 형벌이 지나쳐 아들을 죽이고 아내를 죽이며 신하들을 함부로 죽이므로 백성들이 도탄에 빠져 왕을 원수처럼 미워하니, 그 옛날 걸왕과 주왕의 악도 이보다 더하지는 않았을 것입니다. 어두운 임금을 폐하고 밝은 임금을 세우는 것은 천하의 큰 의리이니, 청컨대 공께서는 은나라와 주나라의 일을 행하십시오."

그러나 왕건은 정색을 하며 장수들의 청을 거절했다.

"나는 지금까지 충의를 다해왔고, 지금도 그 뜻에는 변함이 없소. 비록 지금 대왕께서 포악하다고 하지만 어찌 감히 탕왕과 무왕이 한 일을 본받을 수 있겠소. 훗날 이를 구실로 삼을까 두렵소이다."

하지만 이미 결심을 굳힌 장수들은 그대로 물러설 수 없었다.

"때를 만나기란 어렵지만 잃기는 너무도 쉽습니다. 하늘이 내린 기회를 취하지 않으면 도리어 그 재앙을 받는다고 했습니다. 궁예에게 해를 입은 백성들은 밤낮으로 보복을 생각하고 있으며, 권세와 지위가 높은 사람들은 모두 죽임을 당했습니다. 지금 덕망이 공보다 위에 있는 사람이 없으므로 여러 사람의 마음이 공에게 향하는 것입니다. 공께서 만약 저희들의 뜻을 받아주지 않으신다면 우리는 이미 죽은 목숨이나 다름없습니다."

이때 문 밖에서 조용히 이를 엿듣고 있던 왕건의 부인 유씨가 안으로 들어와 "의병을 일으켜 포악한 임금을 치는 것은 예로부터 있어 온 일입니다. 지금 여러 장군들의 말을 들으니 소첩도 궁예에 대한 분노가 일어나는데, 하물며 대장부의 마음이야 어렵하겠습니까?"라며 손수 갑옷을 가져다가 왕건에게 입혀주었다. 그제야 비로소 왕건은 정변을 허락했다. 그러자 모든 장수들이 왕건을 호위하며 밖으로 나와 "왕 시중께서 의기를 들고 일어서셨다."며 정변 허락 사실을 알렸다.

뒤늦게 이러한 사태를 알게 된 궁예는 크게 놀라 어찌할 줄을 모르다가 "왕공이 일어섰다면 내 일은 이미 끝났구나." 하고 한탄하며 체념한 채 북문으로 빠져나가 산으로 도망쳤다. 궁예는 산과 계곡에서 이틀 밤을 보낸 뒤 부양의 백성들에게 발각되어 죽임을 당했다.

918년 6월 15일, 왕건은 장졸들의 추대로 철원에 있는 포정전에서 즉위했다. 이때 옛 고구려를 부흥한다는 뜻에서 국호를 '고려'(高麗)라 하고, 연호를 '천수'(天授)라 했다. 이때 그의 나이 마흔두 살이었다. 왕건은 이듬해 수도를 송악으로 옮기고, 융화정책·북진정책·숭불정책을 통해 나라를 안정시키는 한편, 후삼국 통일을 향한 힘찬 발걸음을 내딛었다.

그러나 왕건의 앞날이 결코 순탄한 것만은 아니었다. 비록 장졸들의 추대를 받아 즉위했지만 그에게 반감을 가진 세력들의 도전이 만만치 않았던 것이다. 먼저 왕건은 궁예의 잔존 세력들에 대응하여 왕권을 안정시켜야 했고, 이어 통일신라 이후 문란해진 정치 기강을 바로잡고 가혹한 수탈로 피폐해진 민심을 수습하여 국가 기반을 다져야 했다.

또한 막강한 군사력을 바탕으로 후삼국 사이에서 상대적 우위를 차지하고 있는 후백제와의 관계를 정립해야 했고, 궁예의 반(反)신라정책에 의해 그동안 대립해 왔던 신라와의 관계 또한 해결해야 했다. 전국 곳곳에 독자적인 세력을 구축하고 있는 호족들을 회유하고 포섭하는 것 또한 시급했다.

왕건은 이러한 난제들을 평화 유지와 후삼국 통일이라는 기본 정책 아래 슬기롭게 풀어 나갔다. 그것은 일찍이 해상무역을 하면서 익힌 국제 정세를 읽는 안목과 궁예 휘하에서 닦아온 탁월한 전략과 국정 처리 능력이 있었기에 가능했다.

무엇보다 가장 시급한 문제는 궁예의 잔존 세력과 동요하는 호족들을 회유하여 나라를 안정시키는 것이었다. 비록 궁예의 폭정으로 장상과 백성들 대부분이 그의 즉위를 크게 환영했지만 여전히 궁예에 대한 충성을 버리지 않은 세력이 남아 있었다. 즉위 초, 왕건은 과거의 잘잘못을 따지지 않고 모든 이들을 포용해 나갈 것임을 천명했다. 그러나 이러한 왕건의 포용정책에도 불구하고 마군 장군 환선길과 마군 대장군 이흔암의 역모 사건을 비롯해 명주(강릉)의 대호족 **왕예**, 지명주군주사 **왕순식**의 불복과 반발, 철원의 중추세력으로 성장한 청주 출신 임춘길의 역모 사건 등 계속해서 반란이 끊이지 않았다. 왕건은 이들 반란세력들을 때로는 회유하고 때로는 무력으로 진압하면서 슬기롭게 새 왕조의 기틀을 다져 나갔다.

왕건에게 시급한 또 하나의 문제는 궁예의 폭정과 지나친 조세 수취로 나라에 등을 돌린 민심을 수습하고 민생을 안정시키는 일이었다. 왕건은 즉위 초 조서를 내려 조세와 부역을 줄일 것을 공표한 데 이어, 8월에는 "기근이 거듭되고 질병이 유행하여 가정을 버리고 길에서 굶어 죽는 자가 허다하다. 백성들 중에는 연명을 위해 자신과 처자를 팔아 남의 노비가 된 자도 있다고 한다. 이들을 모두 등록하여 보고토록 하라."는 조서를 내려 억울하게 노비가 된 백성들을 모두 복권시켜 주었다. 또한 조세와 부역의 감면을 통해 농업을 장려하는 한편, 집을 잃고 유리걸식하는 백성들에게 귀향할 수 있는 길을 열어주었다.

아울러 왕건은 대외적으로 신라와 우호관계를 맺고 후백제와는 인질 교환을 통해 평화를 유지하고자 애썼다. 집권 초의 불안한 정국을 안정시키고 새 왕조의 기틀을 확립시켜 후삼국을 통일할 힘을 기를 시간적 여유가 필요했던 왕건으로서는 어쩔 수 없는 선택이었다.

이러한 왕건의 노력이 결실을 맺어 나라가 안정되자 강주 장군 윤웅을 비롯하여 상주의 아자개(견훤의 아버지), 명주의 왕순식, 진보성주 홍술 등 각지의 호족들이 고려에 귀부해 왔다. 또한 민생의 안정으로 국력이 크게 신장되었다. 이것은 후백제와의 싸움에서 힘의 우위를 점하게 해주어 훗날 후삼국을 통일하는 밑바탕이 되었다.

후백제와의 전쟁

왕건이 즉위 초 시행한 여러 가지 정책은 실효를 거두어 국정과 백성들의 생활에 안정을 가져왔고, 이로써 국력이 크게 신장되었다. 하지만 막강한 군사력을 가진 후백제와 맞서기에는 여전히 역부족이었다.

그 즈음 고려 건국 후 약 7년간 유지되어 왔던 후백제와의 평화가 깨지고 말았다. 태조 7년(925), 후백제 견훤이 조물군(안동)을 선제 공격해 온 것이다. 왕건은 즉시 군사를 이끌고 달려가 이에 대응했고, 일진일퇴를 거듭하는 공방전이 계속되는 가운데 양국은 견훤의 제의에 의해 인질을 교환하고 화친을 맺었다. 이때 왕건은 사촌동생 왕신을 후백제에 인질로 보냈고, 견훤은 사위 진호를 고려에 보냈다.

그러나 양국간의 화친은 진호가 갑작스레 병으로 죽음으로서 채 1년이 못 되어 깨지고 말았다. 고려는 후백제에 사신을 보내 진호가 죽은 이유를 설명하고 시체를 돌려주었지만, 고려에서 암살한 것으로 생각한 견훤이 왕신을 죽이고 군사를 일으켜 웅주로 진격해 온 것이다.

그 후 후백제와의 대립은 후삼국이 통일될 때까지 계속되었다. 태조

왕예 · 왕순식
두 사람은 고려에 귀부한 뒤 왕건으로부터 왕씨 성을 하사받았는데, 왕건은 자신과 깊이 연관된 사람들에게 왕씨 성을 하사함으로써 관계를 더욱 긴밀히 하고자 했다.

9년(927), 왕건은 견훤이 신라의 수도 경주를 공격하여 경애왕을 죽이고 경순왕을 새로 옹립했다는 소식을 접했다. 신라가 위난에 처하자 건국 초부터 신라와 우호 관계를 맺고 있던 왕건은 정예 기병 5천 명을 이끌고 즉시 경주를 향해 달려갔다.

왕건은 공산성(대구 팔공산 부근)에서 후백제군과 맞닥뜨렸다. 견훤이 이미 첩보를 입수하고 재빨리 경주에서 철수하여 지리적으로 유리한 곳에 진을 치고 고려군을 맞을 준비를 끝내 놓고 있었던 것이다. 고려군은 결국 후백제군에게 겹겹이 포위되었고, 왕건은 목숨을 잃을 위기에 놓이고 말았다. 왕건은 장군 신숭겸과 김락이 목숨을 걸고 싸우는 틈에 겨우 그곳을 빠져나와 송악으로 돌아올 수 있었지만, 대신 이들 두 맹장을 잃는 아픔을 겪어야 했다. 그 후로도 한동안 후백제에 군사적으로 열세를 보이던 고려는 태조 12년(930) 고창(안동) 전투에서 유금필 등의 맹활약으로 후백제에 대승을 거둠으로써 비로소 우위를 점하게 되었다.

그러나 이듬해인 태조 13년(931), 왕건이 서경(평양)으로 행차한 틈을 타 후백제 상귀가 이끄는 해군이 예성강 일대를 급습했다. 별다른 방비가 없었던 고려는 속수무책으로 당할 수밖에 없었고, 이때 해군 전력 대부분을 잃는 엄청난 손실을 입었다. 게다가 예성강은 개경의 초입이라 자칫하면 왕도가 함락될 수도 있는 국가적인 위기 상황이었다. 왕건이 고려를 건국할 수 있었던 기반이 해상 세력이었다는 점을 생각할 때 이는 씻을 수 없는 치욕이었다. 더군다나 승기를 잡은 후백제는 멈추지 않고 계속 북상하여 고려군을 섬멸해 나갔다. 왕건으로서는 절체절명의 위기였다. 이때 귀양가 있던 유금필에게서 한 가지 소식이 전해졌다.

"신이 비록 죄를 짓고 귀양와 있는 몸이지만 후백제가 침공했다는 소식을 듣고는 참을 수 없어, 장정들을 뽑고 전함을 수리하여 이를 막을 준비를 해 놓았습니다. 그러니 성상께서는 크게 근심하지 마십시오."

유금필은 계속된 전공으로 왕건의 총애가 깊어지자 그를 시기한 무장들의 참소를 받고 곡도로 귀양가 있었다. 그러나 후백제군이 북상하고 있다는 소식을 듣고는 의병을 조직하여 이에 대비하고 있었던 것이다.

왕건은 "참소를 믿고 이처럼 충성스럽고 어진 사람을 내쫓은 것은 모두 짐이 사람을 보는 눈이 밝지 못한 탓"이라며 크게 후회했다. 유금필이라면 반드시 후백제의 해군을 물리칠 수 있으리라 믿었다. 아니나다를까, 왕건의 예상대로 유금필은 군사와 군함 등 모든 면에서의 열세에도 불구하고 지형과 불을 이용해 후백제군을 물리치고 대승을 거두었다. 이렇듯 목숨을 돌보지 않는 휘하 장수들의 노력으로 몇 번의 위기를 극복한 왕건은 차근차근 후삼국 통일을 위한 기반을 닦아 나갔다.

진정한 삼국 통일을 이룩하다

태조 17년(935), 후백제로부터 뜻밖의 희소식이 날아들었다. 견훤이 넷째 아들 금강을 후계자로 삼으려 하자, 맏아들 신검이 쿠데타를 일으켜 견훤을 금산사에 감금하고 권력을 잡았다는 것이었다. 게다가 금산사를 탈출한 견훤은 나주에 머물며 고려에 귀부할 뜻을 전해왔다. 왕건은 즉시 유금필을 비롯한 장수들에게 전함 40여 척을 주어 견훤을 맞이하도록 했다. 그리하여 그해 6월 견훤이 송악에 도착하자 왕건은 그를 '상부'라 부르며 남궁에 기거하게 했다.

이어 10월에는 신라 경순왕이 항복해 왔다. 경순왕은 견훤에 의해 왕위에 올랐으나 친고려정책을 써서 후백제로부터 끊임없이 공격을 받았고, 그로 인해 국력이 피폐해져 더 이상 나라를 지탱할 수 없게 되자 고려에 투항한 것이다. 왕건은 문무백관을 모아 예의를 갖추어 경순왕을 맞아들인 뒤 맏딸 낙랑공주를 그에게 시집보냈고, 곧이어 경주 **사심관**에

사심관(事審官)
고려 지방관의 명칭으로, 왕건이 경순왕을 경주의 사심관으로 삼아 경주의 자치를 담당하게 한 데서 비롯되었다. 이것은 호족들을 통제하고 아직 지방 관제가 정비되지 않은 상태에서 간접적으로 지방을 다스리기 위한 방편으로 쓰였다.

들의 참소를 받고 곡도로 귀양가 있었다. 그러나 후백제군이 북상하고 있다는 소식을 듣고는 의병을 조직하여 이에 대비하고 있었던 것이다.

왕건은 "참소를 믿고 이처럼 충성스럽고 어진 사람을 내쫓은 것은 모두 짐이 사람을 보는 눈이 밝지 못한 탓"이라며 크게 후회했다. 유금 필이라면 반드시 후백제의 해군을 물리칠 수 있으리라 믿었다. 아니나 다를까, 왕건의 예상대로 유금필은 군사와 군함 등 모든 면에서의 열세에도 불구하고 지형과 불을 이용해 후백제군을 물리치고 대승을 거두었다. 이렇듯 목숨을 돌보지 않는 휘하 장수들의 노력으로 몇 번의 위기를 극복한 왕건은 차근차근 후삼국 통일을 위한 기반을 닦아 나갔다.

진정한 삼국 통일을 이룩하다

태조 17년(935), 후백제로부터 뜻밖의 희소식이 날아들었다. 견훤이 넷째 아들 금강을 후계자로 삼으려 하자, 맏아들 신검이 쿠데타를 일으켜 견훤을 금산사에 감금하고 권력을 잡았다는 것이었다. 게다가 금산사를 탈출한 견훤은 나주에 머물며 고려에 귀부할 뜻을 전해왔다. 왕건은 즉시 유금필을 비롯한 장수들에게 전함 40여 척을 주어 견훤을 맞이하도록 했다. 그리하여 그해 6월 견훤이 송악에 도착하자 왕건은 그를 '상부'라 부르며 남궁에 기거하게 했다.

이어 10월에는 신라 경순왕이 항복해 왔다. 경순왕은 견훤에 의해 왕위에 올랐으나 친고려정책을 써서 후백제로부터 끊임없이 공격을 받았고, 그로 인해 국력이 피폐해져 더 이상 나라를 지탱할 수 없게 되자 고려에 투항한 것이다. 왕건은 문무백관을 모아 예의를 갖추어 경순왕을 맞아들인 뒤 맏딸 낙랑공주를 그에게 시집보냈고, 곧이어 경주 **사심관**에

사심관(事審官)
고려 지방관의 명칭으로, 왕건이 경순왕을 경주의 사심관으로 삼아 경주의 자치를 담당하게 한 데서 비롯되었다. 이것은 호족들을 통제하고 아직 지방 관제가 정비되지 않은 상태에서 간접적으로 지방을 다스리기 위한 방편으로 쓰였다.

함께 문무백관을 거느리고 항복해 왔다.

이로써 왕건은 918년 장졸들의 추대를 받아 왕위에 올라 고려를 건국한 지 18년 만에 후백제를 멸망시키고 마침내 후삼국 통일의 위업을 달성했다.

왕건의 후삼국 통일은 신라의 삼국 통일과는 달리 외세의 힘을 빌리지 않고 우리 손으로 이룩한 진정한 통일이라는 점에서 더욱 큰 의미를 갖는다.

정략결혼으로 호족을 끌어안다

왕건은 후삼국을 통일한 후에도 전국 곳곳에 독자적인 세력을 구축하고 있는 호족들을 국가 편제 내로 끌어들이기 위해 많은 노력을 기울였다. 그들의 협조 없이는 나라의 안정을 이룰 수 없음은 물론이고 진정한 민족 통일 또한 요원한 일이었기 때문이다.

먼저 왕건은 각 지역의 유력 호족의 딸과 혼인함으로써 이들과의 유대 관계를 강화해 나갔다. 왕건의 후비는 무려 29명이었는데 후비들의 출신 지역이 제각각일 뿐 아니라 후비들의 아버지가 하나같이 그 지역을 대표하는 호족이라는 사실이 이를 뒷받침해 준다.

왕건의 정략혼을 통한 호족 끌어안기는 후삼국 통일 전에도 있어 왔다. 그는 신라가 항복해 오자 경순왕의 백부 김억렴의 딸(신성왕태후)과 혼인한 데 이어 후백제 병합 직전 투항해 온 견훤의 사위 박영규의 딸(동산원부인)과 혼인했다.

이러한 왕건의 혼인정책은 왕권을 안정시키기 위한 방법의 일환으로, 왕건은 여기에 큰 비중을 두었다. 자신의 사후를 위한 혼인정책이 그 사실을 잘 말해준다. 왕건은 9명의 딸 중 경순왕에게 시집보낸 두 딸을 제외한 나머지 딸들을 모두 이복 남매끼리 혼인시켰다. 제4대 광종의 왕후인 대목왕후 황보씨는 바로 왕건과 신정왕후 황보씨 사이에서 태어난 공주이며, 신명순성왕후 유씨와 정덕왕후 유씨는 자신들의 소생을 맞바꾸어 혼인시킴으로써 겹사돈을 맺기도 했다.

왕건이 근친혼을 시킨 것은 두 가지 목적에서였다. 첫째는 자신이 죽은 뒤에 일어날 수 있는 왕실의 분열과 대립을 막고, 둘째는 중첩된 혼인 관계를 통해 호족들을 왕실 주변에 묶어두기 위함이었다. 왕건이 자신의 장인인 왕규의 딸과 혜종, 박영규의 딸과 정종을 혼인시키고, 또한 김긍률의 딸을 혜종·정종과 혼인시키는 등 유력 호족과 중첩혼을 시킨 이유 역시 자신의 사후 왕권 안정을 위한 포석을 마련하기 위해서였다.

왕건의 혼인정책은 당대에는 대성공을 거두었다. 즉, 왕권이 안정되고 후삼국간에 우위를 점할 수 있었으며, 나아가 마침내 후삼국 통일을 이룩할 수 있었다. 그러나 이후 혜종과 정종 대에 이르러서는 정국 불안과 함께 혼란을 야기시키는 원인이 되었다. 호족들은 자신들의 권력을 지키기 위해 앞다투어 자신들의 외손자를 왕위에 올리려 했고, 이 와중에 혜종과 정종이 단명함으로써 나라가 큰 혼란에 빠지고 말았던 것이다.

이 밖에도 왕건은 호족들을 회유하기 위한 여러 가지 정책을 실시했다. 그는 유력한 호족들에 자신의 성인 왕씨 성을 하사하였는데, 이것이 바로 **사성정책**이다.

또한 왕건은 두 가지 목적에서 사심관 제도를 실시했는데, 첫째는 호족들을 통제하기 위해서였고, 둘째는 간접적으로 지방을 통제하기 위해서였다. 지방 관제가 제대로 정비되지 않았던 고려 초에는 중앙 정부의 통치력이 지방에까지 미치지 못했다. 그래서 중앙에 거주하는 호족들로 하여금 출신 지역을 관장케 함으로써 지방을 간접적으로나마 통제하려 했던 것이다.

기인 제도는 한 마디로 인질 제도다. 각 지역에 세력 기반을 둔 호족들은 후삼국 시대라는 혼란기를 맞아 세력 판도의 변화에 따라 충성과 배반을 일삼았다. 그러다 보니 왕건은 호족들의 충성심을 의심할 수밖에 없었다. 그래서 호족들로 하여금 자신들의 자녀를 중앙으로 보내 인질로 삼게 함으로써 충성을 맹세하게 했던 것이다.

왕건은 이와 같은 여러 가지 제도 외에도 유화적인 화합정책을 펼쳐 호족들을 회유했다. 왕건은 군신수어지교, 즉 임금과 신하는 물과 고기처럼 서로 떼려야 뗄 수 없는 관계라며 화합을 강조하고 이를 실천하기 위해 노력했다. 그 첫 번째 조치로 왕건은 궁예 정권 때 억울하게 누명을 쓰고 옥에 갇힌 사람들을 풀어주었다. 그리고 동요하는 호족들을 달래기 위해 각지에 관리들을 보내 예물을 후하게 내리고 겸양의 예를 갖춤으로써 많은 호족들의 호응을 얻을 수 있었다. 또한 2천여 명의 개국공신들에게 후한 상을 내렸으며, 상주의 아자개가 귀부할 때에는 미리 맞이하는 연습을 할 정도로 호족들과의 결속력을 다지기 위해 노력했다.

이처럼 왕건이 호족들을 끌어들이기 위해 기울인 노력과 정성은 참으로 대단했다. 이러한 노력이 마침내 성공을 거두어 왕건은 외세의 도움 없이 후삼국 통일이라는 위업을 달성할 수 있었던 것이다.

오백 년 고려왕조 통치의 근본, 「훈요십조」

왕건은 죽기 두 달 전인 943년 4월, 대광 박술희에게 후대 왕들이 나라를 다스리는 데 귀감으로 삼을 수 있는 열 가지 유훈, 즉 「훈요십조」를 남겼다. 이 「훈요십조」는 그의 정치사상이 고스란히 담겨 있는 것으로, 이후 고려왕조 통치의 근본이 되었다.

왕건은 먼저 불교를 나라의 지도 이념으로 삼았다. 후삼국 통일 전, 왕건은 최응에게 "옛날에 신라가 9층탑을 만들어 마침내 통일의 위업을 달성하였다. 이제 개경에 7층탑을 세우고 서경에 9층탑을 세워 현묘한 공덕을 빌려 악인들을 제거하고 삼한을 통일하고자 하니, 그대는 짐

사성정책(賜姓政策)
왕유·왕예·왕순식 등이 대표적 예이다. 왕유는 궁예 때의 학자로 궁예의 폭정을 피해 은둔하다 고려 건국 후 출사한 박유이며, 왕예와 왕순식은 명주 호족으로 왕건에게 귀부한 김예와 김순식이다.

을 위하여 발원문을 지으라."며 불력을 빌려 후삼국을 통일하고자 하는 뜻을 표하였다.

훈요 제1조에서 왕건은 "나라의 대업을 이루기 위해서는 반드시 부처의 도움을 받아야 하므로 사원을 창건하고 주지를 파견하여 분향하고 불도를 닦으며 각기 그 맡은 일을 다스리게 하라."며 불교를 중시할 것을 강조했다.

왕건이 두 번째로 역점을 둔 것은 북진정책이었다. 건국 당시 고구려의 후계자임을 자처하며 국호를 고려로 정했듯이 왕건에게 있어서 고구려의 옛 영토를 회복하기 위한 북진정책은 너무도 당연한 것이었다. 그리하여 서경을 개경과 동일시할 정도로 중시했다.

왕건은 훈요 제5조에서 "서경은 수덕이 순조로워 우리나라 지맥의 근본으로 만대의 대업을 이룰 수 있는 곳이니 사계절의 **중월**이 되면 100일 이상씩 머물러 나라의 안녕을 이룩하도록 하라"며 북진정책을 강조했다.

왕건은 풍수지리사상 또한 매우 중시했는데, 훈요 제2조에서 "이 나라의 사원은 모두 도선이 산수의 순역을 내다보며 점쳐서 개창한 것이다. 도선이 말하기를 '내가 점을 쳐서 정한 곳 외에 함부로 절을 짓는다면 지덕을 덜고 박하게 하여 왕업이 영원하지 못하리라'고 했는데, 신라 말엽에 절을 함부로 세워 마침내 나라가 망하고 말았으니 이 어찌 경계할 일이 아니겠는가."라고 했다. 이것은 그의 출생과 새 왕조 건국에 당시 풍수지리의 대가로 활동했던 도선국사의 영향이 컸던 것과 관련이 있는 것으로 생각된다.

왕건은 국가를 통치하는 데 유교정치 이념을 기본 철학으로 삼았음을 밝히면서 후대에 전하여 나라의 안정과 번영을 도모하고자 했다. 훈요 제7조에서 '임금이 만백성의 마음을 얻는 것이 가장 어려운 일이다. 마음을 얻으려면 간언을 따르고 참언을 멀리해야 하는데, 때를 가려 백성을 부리고 요역과 조세를 덜어주며 농사일의 어려움을 살핀다면 저절로 민심을 얻게 될 것'이라며 통치자의 소양으로 유교적 인식의 필요성을 강조했다.

이어 제9조에서 "모든 관료들의 녹봉은 공적에 따라 제정하고 관작은 사사로운 정으로 주지 말아야 한다"며 공정하고 엄정하게 통치할 것을 강조했으며, 제10조에서는 "나라를 맡은 자는 근심이 없을 때를 경계하고 옛 일을 거울삼아 지금을 경계해야 한다"며 유교정치 이념을 통치의 기본 철학으로 삼아 실천하고자 노력하는 자세가 필요함을 강조했다.

왕건은 왕위 계승 문제에 대해서 제3조에 "적자에게 나라를 전하는 것이 비록 일반적인 예법이기는 하나, 만약에 맏아들이 불초하거든 둘째에게 전하여줄 것이며, 둘째도 불초하거든 형제 가운데 여러 사람의 추대를 받는 자에게 대통을 잇게 하라."며 장자 계승의 원칙보다는 능력에 따라 대통을 계승시킬 것을 밝히고 있다.

이 밖에도 국가적 행사인 **팔관회**는 하늘의 신령과 오악·명산대천·용신을 섬기는 것이라며 이를 잘 지킬 것을 당부했다. 이렇듯 왕건이 죽음을 앞두고 남긴 「훈요십조」는 고려가 멸망할 때까지 나라를 이끌어가는 근본이 되었다.

고토 회복을 후대에 맡긴 채 눈을 감다

혼란스러운 통일신라 말에 태어나 후삼국이라는 난세를 극복하고 마침내 통일을 이룩한 왕건에게도 죽음은 찾아왔다. 943년 6월, 왕건은

중월(仲月)
다른 말로 중삭(仲朔). 그 계절의 가운데 달, 곧 음력 2월·5월·8월·11월을 뜻한다.

팔관회(八關會)
고려시대 천신(天神)을 위무하고 나라와 왕실의 태평을 기원하는 국가적 행사로, 등불을 밝히고 술과 다과 등을 베풀며 가무를 즐겼다. 행사의 내용이 조금씩 변화하기는 했으나 고려 말까지 계속되었다.

병상에 누운 채 재신 염상을 비롯하여 왕규·박수문 등에게 말했다.

"한나라 문제(文帝)가 말하기를, '천하 만물 중에 생명이 있는 것으로 죽지 않는 것이 없다. 죽는 것은 천지가 만물을 다스리는 법칙이니 이를 어찌 슬퍼하랴.' 고 했으니, 옛날 슬기로운 임금의 마음이 이와 같았다. 짐이 병들어 20일이 지났는데, 이제 죽음을 본집으로 돌아가는 것 같이 생각하거늘 어찌 근심하랴. 한나라 문제의 말은 곧 짐의 뜻이니라. 나라 안팎으로 남아 있는 기밀한 정무 중에 오래도록 해결하지 않은 것은 경들이 태자 무와 더불어 결재하고 뒤에 보고토록 하라."

그 후 왕건의 병세는 점점 더 악화되었다. 그는 학사 김악에게 유언을 완성하게 한 뒤 눈을 감고 한동안 말이 없었다. 곁에 있던 신하들이 슬픔을 참지 못하고 목놓아 통곡하자, 그 소리에 눈을 뜬 왕건은 좌우를 돌아보며 "이것이 무슨 소린가?" 하고 물었다. 이에 곁에 있던 신하가 "성상께서는 백성들의 부모이신데, 지금 저희들을 버리고자 하시니 신들은 그 슬픔을 이기지 못하겠나이다." 하고 아뢰자, 왕건은 "덧없는 인생은 예로부터 그렇다." 하고 말을 마친 후 곧 숨을 거두었다. 이때가 943년으로 왕건의 나이 67세였으며, 고려를 세운 지 26년, 후삼국을 통일한 지 7년째 되는 해였다. 그의 뒤를 이어 태자 무가 등극하니 그가 바로 고려 제2대 왕 혜종이다.

온갖 풍상을 겪으면서 얻은 덕망으로 장상들의 추대를 받아 918년 새 왕조 고려를 열었던 왕건. 그에게는 삼한 통일과 고구려 옛 영토의 회복이라는 두 가지 숙원이 있었다. 그의 생전에 삼한 통일은 이루었지만, 결국 고구려 옛 영토의 회복은 후대 왕들에게 남긴 채 눈을 감았다.

왕권 강화를 향한 집념, 중앙집권의 기틀을 마련하다

광종

광종은 노비안검법과 과거제를 실시하여 고려 초 큰 세력을 구축하고 있던 여러 호족과 개국공신들을 제압하고 미약한 왕권을 강화하여 중앙집권적 정치체제의 정비를 꾀한 군주이다.

집권 초기에 공신들을 우대한 광종은 중기에 접어들면서부터 노비안검법과 과거제를 실시하고, 화엄종을 중심으로 불교 통합을 추진하여 개국공신과 호족들을 누르는 데 성공, 마침내 왕권을 강화하고 중앙집권적 통치체제를 완성했다.

그러나 광종의 왕권 강화욕은 거기서 그치지 않았다. 재위 말년에 들어서면서 광종은 왕권에 반발하는 호족과 공신들을 가차없이 숙청하는 공포 정치를 펼쳤다. 광종이 이렇듯 피의 숙청을 단행하며 무리하게 왕권 강화를 추진한 것은 왕건 사후 혜종과 정종이 호족과 개국공신들의 암투 속에서 단명하는 것을 지켜보았기 때문이다.

선대왕들의 연이은 단명으로 왕위에 오르다

949년, 정종이 죽자 그 뒤를 이어 동복아우 소가 즉위하니 그가 바로 고려 제4대 왕 광종이다. 광종은 태조의 넷째 아들로 서열상 왕위에 오를 수 없는 처지였다. 그런 그가 어떻게 해서 왕위에 오를 수 있었을까?

태조 왕건은 여러 호족들과의 연대를 통해 고려를 건국하고 후삼국 통일의 위업을 달성했다. 그러나 943년, 태조가 세상을 떠나자 개국공신과 호족들이 저마다 권력을 잡기 위해 암투를 벌이는 가운데 고려는 혼란의 소용돌이 속으로 빠져들었다. 그것은 왕권이 안정되지 못한 가운데 즉위한 혜종과 정종에게 개국공신과 호족들을 누를 만한 독자적인 세력이 없었던 까닭이다.

혜종은 태조의 맏아들로서 태조 4년(921)에 **정윤**으로 책봉되어, 그동안 태조를 보필하며 쌓은 정치적·군사적 경륜을 바탕으로 태조의 뒤를 이었다. 하지만 혜종은 예전에 태조가 '무(혜종)가 일곱 살 나던 해에 왕통을 이을 만한 덕이 있음을 알았으나 어머니(장화왕후 오씨)가 미천하여 왕위를 계승하지 못할까 염려스럽다'고 했을 정도로 다른 이복형제들에 비해 상대적으로 후원 세력이 빈약했다.

따라서 태조는 죽기 전에 혜종으로 하여금 왕규의 딸을 제2비로 맞게 했다. 왕규는 광주(경기도) 지방의 호족 출신으로 태조에게 두 딸(제15비 광주원부인과 제16비 소광주원부인)을 바쳤는데, 또다시 딸을 혜종에게 시집보냄으로써 태조와 혜종의 장인이 되었다. 왕의 외척으로서 막강한 권력을 쥐게 된 왕규는 염상·박수문과 함께 태조의 임종을 지킨 세 명의 재신 중 한 사람으로, 태조의 유명(遺命)을 내외에 선포하는 중책을 맡기도 했다.

혜종의 즉위와 함께 시중에 오른 왕규는 왕권에 위협이 되는 요와 소를 제거하기 위해 혜종에게 그들이 역모를 꾸미고 있다며 참소했다. 그러나 자신의 이복동생인 요와 소를 해치려는 음모라고 여긴 혜종은 오히려 자신의 딸(경화궁 임씨)을 소에게 출가시켰다. 그러자 왕규는 혜종을 제거하고 자신의 외손자인 광주원군(태조의 제16비 소광주원부인의 소생)을 왕으로 옹립할 음모를 꾸몄다. 하지만 두 차례에 걸친 왕규의 시해 음모는 최지몽과 박술희의 발빠른 대응으로 모두 수포로 돌아가고 말았다.

왕위를 노리는 세력들의 틈바구니 속에서 전전긍긍하던 혜종은 결국 재위 2년 만인 945년, 서른넷의 나이로 세상을 떠나고 말았다. 그 뒤를 이어 태조의 셋째 아들 요가 주위의 추대를 받아 즉위하니 그가 바로 고려 제3대 왕 정종이다.

그러나 정종 역시 혜종과 마찬가지로 단명하고 말았다. 정종은 서경을 기반으로 강력한 세력을 형성하고 있던 왕식렴(태조의 사촌동생)의 군사력을 끌어들여 왕규 등을 제거하고 왕위에 올랐다. 그러나 왕식렴을 비롯한 서경 세력에 의존적일 수밖에 없었던 정종은 불안한 정국 속에서 왕권을 수호할 목적으로 왕식렴의 세력 기반인 서경으로의 천도 계획을 세우고 이를 추진하던 중 동복아우 소에게 선위한 채 병사하고 말았다. 이때가 정종이 재위한 지 4년 만인 949년으로 그의 나이 겨우 스물일곱이었다.

광종은 혜종과 정종의 연이은 단명으로 왕위에 오를 수 있었으나, 두 선대왕이 권력을 잡기 위한 호족과 귀족들의 암투 속에서 고군분투하다 단명하는 모습을 가까이에서 지켜본 그로서는 누구보다도 왕권 강화의 필요성을 절실하게 느낄 수밖에 없었다. 그래서 광종은 혜종과 정종이 박술희와 왕식렴이라는 외부의 강력한 세력 기반에 의지해 왕권을 유지했던 것과는 달리 독자적인 세력을 기르기 위해 힘썼다.

개혁을 위한 준비 단계

광종은 즉위 첫해 대광 박수경 등에게 명하여 왕실을 위해 공을 세운 사람들의 공적을 가리게 하였다. 이때 광종은 자신이 즉위하는 데 공을 세운 사람들에 대하여 크게 포상함으로써 자신의 지지 세력을 공고히 했다.

곧이어 광종은 원보 식회와 원윤 신강 등에게 명하여 주·현에서 거

정윤(正胤)
왕위 계승권자인 태자를 말한다.

두어들이는 세공의 액수를 정하게 했다. 지방관을 파견하지 않았던 고려 초기에는 호족들이 그 일을 담당해 왔다. 그러므로 세공의 액수를 정한다는 것은 지방의 호족들을 통제하기 위한 조치의 일환으로 볼 수 있다.

또한 광종은 즉위한 해부터 '광덕'(光德)이라는 독자적인 연호를 사용했다. 이것은 대내외적으로 고려가 중국과 대등한 국가라는 자주 의식을 나타냄과 동시에 군왕의 위엄을 과시하기 위한 조치였다. 그러나 이듬해 **후주**와 외교 관계를 맺으면서부터는 후주의 연호를 사용했다.

이후 광종은 주로 불교 행사나 후주와의 외교 관계에 치중했을 뿐 특별한 개혁 조치는 취하지 않았다. 이 시기 국내 정세는 비교적 평온한 상태를 유지했다. 성종 대에 최승로가 그의 **시무책**에서 "광종은 아랫사람을 예로써 대하고 사람을 평가하는 데 있어 실수하는 법이 없었으며, 강한 자를 누르고 천한 자를 버리지 않았다. 정치와 교화가 맑고 공정하며 형벌과 은상이 지나침이 없었으니, 광종의 8년 동안의 다스림은 가히 **삼대**에 견줄 만하다."며 격찬할 정도였다. 이 시기 동안 광종은 여러 가지 국내외 정책을 통해 새 국왕으로서의 지위 및 정치적 기반을 닦는 한편, 차근차근 개혁을 위한 준비를 해 나갔다. 그러나 이후의 공포 정치에 견주어볼 때 이것은 마치 폭풍 전야와 같은 평온함이었다.

호족 세력을 누르고 왕권을 강화하다

재위 7년 째 되던 해인 956년, 광종은 본격적으로 왕권을 강화하기 위한 작업에 들어갔다. 이러한 개혁 정치의 중심에는 후주에서 귀화한 쌍기와 승려 균여가 있었다.

쌍기는 후주에서 대리평사를 지낸 인물로 책봉사 설문우를 따라 고려에 왔다가 병이 나서 돌아가지 못하고 개경에 머물고 있었다. 이 소식을 들은 광종은 그를 불러 이야기를 나눈 후 크게 만족하여 후주 세종에게 표문을 올려 그를 신하로 삼게 해줄 것을 청했다. 후주에서 허락이 떨어지자 광종은 쌍기를 원보 한림학사에 임명하였다.

도대체 쌍기의 어떤 점이 광종의 마음을 사로잡았던 걸까? 아마 후주 건국 이후 국가체제를 정비하는 데 관여했거나 그 과정을 지켜본 쌍기의 이야기가 왕권 강화와 이를 위한 통치체제의 정비를 염두에 두고 있던 광종에게 큰 감명을 주었을 것으로 보인다.

그해 광종은 노비안검법을 시행하며 쌍기에게 이를 주관하게 했다. 노비안검법이란, 원래는 노비가 아니었으나 전쟁에서 포로로 잡혔거나 빚을 갚지 못해 강제로 노비가 된 자들을 판별하여 양인의 신분을 되찾아준 제도를 말한다. 이 제도의 실시로 가장 큰 타격을 받은 것은 바로 호족들이었다. 왜냐하면 그들의 경제적 · 군사적 기반이 바로 노비였기 때문이다. 광종이 쌍기를 시켜 노비안검법을 주관하게 한 까닭은 연고가 없는 그를 내세워 공정을 기함으로써 그 시행 취지가 흐려지지 않도록 한 것으로 해석할 수 있다.

사실 태조도 건국 직후 이와 같은 제도를 시행하려고 했으나 공신들의 동요가 우려되어 실행에 옮기지 못했다. 광종 역시 얼마 지나지 않아 공신과 호족들의 강력한 반대에 부딪쳤다. 심지어 광종의 비인 대목왕후 황보씨까지 나서서 이를 폐지할 것을 간절히 요청했다. 그러나 광종은 이들의 요구를 묵살하고 끝까지 노비안검법을 시행했다. 그리하여 호족들의 세력은 크게 위축되었다.

후주(後周)
중국 5대(五代) 최후의 왕조로서 951년 건국되어 960년에 멸망했다. 5대는 양(梁) · 당(唐) · 진(晉) · 한(漢) · 주(周)를 말하는데, 후대의 사가들이 이전에 존재했던 같은 이름의 왕조와 구별하기 위해 앞에 후(後)자를 붙인 것이다.

시무책
성종 대에 최승로가 올린 개혁에 대한 건의안, 「시무 28조」를 말한다. 역대 다섯 왕(태조 · 혜종 · 정종 · 광종 · 경종)의 선례와 시정 개혁에 필요한 사항들을 조목별로 지적하고 있다.

삼대(三代)
이상적인 치세로 일컬어지는 중국의 세 왕조, 하(夏) · 은(殷) · 주(周)를 말한다.

노비안검법은 공신과 호족 세력을 어느 정도 약화시킬 수는 있었지만, 신분 질서가 문란해지고 사회가 혼란해지는 부작용을 낳기도 했다. 노비들이 거짓으로 주인을 모함하여 신분 상승을 꾀하는 일이 수없이 발생했던 것이다.

왕권 강화를 위한 광종의 노력은 여기에 그치지 않았다. 그로부터 2년 뒤인 958년, 광종은 쌍기의 건의를 받아들여 과거제를 실시했다. 그해 5월에 실시한 첫 번째 과거시험에서 광종은 쌍기를 **지공거**에 임명하여 인재들을 선발하게 했다.

이것은 정치적 식견과 능력을 갖춘 새로운 관료층을 형성하기 위한 조치였다. 당시 고려 조정을 이루고 있던 관료들은 대부분 건국과 통일에 기여한 무장들이었다. 이들은 후삼국을 통일하는 데 있어서는 반드시 필요한 존재였지만, 정치체제를 완성시키는 데 있어서는 오히려 장애가 되었다. 따라서 광종은 과거를 실시하여 유학적 소양을 갖춘 신진 관리를 선발함으로써 자신을 충실히 보좌할 수 있는 인재들을 발굴하려 한 것이다.

과거제 실시로 인해 공신과 호족들은 다시 한 번 세력이 크게 약화될 수밖에 없었다. 그때까지 고려는 개국공신이나 호족의 자제들을 능력이나 특별한 절차를 따지지 않고 관리로 임용해 왔다. 그리하여 그들은 대를 이어가며 막강한 세력을 구축할 수 있었다. 하지만 과거제를 통해 기존의 정치 세력이 아닌 새로운 인재를 등용하게 되자 이들의 세력은 자연 약화될 수밖에 없었다.

이어 즉위 11년째인 960년, 광종은 관리들의 관직과 지위에 따라 각기 다른 색깔의 옷을 입게 했다. 공복의 제정으로 왕을 중심으로 한 관료들의 서열이 체계적으로 정비되었다. 이와 같은 제도들을 실시함으로써 광종은 집권 초기 공신과 호족 세력을 누르고 왕권을 강화하는 데 큰 성공을 거둘 수 있었다.

피의 숙청 시대

960년 3월, 광종은 개경을 '황도' (皇都), 서경을 '서도' (西都)라 칭하고 '준풍' (峻豊)이라는 새로운 연호를 사용하였다. 이러한 조치는 대내적으로는 왕실의 위엄을 높여 어느 누구도 자신의 권위에 도전하지 못하도록 하기 위한 조치였고, 대외적으로는 고려의 자주성을 나타내기 위한 조치였다. 이때 중국에서는 후주가 멸망하고 송나라가 건국했는데, 광종은 이와 같은 중국의 왕조 교체기를 이용하여 고려의 대외적인 지위 향상을 꾀했던 것이다.

왕권 안정에 대한 집념이 누구보다도 강했던 광종은 공신과 호족들은 물론 자신의 혈육에 대해서도 늘 경계하고, 한번 의심하면 살육도 주저하지 않았다. 왕권 강화를 위한 적극적인 노력에도 불구하고 대대로 지역에 기반을 두고 성장해 온 호족들을 완전히 굴복시킬 수 없었기 때문인데, 그리하여 호족들이 크게 반발할 때마다 광종은 무자비한 숙청으로 맞서야 했다. 피의 숙청 시대가 시작된 것이다.

그것은 그해 3월에 있었던 평농서사 권신의 참소에서부터 시작되었다. 광종은 "대상 준홍과 왕동 등이 무리를 모아 역모를 꾀하고 있다."는 권신의 참소를 믿고 준홍과 왕동 등을 즉시 귀양보냈다. 『고려사절요』에 의하면 이 사건을 계기로 "요망한 무리들이 참소로 그 뜻을 펴게 되어 어질고 충성스러운 사람에게 죄를 씌우고, 종이 그 주인을 고소하고, 아들이 그 아비를 무고하여 항상 감옥이 차 넘치므로 따로 임시 옥사를

지공거(知貢擧)
고려시대의 과거 시험관. 당·송에서 온 명칭으로, 공(貢)은 추천하여 보냄, 거(擧)는 뽑아서 씀, 지(知)는 주관하여 본다는 뜻으로 각 지방에서 추천하여 보낸 선비를 뽑는 주임관을 말한다.

『고려사절요』(高麗史節要)
김종서 등이 1452년에 간행한 것으로 편년체로 쓰여졌다. 『고려사』만큼 내용이 풍부하지는 못하나 새로운 사실들이 많이 수록되어 있고, 『고려사』에 누락되어 있는 연대가 밝혀져 있는 것이 많다. 기전체로 쓰여진 『고려사』와 함께 고려에 관한 기본 사료로 쌍벽을 이룬다.

설치했으며, 죄가 없음에도 죽음을 당한 사람들이 연이어 생겨났다."고 할 정도로 정국은 큰 혼란에 빠졌다.

그것은 비단 호족이나 관료들에게만 국한된 것이 아니었다. 광종의 의심이 날로 심해지자 왕족들 중에서도 몸을 보전하지 못한 이가 생겨났다. 심지어는 광종이 맏아들 주(경종)까지도 의심하여 가까이 오지 못하게하자, 사람들이 몹시 두려워하여 서로 잘 아는 두 사람끼리도 감히 터놓고 이야기하지 못할 정도였다.

그 결과 광종은 수많은 호족들은 물론 조카인 흥화군(혜종의 아들)과 경춘원군(정종의 아들)마저 비명에 죽게 했다. 최승로가 「시무 28조」에서 "이때 살아남은 신하는 겨우 40여 명에 불과했다."고 기술한 것으로 보아, 당시 광종의 숙청 작업이 얼마나 철저하게 진행되었는가를 알 수 있다.

사람들의 원성이 높아지자 신변에 위협을 느낀 광종은 지방의 각 주 · 현에서 풍채 좋은 사람들을 뽑아 시위군을 강화했다. 시위군의 강화는 곧 관부의 개혁으로 이어졌다. 이것은 과거를 통해 뽑은 신진 관료들과 함께 문무 양면에서 광종의 왕권을 강화하고 뒷받침하는 세력 기반이 되었다.

그러나 광종이 중국에서 귀화한 인물들과 신진 관료 및 시위군을 우대하며 이들을 중심으로 정책을 펴 나감에 따라 많은 문제점들이 생겨났다. 특히 쌍기를 비롯한 귀화인들을 지나치게 우대한 나머지 그들에게 신하들의 집을 빼앗아준 것은 물론이고 여자를 골라주기까지 했다. 이러한 광종의 지나친 우대정책은 결국 신하들의 큰 반발을 샀다.

불교와 외교정책

태조가 불교를 숭상했듯이 광종 또한 맹신에 가까울 정도로 불교를 신봉했다. 그는 과감한 개혁을 통해 불교 교단을 정비하고 사상을 통일했는데, 이것 역시 왕권 강화를 위한 작업의 일환이었다. 당시 불교계는 경전과 이론 중심의 교종과 참선에 의한 실천 중심의 선종으로 양립되어 있었다. 광종은 먼저 균여를 내세워 화엄종을 중심으로 교종을 통합했다. 이때 교종을 중심으로 불교 사상을 통일하고자 했던 것은 당시 호족들의 사상적 기반이 선종이었기 때문이다.

광종은 **구산선문**으로 난립해 있던 선종마저 통합하고자 중국에서 유학 중인 승려 혜거를 귀국시켰지만 실패하고 말았다. 선종은 고려 후기에 이르러 보조국사 지눌에 의해 조계종으로 통합된다.

화엄종의 통합은 광종 13년(962) 개경에 세운 귀법사를 중심으로 이루어졌는데, 광종은 균여를 이곳의 주지로 임명하여 후삼국 이후 남악파와 북악파로 분열된 화엄종을 통합하고 교리를 체계적으로 정리했다.

광종은 태조와 어머니 신명순성왕후 유씨(태조의 제3비)의 **원찰**을 건립한 데 이어 귀법사를 비롯해 홍화사 · 유암사 · 삼귀사 등 많은 사찰을 건립하고 그와 함께 갖가지 불교 행사를 벌였다.

또한 970년에는 거대한 불상을 조각하기 시작했다. 이 불상을 조각하게 된 데에는 한 가지 사연이 전해져 내려오고 있다. 한 여인이 반야산에서 나물을 캐다가 문득 아이의 울음소리를 듣고 소리가 나는 쪽으로 가보았는데, 아이는 보이지 않고 갑자기 땅에서 커다란 돌이 솟아났다고 한다. 이 이야기를 전해 들은 광종은 그 돌로 불상을 만들기로 하고 전국 곳곳에 사람을 보내 조각할 사람을 찾았다. 이때 고승 혜명이 자원하여 그의 감독 아래 장인 100여 명이 불상 조각에 착수하게 되었다는 것이다.

구산선문(九山禪門)
신라 말, 중국 달마의 선법을 익힌 아홉 명의 조사가 각각 아홉 곳의 산에서 종풍을 크게 떨쳤는데 이들을 구산문이라 하고, 이들의 법맥을 이어받은 아홉 개의 문파를 구산선문이라고 한다. 구산선문은 한국 선종의 기원을 밝혀 주고 나아가 조계종의 성립 기원과 한국 선의 특징을 말해 주는 것이라 하겠다.

원찰(願刹)
왕실의 명복을 빌기 위해 세운 사찰.

불상은 작업에 착수한 지 37년 만에 완성되었는데, 흔히 은진미륵으로 불리는 이 불상은 높이 18.12미터, 둘레 9.9미터, 귀의 길이 1.8미터, 관의 높이 2.43미터로 국내 최대의 석불이다. 현재 충남 논산시 은진면 관촉사에 있는 석불이 바로 이것이다. 이 미륵불은 영험하여 나라가 태평하면 온몸에 광채가 나고, 나쁜 일이 일어나면 온몸에 땀이 흘렀다고 한다.

광종은 또한 균여의 주관 아래 왕륜사에서 승과를 실시하여 승려들의 자질 향상을 꾀했다. 그리고 혜거를 국사(國師)로, 탄문을 왕사(王師)로 삼음으로써 왕사 · 국사 제도의 기원을 마련하기도 했다.

그러나 광종의 불교에 대한 맹신은 집권 말기에 들어서면서 많은 폐단을 낳았다. 광종은 참소만 듣고 무고한 사람들을 죽인 데 대한 두려움 때문에 마음속으로 죄업을 빌고자 사원에서 여러 가지 불교 행사를 베풀었다. 그러자 거짓으로 출가한 무뢰배들이 걸식하기 위해 모여들었다. 또한 거리에서 백성들에게 떡가루 · 쌀 · 콩 · 땔나무 · 숯 등을 수없이 나누어주었으며, 왕이 행차하는 사원 근방에 방생소를 설치하고 불경을 강연하게 하였다. 이러한 각종 불교 행사로 인해 수많은 전곡이 탕진되었고, 이것은 결국 광종의 개혁이 실패로 돌아가는 원인이 되고 말았다.

광종은 중국의 여러 왕조와 활발한 외교 활동을 전개함으로써 고려의 국제적 지위를 향상시키려 노력했다. 즉위 초 광종은 후주와 활발한 외교 활동을 펼치며 연호 광덕을 버리고 후주의 연호를 사용했다. 그러나 960년에 후주가 멸망하고 송나라가 건국하자 다시 '준풍'(峻豊)이라는 독자적인 연호를 사용했다. 그러나 964년 12월부터는 송나라의 연호를 사용했다. 이어 재위한 지 23년째인 972년에는 사신 서희를 송나라에 보내 외교 관계를 확고히 하였다.

광종은 국방정책에도 많은 관심을 기울였다. 특히 북방개척에 힘썼던 광종은 967년에 낙릉을 점령하여 성을 쌓은 데 이어 968년에는 위화 · 영삭 · 장평 · 안삭 등을 점령하여 성을 쌓았다. 또한 973년에는 장평 · 박평 · 고주 등을 점령하여 신도성을 수축했다. 이러한 광종의 북방정책은 고려의 영토를 확장하는 동시에 거란과 여진에 대한 방어책이기도 했다.

경종의 즉위와 함께 공신과 호족들이 재등장하다

광종은 선대왕들이 단명했던 것과는 달리 무려 26년을 왕위에 있으면서 호족 세력을 누르고 왕권을 강화하여 고려 초 새로운 국가체제와 정치 질서를 형성하는 데 크게 기여했다. 그러나 공신과 호족들에 대한 지나친 숙청, 불교에 대한 맹신은 정국을 불안 속으로 몰아넣었을 뿐 아니라 결국에는 자신의 개혁 정치를 실패로 되돌리고 말았다.

975년, 광종이 세상을 떠나고 그 뒤를 이어 맏아들 주가 즉위하니 그가 바로 고려 제5대 왕 경종이다. 광종의 죽음은 그동안 숨죽이고 지냈던 공신과 호족들의 화려한 부활을 의미했다. 이들의 재등장은 이미 예고된 것이었는데, 이들은 광종 말기부터 서서히 개혁 주체 세력들을 몰아내고 정치 일선으로 복귀하기 시작했다.

경종은 즉위하자마자 광종의 잘못된 정책들을 바로잡아 나갔다. 대사령을 내려 귀양간 사람들을 돌아오게 하고 옥에 갇힌 사람들을 풀어주었으며, 죄에 대한 기록을 씻어주고 관직과 작위를 회복시켜 주었다. 그리고 임시 옥사를 헐고 참소하는 상소들을 불살라버리니 조정과 민간에서 크게 기뻐했다.

이로써 공신과 호족들은 다시 정치 일선으로 돌아올 수 있었다. 그러나 경종의 구신들에 대한 예우가 지나쳐 대사령과 함께 **복수법**을 허락

복수법
광종 때 억울하게 참소당하여 죽은 자들의 자손에게 그 복수를 허락한 것을 말한다. 그러나 개인적인 원한으로 사람을 죽이는 사태가 발생하여 다시 곳곳에서 억울함을 호소하기에 이르자, 경종은 결국 복수법을 금지시켜야 했다.

함으로써 또 한 차례 피바람을 부르는 대규모의 살육전이 일어나기도
했다.

불교 통합과 대중화에 앞장서다
균여

균여는 고려 초의 고승으로 불교 대중화를 위해 「보현십원가」를 지어 화엄 사상을 일반에 널리 알리는 데 기여한 향가 작가로 잘 알려져 있다. 또한 문종 대에 혁련정이 지은 『균여전』에 의하면, 당시 여러 문파로 나누어져 대립하고 있던 불교를 통합하여 불교를 개혁하는 데 앞장섰던 인물이었음을 알 수 있다.

균여는 먼저 당시 남악파와 북악파로 나뉘어 대립하던 화엄종을 통합하고, 교종의 입장에서 선종을 통합하기 위해 많은 노력을 기울였다. 특히 그는 성상융회 사상을 체계화하여 당시 소외되어 있던 지방의 군소 호족을 융합시킴으로써 왕권 강화에 크게 공헌했다.

균여의 사상은 왕권을 강화하고 중앙집권체제를 정비하고자 했던 광종의 정책과 일맥상통했다. 군소 호족을 끌어들여 공신과 호족 세력을 배제함으로써 왕권을 강화하고자 했던 광종은 균여를 후원함으로써 상호보완 관계를 유지했다. 이러한 왕실의 후원에 힘입어 균여는 교종(화엄종)을 중심으로 고려 초기 불교계를 이끌어갈 수 있었다.

지방의 군소 호족 출신으로 승려가 되다
균여는 태조 6년(923), 황해도 황주에서 그 지방의 호족인 변환성의 아들로 태어났다. 이와 같은 균여의 출신 배경은 뒷날 그가 군소 호족

중심의 성상융회 사상을 체계화하는 데 큰 영향을 끼쳤을 것으로 생각
된다.

균여는 특이한 태몽과 함께 태어났는데, 그의 어머니는 하늘에서 봉
황 한 쌍이 내려와 품안으로 들어오는 꿈을 꾸고 잉태하여 7개월 만에
균여를 낳았다고 한다. 이때 그의 어머니는 60세의 노령이었다. 그런데
태어난 균여의 모습이 너무도 추한 나머지 그의 부모는 그를 붉은 포대
기에 싸서 들판에 내버리고 말았다. 그러자 어디에선가 여러 마리의 새
가 날아와 어린 균여를 보호해 주었고, 이를 보고 이상하게 여긴 부모
는 그를 다시 집으로 데려와 잘 길렀다고 한다.

생김새와는 달리 어려서부터 남달리 총명했던 균여는 강보에 싸여
있을 때부터 아버지가 말로 전해주는 『화엄경』의 「원만게」(圓滿偈)를
한 글자도 빠짐없이 외울 정도였다.

균여는 열다섯 살 나던 해인 태조 21년(938), 사촌 형을 따라 부흥사
로 출가하여 식현화상에게서 수학한 뒤, 영통사 의순의 문하로 들어가
수도에 정진했다. 한번은 어머니를 만나기 위해 잠시 집에 들렀다가 누
이에게 불교 경전의 글귀들을 한 글자도 빠짐없이 강설할 정도로 균여
는 불교에 빼어난 능력을 보였다.

정종 4년(949), 균여는 스승 의순의 소개로 자신의 고향 황주의 대호
족인 황보씨 가문과 인연을 맺었다. 당시 사찰 승려들과 지방 호족들은
서로 깊은 관계를 맺고 있었는데, 사찰은 호족들의 보호와 후원 속에
운영되었고, 호족들은 승려들로부터 대중을 이끄는 데 필요한 사상적
뒷받침을 받았기 때문이다.

황보 가문과의 인연은 얼마 후 광종과의 만남으로 이어졌다. 황주의
대호족이었던 황보씨 가문은 왕건의 제4비인 신정왕태후 황보씨를 배
출했으며, 광종의 비인 대목왕후 황보씨는 신정왕태후의 소생이었다.
균여는 대목왕후와의 인연으로 자연스럽게 광종과 돈독한 관계를 맺을
수 있었다.

광종을 도와 불교 행사를 주관하다

균여가 본격적으로 국가 행사에 참여하기 시작한 것은 서른 살 나던 해인 광종 4년(953)부터이다. 이때 후주 태조가 왕연 등을 파견하여 광종을 고려 왕에 책봉하려 했으나, 계속된 장마로 인해 **책왕 의식**을 치를 수 없는 처지에 놓이자 조정에서는 **기청제**를 올리기로 결정했다. 이때 국사 겸신의 천거를 받아 기청제를 주관하게 된 균여는 원음(圓音)으로 강연했다. 그러자 우레가 사라지고 풍운이 걷히면서 하늘이 맑아져 무사히 책왕 의식을 치를 수 있었다. 이 공으로 그의 가족들은 광종으로부터 토지와 노비를 하사받았다. 이때 균여가 서른이라는 젊은 나이에 여러 고승들을 제치고 기청제를 주관할 수 있었던 것으로 보아 이미 광종과의 정치적 연대가 상당히 깊었음을 알 수 있다.

그 후 균여는 나라에서 시행하는 여러 가지 불교 행사를 주관하고, 왕명을 받아 승과를 주관하여 인재를 양성했다. 균여가 불교 행사를 주관하게 된 시기가 광종이 노비안검법과 과거제를 통해 본격적으로 왕권 강화에 나선 시점이었다는 사실로 보아 그가 광종의 정치적 동반자이거나 왕권 강화에 중추적 역할을 담당했음을 알 수 있다. 균여는 광종 14년(963)부터 24년(973) 입적할 때까지 귀법사의 주지로 있으면서 광종의 전제정치를 이념적으로 뒷받침했다.

한때 균여는 참소를 입어 처형당할 위기에 놓이기도 했는데, 이것은 광종과의 갈등에 의한 대립으로 해석할 수 있다. 광종 19년(968), 당시 귀법사의 승려로 있던 정수는 균여가 이정(異情)을 수행한다고 참소했

책왕 의식
중국의 왕조들은 고려를 자신들의 속국 또는 제후국으로 인정하여, 주변의 다른 제후국들과 마찬가지로 국왕에게 '황제' 대신 '왕'의 칭호를 하사했다. 그리하여 책왕사를 보내 고려 국왕을 고려 왕으로 책봉했는데, 이 의식이 바로 책왕 의식이다.

기청제(祈晴祭)
입추가 지나도록 장마가 계속될 때, 날이 개기를 빌던 제사를 말한다.

다. 그러나 광종이 무고한 사람을 참소했다 하여 도리어 정수를 처형함으로써 사건은 일단락되었다.

처음에 균여는 광종의 왕권 강화를 지지했으나, 후기의 무자비한 숙청으로 폐단이 늘어나자 광종에게 잘못을 지적하기 시작했고, 이로 인해 광종과 대립하게 된 것으로 보인다. 그것은 승려로서 더 이상 살생을 두고 볼 수 없었기 때문이기도 했지만, 자신과 연계를 맺고 있는 호족들을 위해서였다. 당시 균여는 광종의 정책에 적극 동참하면서도 여전히 황보씨 가문과 관계를 유지하고 있었다.

이 틈을 타 정수가 균여를 참소하고 나서자 광종은 사사건건 자신과 대립하는 균여를 이 기회에 제거하려 했다. 하지만 이미 대중들의 추앙을 받고 있는 균여를 죽이기에는 그로 인한 정치적 부담이 너무 컸고, 호족들의 반발 또한 만만치 않았다. 이때 광종은 자신의 죄업을 빌고자 불교에 매달리기 시작했고, 그동안 숨죽이고 있던 호족들은 점차 세력을 회복해 나가고 있었다. 결국 광종이 정수와 함께 자신의 전제정치를 이끌었던 최행귀 등을 제거함으로써 그의 전제정치는 실패로 돌아가고 말았다.

불교 통합을 통해 불교 개혁에 앞장서다

균여는 불교를 통합하고 불교 대중화를 위해 힘씀으로써 고려 초기 불교계를 이끌며 불교 개혁에 앞장섰다. 그의 사상은 화엄종 통합을 위한 '성상융회'(性相融會) 사상과 불교 대중화를 위한 '성속무애'(聖俗無碍) 사상으로 특징지을 수 있다.

성상융회 사상이란 교종 내부의 대립을 해소하기 위해 화엄종 입장에서 법상종을 융합시키려 했던 것으로, **법장**이 이를 체계화했다. 화엄종을 계승한 균여는 신라 불교의 원교적인 전통에 법장의 사상적 경향을 수용하여 이를 더욱 발전시켰다. 그리하여 당시 남악파와 북악파로 분리되어 첨예하게 대립하고 있던 화엄종을 통합하는 데 앞장섰다.

남악파는 관혜의 법맥을 이어받은 문도들로 남악(지리산) 화엄사를 중심으로 활동했고, 북악파는 희랑의 법맥을 이은 문도들로 북악(태백산) 부석사를 중심으로 활동하고 있었다. 가야산 해인사에서 격렬한 논쟁을 벌인 후 이들 두 파간의 대립은 더욱 심화되었다.

이러한 대립을 안타깝게 여긴 균여는 인유와 함께 전국의 유명한 사찰들을 찾아다니며 승려들을 설득하고 교리를 설파하는 등 화엄종을 통합하기 위해 많은 노력을 기울였다. 균여는 전통적인 화엄 사상의 구조를 **의상**의 횡진법계(橫盡法界)와 법장의 수진법계(豎盡法界)로 나누어 설명한 다음, 이 두 법계를 종합한 **주측**(周側)을 주장했다.

의상의 횡진법계는 전체를 구성하는 하나 하나의 개체를 파악하기보다는 원칙적인 하나를 파악하고 이것으로 미루어 전체를 이해하는 것이다. 반면, 법장의 수진법계는 전체를 구성하는 하나 하나의 의미를 살펴서 그것을 파악하는 것이다. 균여는 횡진법계인 '주'(周)를 근간으로 하여 수진법계인 '측'(側)을 융합한 '주측'을 주장하여 독자적인 종풍을 내세웠다. 그는 이를 바탕으로 남악파와 북악파를 설득했고, 이것이 광종의 개혁정책과 맞아 떨어져 큰 성공을 거둘 수 있었다.

균여는 불교 통합뿐 아니라 불교 대중화에도 적극 앞장섰다. 그가 불교 대중화를 위해 내세운 사상은 성속무애 사상인데, 그것은 바로 성(聖: 부처)과 속(俗: 세속)을 구별하지 않고 하나로 묶고자 하는 사상이

법장(法藏)
중국 당나라의 승려로 화엄사상의 대가로 일컬어진다.

의상(義相, 625~702)
신라시대의 승려로 당나라에 가서 화엄종을 연구하고 돌아와 해동(海東) 화엄종을 개창했다.

주측(周側)
주(周)는 가로 또는 수평을 의미하는 것으로 횡진법계를, 측(側)은 세로 또는 수직을 의미하는 것으로 수진법계를 뜻한다. 즉, 전체를 이해하면서도 그것을 구성하는 하나 하나의 개체를 파악하는 것이다. 균여는 주측의 개념을 이용하여 당시 법계를 바라보는 인식의 차이로 갈라져 있던 화엄사상을 통합하고자 했던 것이다.

다. 즉, 화엄사상에 토착신앙을 수용하여 체계화한 것인데, 이러한 성속무애 사상은 광종의 전제주의와 관련지어 생각할 수도 있지만 그보다는 일반 백성들에게 친근감을 주기 위한 방법으로 보인다.

균여는 불교 대중화를 위한 노력의 일환으로 화엄사상을 대중들이 쉽게 접하고 이해할 수 있도록 하기 위해 「보현십원가」라는 향가 11수를 지어 민중에게 퍼뜨렸다. 이것은 신라 때 원효가 자신의 화엄 사상을 노래로 지어 민중에게 퍼뜨린 것과 일맥상통한다.

균여는 중생과 부처는 크게 구별되는 것이 아니라 깨달으면 부처가 되고 미혹되면 중생이 된다며, 중생이 곧 부처라고 주장했다. 이 또한 일반 대중들을 의식한 것으로 볼 수 있다. 균여는 불교를 민간에 널리 알리기 위해 불경을 해석하여 방언, 즉 **향찰**로 옮기기도 했다.

그러나 그의 출신 배경이 군소 호족이었고, 광종의 전제정치와 맥을 같이 했던 만큼 근본적으로 그의 사상은 귀족 불교의 한계를 벗어날 수 없었다.

방대한 저술 활동

균여는 불교에 관한 방대한 저술과 함께 향가 11수를 남김으로써 국문학사에 있어 뛰어난 업적을 남겼다. 그는 의상에 이어 고려 때 교풍을 바로잡고 교세를 떨친 화엄학의 고봉으로서, 불경을 일반에게 강의하고 향찰을 사용하여 교종에 관한 자신의 사상을 담은 많은 저술을 남겼다. 『수현방궤기』 10권, 『공목장기』 6권, 『오십요문답기』 4권, 『법계도기』 2권, 『입법계품초기』 1권, 『탐현기석』 28권, 『지귀장기』 2권, 『교분기석』 7권, 『삼보장기』 2권, 『십구장기』 1권이 그것이다.

이 가운데 현재 전해오는 『법계도기』·『지귀장기』·『삼보장기』·『십구장기』·『교분기석』은 의상과 법장의 저술에 대한 해설서인데, 단순한 모방이나 주석이 아닌 균여 자신의 사상을 담고 있으며, 체제 또한 자신만의 독특한 형식을 취하고 있다.

마음의 붓으로

그린 부처님 앞에

절하는 이 내 몸은

법계(法界) 끝까지 이르러라

티끌마다 부처님의 절이요

절마다 뫼셔 놓은

법계에 가득 찬 부처님께

구세(九世)가 다하도록

예경하고 싶어라

아, 몸과 말과 뜻에 싫증냄 없이

이에 부지런히 사무치리

　이것은 「보현십원가」 11수 가운데 첫 수에 해당하는 「예경제불가」
로, 고해에서 방황하는 중생을 제도하여 불국정토를 건설하겠다는 내
용을 담고 있다. 「보현십원가」는 당시 각 마을의 담장에 쓰여질 정도로
민중이 즐겨 부르던 노래였다고 한다.

　균여가 이와 같은 향가를 지은 목적에 대해 『균여전』에서는 다음과
같이 말하고 있다.

　대개 향가라는 것은 세상 사람들의 희락지구요, 원왕이라는 것은 보
　살의 행실을 닦는 중요한 것이다. 그러므로 얕은 곳을 밟아서 점점
　깊은 곳으로 들어가게 되고, 가까운 곳에서 시작하여 먼 곳에 이르
　게 되는 것이니, 세속의 도리에 따르지 않고서는 크고 넓은 인연을
　나타낼 수가 없다. 이제 부처님의 깊은 뜻을 이해하기 위한 열한 가

향찰(鄕札)
신라 때 한자의 음과 훈을 빌려 우리말을 소리나는 대로 적었던 표기법.

지 큰 소원에 따라 노래를 짓는다. 이는 여러 사람의 눈에는 극히 부끄럽지만 여러 부처님의 마음에는 부합되기를 바란다. 비록 뜻을 잃고 말이 어긋나 성현의 정묘한 뜻에는 맞지 않겠으나, 글을 맞추고 글귀를 지어 범속이 선근을 낳기 바란다. 웃으면서 외우려는 이는 송원의 인연을 맺게 될 것이며, 비방하면서 염하는 이도 염원의 이익을 얻게 될 것이다. 뒷날의 군자들이 이를 비방하든 칭찬하든 무관하다.

균여는 광종 23년(973) 6월 51세의 나이로 입적했으며, '대화엄수좌원통양중대사'라는 법계를 받았다.

뛰어난 치적으로 성군의 칭호를 받다

성종

성종은 고려왕조 서른네 명의 왕 가운데 가장 뛰어난 업적을 남긴 명군이자 성군으로 추앙받는 왕이다. 성종의 이와 같은 뛰어난 치적은 고려가 문치를 이룰 수 있는 바탕이 되었다.

성종은 당시 유학자이자 정치평론가인 최승로의 「시무 28조」를 바탕으로 국정을 안정시켰다. 그리고 유교적 정치 이념에 의거하여 각종 폐단을 시정하고 중앙 및 지방 관제를 정비했다. 또한 교육제도와 과거제도를 강화하여 인재를 육성했다. 그리고 송나라와의 외교를 통해 유대관계를 강화하는 한편, 거란의 침입을 슬기롭게 막아냄으로써 나라를 전쟁의 참화로부터 구해냈다. 고려 말의 대학자 이제현은 성종의 치적에 대해 다음과 같이 칭송하였다.

성종은 종묘를 세우고 사직을 정하였으며, 태학에 재물을 넉넉하게 하여 선비를 기르고 어진 이를 구하였다. 그리고 수령을 독려하여 백성을 구휼하고, 효도와 절의를 장려하였다. 거란이 침략해 오자 친히 서도(평양)에 나가 안북부에 진군했다. …… 일찍이 최승로가 올린 글을 보고 즐겁게 정사를 돌보되 자만에 들뜨지 않기 위해 힘쓰며, 모든 일을 몸소 행하고 마음으로 깨달아 남에게 미치게 하였고…… 늙기도 전에 후계자를 세웠던 것은 나라를 위한 생각이 깊

었던 것이요, 죽어가면서도 사면령 내리기를 아꼈던 것은 생사의 이
치에 통달하였던 것이다.

봉사를 적극 수용하여 안정된 정치를 펼치다

성종은 광종 11년(960) 대종 왕욱과 선의태후 유씨의 둘째 아들로 태
어났다. 대종 왕욱은 왕건의 제4비인 신정왕태후 황보씨 소생이고, 선
의태후 유씨는 제6비인 정덕왕후 유씨 소생으로, 두 사람은 이복남매
간이었다. 이름은 치(治), 비는 광종의 딸 문덕왕후 유씨다.

타고난 기품이 엄정하고 너그러웠던 성종은 개령군에 책봉된 뒤 981
년 6월, 병석에 누운 경종으로부터 왕위를 물려 받았다. 그해 7월 경종
이 세상을 떠나자 왕위에 올랐는데, 이때 그의 나이 스물두 살이었다.
직계가 아닌 성종이 즉위할 수 있었던 것은 경종이 스물일곱이라는 젊
은 나이에 죽음을 맞이했고, 경종의 맏아들 송(목종)은 이때 겨우 두 살
로 왕위를 잇기에는 너무 어렸기 때문이다. 그래서 경종은 죽기 전에
왕족 가운데 가장 덕이 높은 성종에게 왕위를 물려주었던 것이다.

성종은 재위하는 동안 유교 이념에 입각한 중앙집권적 귀족정치를
완성했다. 그것은 최승로 등 유교적 소양을 갖춘 유학자들의 **봉사**를 적
극 수용함으로써 가능했다. 성종은 즉위한 이듬해인 982년 6월 신하들
에게 다음과 같은 조서를 내렸다.

"예나 지금이나 임금의 덕은 오직 신하들의 보필에 달려 있다. 짐이
새로 나라의 정무를 맡아봄에 있어 혹여 잘못을 저지를까 두렵다. 5품
이상의 관리들은 각기 정치의 잘된 점과 잘못된 점을 논하여 상소문을
올리도록 하라."

그리하여 제출된 봉사 가운데 최승로가 올린「시무 28조」가 단연 돋
보였다. 최승로는 어렸을 때부터 이름난 신동으로 열두 살 때 태조의
인정을 받아 **원봉성**에 입학하여 수학해 온 인물이다. 최승로는 먼저『정
관정요』를 예로 들며 봉사를 올리게 된 이유를 설명하고, 태조부터 경종

에 이르는 5대 왕의 치적평과 함께 시정 개혁에 필요한 사항들을 조목별로 지적했다.

최승로는 당시 만연해 있던 불교의 폐단을 열거하고 이를 시정할 것을 논했으며, 주요 지방에 관리들을 파견하여 중앙집권적 정치체제를 완성할 것을 주장했다. 또한 국토 방위의 중요성을 강조하고, 의복 제도를 정비하여 신분 질서를 확립할 것 등을 주장했다.

성종 7년(988)에는 이양이 '현명한 군왕은 하늘의 도를 받들어 만물의 이치에 따라 어진 정치를 펼쳐야 한다'며, **월령**에 따라 백성들에게 농사짓는 때를 알리고, 『**주례**』에 의거하여 **헌종례**를 행하며, 정월 중순 이후에는 나무 베는 것을 금지하고, 사람들을 부역에 동원하지 말 것 등을 건의했다.

이어 성종 9년(990)에는 김심언이 봉사를 올려 나라 안팎의 모든 관청 벽에 육정육사(六正六邪)의 글과 한나라 자사의 육조령(六條令)을 써 붙일 것을 건의했다. 육정육사란, 나라를 위해 올바른 일을 하는 여섯 신하와 나라를 망치는 여섯 신하를 말하며, 육조령은 중국 한나라의 지방관인 자사의 복무 수칙을 말한다. 김심언은 관리들이 이를 보고 경

봉사(封事)
임금에게 올리는 밀봉한 상소문.

원봉성(元鳳省)
외교 문서와 임금의 칙서에 관한 일을 맡아보던 관청으로, 이곳을 통해 많은 인재들이 교육을 받았다.

『**정관정요**』(貞觀政要)
중국 당나라 현종 때 사관 오긍이 지은 책으로, 당 태종의 치적을 서술하여 현종에게 모범으로 삼기를 권하고 있다. 당 태종의 연호가 바로 정관이며, 이때의 태평성대를 일컬어 '정관의 치(治)'라고 한다.

월령(月令)
한 해 동안의 정례적인 행사나 의식을 월별로 구별하여 규정해 둔 것.

『**주례**』(周禮)
중국 주나라의 국가 제도를 적은 책.

헌종례(獻種禮)
왕후가 왕에게 곡식의 종자를 바치는 의식.

계로 삼기를 원했던 것이다.

성종은 이와 같은 유교적 소양을 갖춘 관리들의 봉사를 적극적으로 수용함으로써 그동안의 폐단을 시정하고 새로운 정책을 시행하여 안정된 정치를 펼쳤다. 그리하여 고려 최고의 명군이라는 찬사를 얻을 수 있었다.

중앙 및 지방 관제를 정비하다

성종은 즉위한 이듬해부터 국가체제를 확립하기 위한 여러 가지 새로운 제도를 정비해 나갔다. 먼저 태조 때부터 내려온 중앙관제를 중국식으로 개편했는데, 즉 내의성을 내사문하성으로, 광평성을 어사도성으로 개편하고 어사도성 밑에 선관·병관·민관·형관·예관·공관의 6관을 예속시켜 정무를 맡겼다. 중앙관제는 14년(995)에 다시 당나라의 **3성 6부**를 본따 개편했는데, 이것은 이후 고려 중앙관제의 기본 골격이 되었다.

성종은 983년부터 본격적인 지방관제 정비에 나섰는데, 그때까지 고려는 중앙에서 지방관을 파견하지 않고 사심관을 통해 지방을 통제하고 있었다. 그해 성종은 건국 이후 처음으로 지방에 12목(양주·광주·충주·청주·공주·해주·진주·상주·전주·나주·승주·황주)을 설치하고, 각각에 지방관인 목사를 파견했다. 또한 4개월 뒤에는 각 지방 관청에 공해전을 지급하여 경비를 조달하게 했다. 12목 설치 당시에는 지방관만 임지에 부임할 뿐 가족 동반은 금지되었으나, 986년에는 가족을 동반할 수 있도록 제도적 보완이 이루어졌다.

그 후에도 성종은 꾸준히 제도를 정비하고 보완하여 지방행정 기능을 크게 강화시켜 나갔다. 993년에는 당나라의 10도제와 군현제를 모방하여 기존의 12목을 10도(관내·중원·하남·강남·영남·산남·영동·해양·삭방·패서)로 개편했다. 이와 함께 군 단위의 행정구역 명칭을 없애고 주·현 단위의 행정구역만 남김으로써 주현제를 실시했다.

그해 성종은 전국 각지에 대규모의 지방관을 파견하기도 했다.

이러한 일련의 조치들을 통해 성종은 왕권을 강화하고 중앙집권체제를 확립해 나갔다.

유교 정치를 펼치다

성종은 유교 이념을 바탕으로 국가체제를 정비하는 과정에서 유학적 소양을 갖춘 인재의 필요성을 절실하게 느꼈다. 그리하여 11년(992) 지금의 국립대학격인 국자감을 설치하여 인재를 양성했다.

국자감의 교육과목은 유학부터 기술에 이르기까지 다양했으며, 신분에 따라 배울 수 있는 과목이 달랐다. 유학부는 학생들의 신분을 기준으로 하여 국자학 · 태학 · 사문학의 세 과정을 두었는데, 국자학은 3품 이상 고관의 자제, 태학은 5품 이상의 자제, 사문학은 7품 이상의 자제만 입학할 수 있었고, 8품 이하 서민들의 자제는 유학 교육을 받지 못하고 기술학부에 입학하여 율법(법률) · 서학(글씨) · 산학(수학) 교육을 받았다.

성종은 중앙뿐 아니라 지방의 교육에도 많은 관심과 노력을 기울였다. 그는 지방 관리의 자제들을 개경으로 불러들여 국자감에서 유학을 공부하게 하는 한편, 이와는 별도로 12목에 경학박사와 의학박사를 파견하여 지방의 인재들을 교육하도록 했다.

성종은 즉위한 해인 981년 11월, 태조 때부터 실시해 온 팔관회를 폐지함으로써 당시 지나친 불교 우대정책으로 인한 대규모 불교 행사의 폐단을 시정했다. 이와 함께 **오복**에 따라 관리들의 휴가 기일을 정하고,

---

3성6부(三省六部)
내사성 · 문하성 · 상서성의 3성 밑에 이부 · 호부 · 예부 · 병부 · 형부 · 공부의 6부를 두어 국무를 나누어 관장하게 한 것.

오복(五服)
상(喪)의 종류에 따라 입는 다섯 가지 상복을 말한다.

태묘를 지어 태조·혜종·정종·광종·경종의 신위를 모셨다. 즉, 그 동안 만연했던 불교의 폐단을 시정하여 유교적 문물 제도를 정비하고 자 한 것이다. 그리하여 유교 사상에 입각한 중앙집권체제를 구축할 수 있었다.

성종은 유교적 애민사상에 입각하여 백성들의 생활을 안정시키기 위해 노력했다. 그리하여 제단을 설치하고 하늘에 제사를 올려 풍년을 기원했으며, 몸소 농사를 지어 모범을 보였다. 또한 백성들을 구휼하고 민생을 안정시키기 위해 14년(995) 5월, 조서를 내려 평상시에 의창에 곡식을 저장해 두었다가 흉년이 들면 사람들에게 대여하고 나중에 거두어들임으로써 빈민을 구제하고자 했다.

그해 성종은 개경과 서경에 상평창을 설치하였다. 상평창은 물가조 절을 위한 곡식 저장 창고로, 흉년이 들어 곡식 가격이 올라가면 곡식 을 방출하여 가격을 낮추고, 풍년이 들어 곡식 가격이 떨어지면 이를 사들여 가격을 조정하였다.

성종은 전국에 흩어져 있는 효자들을 찾아 포상을 내리기도 했다. 이 때 성종은 "무릇 나라를 다스리는 데 있어 효도보다 더한 것이 없다. 효 도는 삼황오제의 기본 사업이며, 만사의 강령이요, 모든 선의 으뜸이 다."라며 효자·효부 들을 치하하고, 부역을 면제해 주는 등 효를 적극 적으로 장려했다. 여기에는 관리들에게 나라에 대한 충성을 강조하고 자 하는 의도도 포함되어 있었다.

거란의 침략을 물리치다

성종은 송나라와의 친선관계를 유지하는 반면 거란은 적대시했다. 당시 중국 대륙은 송나라와 거란이 남북으로 나뉘어 서로 대립하고 있 었다. 916년 야율아보기가 거란족을 통일해 국호를 요(遼)로 정하고 만 주 및 북중국 일대를 지배하고 있었고, 960년 조광윤이 후주를 무너뜨 리고 건국한 송나라가 중국 중·남부 대륙을 지배하고 있었다.

이때 성종이 국경을 접하고 있는 거란을 적대시하고 바다 건너 송나라와 친선관계를 맺었던 것은 태조의 대외정책 때문이었다. 고구려를 계승하고 북진정책을 추구했던 태조는 거란이 **발해**를 멸망시켰다는 표면적인 이유를 내세워 외교 관계를 맺자는 그들의 요구를 거절하고 송나라와 외교를 맺었다.

이러한 상황에서 성종 4년(985), 송나라에서 고려에 원병을 요청해왔다. 송나라는 지난날 후진이 건국할 때 도움을 받은 대가로 거란에게 떼어준 북중국의 연운 16주를 회복하기 위해 거란과의 전쟁을 시작한 것이다. 이때 성종은 중국 대륙의 분쟁에 휘말리지 않기 위해 일부러 시일을 끌며 출병을 미뤘으나, 계속되는 송나라의 위협과 회유에 못 이겨 어쩔 수 없이 출병을 약속했다. 그러나 때마침 송나라가 거란에 패함으로써 고려는 실제적인 출병은 하지 않았다.

송나라와의 전쟁에서 승리한 거란은 이듬해 사신을 보내 화친을 청했다. 그러나 성종은 이에 응하지 않았다. 그러자 이에 불만을 품은 거란은 마침내 성종 12년(993), 군사를 일으켜 고려를 침략하였다. 이로써 '제1차 여요전쟁'이 시작되었다.

이때 거란이 고려를 침략한 것은 두 가지 이유에서였다. 첫째, 고려를 자신들에게 복속시킴으로써 고려와 송나라의 동맹을 단절시키고, 이를 통해 송나라 정벌에 전념할 수 있는 기반을 마련하기 위해서였다. 둘째, 고려가 차지하고 있던 압록강 하류의 평안도 일대를 장악함으로써 행여 있을지 모를 고려의 도전을 사전에 봉쇄하기 위함이었다.

성종은 박양유를 상군사, 서희를 중군사, 최량을 하군사로 삼아 북계

발해(渤海, 698~926)
중국 둥베이(東北) 지방 동부·연해주·한반도 북부에 있던 나라. 고구려 유민이 지배층의 주류를 이루었고, 대외적으로 고구려를 계승하였음을 주장하였다는 점 등에서 우리나라 역사의 한 부분으로 인정되고 있다. 최근에는 통일신라와 발해가 병존한 시기를 남북국시대라고 부르기도 한다. 926년 거란의 야율아보기에 의해 멸망했다.

에 진군시켜 거란군을 막게 하는 한편, 몸소 서경을 거쳐 안북부까지 나가 군사들을 독려했다. 그러나 고려군의 분전에도 불구하고 상황은 자꾸만 불리해져 갔다. 조정에서는 거란의 요구대로 서경 이북 땅을 떼어 주자는 주장이 터져 나왔다. 하지만 성종은 서희의 의견을 좇아 그와 같은 주장을 무마하고, 대신 서희를 거란 진영으로 보내 교섭을 벌이게 했다. 이때 서희는 적장 소손녕과 담판을 하여 거란군을 물러가게 했을 뿐 아니라, 강동 6주를 얻는 대성과를 이루어냈다. 강동 6주는 지금의 평안북도 일대인 압록강 동쪽 지역으로, 홍화진(의주)·용주(용천)·철주(철산)·곽주(곽산)·귀주(귀성)·통주(선주)를 말한다. 성종은 이후 이곳에 성을 쌓고 방어사를 파견하여 북방 민족의 침입에 대비했다.

이렇듯 유교적 정치 이념에 입각하여 여러 가지 제도를 개선하고 정비하여 중앙집권체제를 확립한 성종에게도 죽음은 찾아왔다. 두 딸 이외에 후사를 남기지 못한 성종은 재위 16년 만인 997년 10월, 병이 깊어지자 개령군 왕송(목종)에게 선위하고 내천왕사로 거처를 옮겼다.

이때 왕융이 사면령을 내리는 은전을 베풀어 생명 연장을 기원하기를 청하자 성종은, "죽고 사는 것은 하늘에 달려 있는데 어찌 죄 있는 자를 석방하면서까지 도리를 굽혀 목숨을 연장하기를 구하겠는가. 더구나 그렇게 되면 짐을 계승하는 사람은 무엇으로써 새 은전을 베풀 수 있겠는가."라며 이를 물리쳤다. 997년, 한창때의 젊은 나이로 의연히 죽음을 맞이하니 이때 그의 나이 서른여덟이었다.

말 한마디로 거란군을 물리친 외교의 달인
서희

서희는 고려 초기를 대표하는 정치가이자 외교가로서 큰 명성을 떨친 인물이다. 그는 강직하고 올곧은 성격으로 임금이 잘못할 때마다 간언을 하여 잘못을 바로 잡은 충신이었다. 그러나 무엇보다 서희가 명성을 얻게 된 것은 거란 침입 당시 뛰어난 외교술로 위기에 처한 나라를 구했기 때문이다.

당시 고려는 태조 때부터 북중국을 지배하며 국경을 맞대고 있는 거란을 배제하고, 중·남부를 지배해 온 후진·후주와 친교를 맺어왔다. 그러나 북쪽은 여진과 거란에 가로막혀 있어 해상으로 교류할 수밖에 없었고, 그러다보니 외교에 어려움을 겪을 수밖에 없었다. 그 와중에 거란은 끊임없이 사신을 파견하여 국교를 맺을 것을 요구해 왔다.

이러한 상황 속에서 서희는 바다 건너 송나라에 가서 단절된 외교를 회복하고, 이를 빌미삼아 거란이 쳐들어오자 적장과의 외교 담판을 통해 위기에 처한 나라를 구하고 압록강 동쪽의 강동 6주까지 얻어냄으로써 역사에 길이 남을 빛나는 업적을 남겼다.

송과의 단절된 외교를 회복하다
태조 25년(942), 내의령을 지낸 서필의 아들로 태어난 서희는 열여덟 살 나던 해인 광종 11년(960) 과거에 급제하여 관직에 진출했다. 이후 광평원외랑에 올랐다가 이어 내의사랑이 되었다.

광종 23년(972), 왕명을 받아 송나라에 파견된 서희는 최업·강례·유은 등과 함께 뱃길을 통해 송나라로 건너갔다. 북쪽으로는 여진과 거란에 가로막혀 있어 육로로는 송나라에 갈 수 없었기 때문이다. 그러나 송 태조 조광윤은 어렵게 건너온 이들을 반갑게 맞이하기는커녕 오히려 탐탁치 않게 여겼다. 그것은 송나라가 건국한 지 10년이 넘도록 아무런 외교적 노력을 기울이지 않았던 고려 조정에 대한 불만 때문이었다. 게다가 고려가 당시 송나라와 중원을 놓고 대립하고 있던 거란과 우호 관계를 맺고 있다고 여겼다.

서희는 성심을 다해 송 태조에게 그 이유를 해명했다. 그동안 고려 조정이 외교사절을 보내지 못한 것은 여진과 거란이 길을 막고 있었기 때문이었음을 설명한 것이다. 서희의 사리에 맞는 뛰어난 말솜씨와 예의 바른 태도에 감동을 받은 송 태조는 서운했던 마음을 풀고 비로소 고려와 정식으로 외교를 맺었다. 그리고 조칙을 내려 광종에게 식읍을 더해주고 서희에게는 검교병부상서라는 벼슬을 내렸다. 이로써 서희는 외교가로 화려한 첫발을 내딛었다.

적국에게 국토를 내줄 수는 없다

성종 12년(993) 8월, 거란의 80만 대군이 고려에 쳐들어왔다. 거란은 이에 앞서 궐열을 사신으로 보내 화의를 요청하였다. 그러나 고려 조정은 거란의 요청을 받아들일 수 없었다.

거란은 5세기 이래 내몽골 시라무렌 강 유역에 거주하던 몽골계 유목 민족이다. 당나라 때 강력한 힘을 가진 8개 부족이 연합하여 큰 세력을 이루었고, 10세기 초 추장 야율아보기가 내외 몽골 및 만주 지역에 흩어져 있던 여러 부족을 통일하여 나라를 세웠다. 야율아보기의 아들 태종 대에 이르러 국호를 '요'라 했고, 성종 대에 이르러 최전성기를 맞고 있었다.

태조 왕건은 후삼국 통일 이후 고구려의 옛 땅을 회복한다는 명분 아래 북진정책을 추진했다. 특히 발해 유민에 대해 포용정책을 취함으로써 발해를 멸망시킨 거란과의 충돌이 불가피하게 되었다. 거란은 고려와의 교류를 통해 국제 사회로부터의 고립에서 벗어나고자 했으나, 고려는 동족국가로 생각하고 있던 발해를 멸망시킨 거란에 대해 좋은 감정을 가질 수가 없었다.

거란은 계속해서 고려 조정이 아무런 반응을 보이지 않자 침략 쪽으로 정책을 바꿨다. 그러자 고려의 서북 경계에 살며 고려 조정에 협조해 온 여진은 이러한 거란의 움직임을 통보해 왔다. 그러나 고려 조정은 여진의 보고를 받고도 그 사실을 의심하여 침략에 대한 방어책을 세우지 않았다. 여진이 재차 거란군의 진격 사실을 알려오자 그제야 고려 조정은 사태의 심각성을 깨닫고 다급히 대비책을 세우기 시작했다.

성종은 각 지방으로부터 군사를 불러모은 다음, 시중 박양유를 상군사로, 당시 내사시랑으로 있던 서희를 중군사로, 문하시랑 최량을 하군사로 삼아 북계로 나가 거란군을 막게 했다. 성종 또한 서경을 거쳐 안북부로 나가 정세를 관망하였다.

거란은 소손녕을 총지휘관으로 삼아 80만 대군을 이끌고 고려를 향해 진격해 왔다. 소손녕은 단숨에 봉산군(청천강 이북지역)까지 내려와 고려의 선봉장 윤서안 등 수많은 고려군을 사로잡은 뒤 사신을 통해 고려 군신의 항복을 요구해 왔다.

"대조(거란)가 이미 고구려의 옛 땅을 차지했는데, 지금 너희 나라가 강계를 침탈하니 이에 와서 토벌한다."

태조 이래로 추진해 왔던 북진정책은 성종 대에 와서도 변함없이 계속되었다. 따라서 고려의 입장에서 볼 때 이와 같은 거란의 주장은 참으로 어처구니없는 일이 아닐 수 없었다. 소손녕은 다시 사신을 보내 "만약 항복하지 않으면 대군을 이끌고 모조리 소탕할 것이니 즉시 항복하여 목숨을 보전하라."는 협박 서신을 보내왔다. 이어 소손녕은 "우리는 80만 대군이니, 빠른 시일 안에 압록강가에 나와 항복하지 않으면 너희 나라를 멸망시킬 것이다. 그러니 고려의 모든 군신들은 내 진영으로 와서 항복하라."며 계속해서 고려에게 항복을 종용했다.

이러한 거란의 요구를 두고 고려 조정에서는 군신회의가 열렸다. 고려의 중신들은 하나같이 거란의 항복 요구를 받아들여 서경 이북의 땅을 거란에게 내어주고 절령으로 경계를 삼자는 '할지론'(割地論)을 펼쳤다. 성종 또한 이에 찬성하는 입장을 취했다.

이때 그 의견을 정면으로 반대하고 나선 이가 있었으니, 바로 내사시랑 중군사 서희였다.

"저들이 고구려의 옛 땅을 취하겠다고 목소리를 높이고 있는 것은 사실은 우리 고려를 두려워하고 있기 때문입니다. 그러므로 적의 군사가 많은 것만 보고 서경 이북 땅을 내놓는 것은 결코 올바른 계책이 아닙니다. 그뿐 아니라 삼각산 이북은 모두 고구려의 옛 땅인데 만일 거란이 한없는 욕심으로 또다시 내놓으라고 강요한다면 그마저도 내주시겠습니까? 옛 나라도 그렇지만 태조께서 이 나라를 건국하신 이래 우리 영토를 다른 나라에 내준 일은 단 한 번도 없었습니다. 그러므로 거란에게 굴복하여 영토를 내준다면 자손만대의 치욕이 될 것입니다."

서희는 거란군이 더 이상 적극적인 공세를 취하지 않고 계속해서 항복만을 요구해 오는 것을 보고 그들의 속셈을 간파할 수 있었다. 이때 민관어사 이지백이 서희의 의견에 찬성하면서 중국풍을 즐기는 성종을 은근히 꼬집고 나섰다.

"차라리 금·은·보화를 소손녕에게 주고 그의 속마음을 타진해 보는 것이 어떠합니까? 국토를 경솔히 적국에 할양하는 것보다는 차라리 선대로부터 전해오던 연등회나 팔관회 등의 국가적 행사를 다시 거행하고 다른 나라의 풍습을 멀리함으로써 나라를 보전하고 태평성대를 누리는 것이 좋지 않겠습니까?"

성종은 서희와 이지백의 주장을 듣고 자신이 한순간 잘못 생각한 사실을 부끄러워하며 거란과의 화의를 취소했다.

외교라면 내게 맡겨라

고려 조정이 화전 양론으로 나뉘어 논쟁을 벌이고 있는 사이 소손녕은 진영에 앉아 고려가 항복해 오기만을 초조하게 기다리고 있었다. 그러나 서희와 이지백의 주장으로 결국 거란과의 화의를 포기한 고려가 항복한다는 답변을 보낼 리 없었다.

아무리 기다려도 고려가 항복할 기미를 보이지 않자 소손녕은 다시한 번 힘을 과시할 목적으로 안융진(안주) 공격에 나섰다. 소손녕은 봉산군을 빼앗을 때처럼 단숨에 안융진을 점령할 생각이었다. 그러나 그곳을 지키고 있던 중랑장 대도수와 낭장 유방의 강력한 반격을 받고 크게 패하고 말았다. 대도수는 926년 발해가 거란에 멸망당하자 고려에 귀화한 발해의 태자로 어느 누구보다도 거란과의 싸움에 적극적일 수밖에 없었다.

뜻밖의 패배를 당한 소손녕은 진영만 굳게 지키고 앉은 채 사람을 보내 고려의 항복을 독촉하였다. 이에 고려 조정은 합문사 장영을 거란 진영으로 보냈지만 소손녕은 거드름을 피우며 만나주지 않았다.

이때 소손녕의 속셈을 훤히 꿰뚫어 보고 있던 서희는 적진으로 나아가 소손녕과 담판을 짓겠다고 자원하였다. 서희는 안융진 공격에 실패한 뒤 더 이상 적극적인 군사 행동을 취하지 않고 계속해서 항복만을 요구하는 소손녕의 태도에서 화해의 가능성을 탐지했던 것이다.

서희가 거란 진영에 도착하자 소손녕은 여전히 거드름을 피우며 그에게 뜰 아래서 절할 것을 요구했다. 서희는 즉시 반박하고 나섰다.

연등회(燃燈會)
고려 초부터 있었던 국가적인 불교 행사로, 집집마다 등을 달아 부처를 공양하고 나라의 태평을 빌었다. 음력 정월 보름에서 음력 이월 보름으로 행사 시기가 옮겨지다가 나중에는 사월 초파일로 바뀌었다.

"무릇 신하가 임금을 대할 때에는 뜰 아래서 절하는 것이 당연하지만, 그대가 거란의 신하이듯 나 또한 고려의 신하로 양국의 대신이 만나는데 어찌 군신의 예의를 갖추라는 것인가?"

소손녕은 서희를 몰라도 너무 몰랐다. 서희가 누구인가? 송 태조 조광윤을 설득하여 10여 년 동안 단절되었던 국교를 회복하고 벼슬까지 받은 그였다. 게다가 서희는 안융진 전투에서의 패배로 거란군의 기세가 한풀 꺾였다는 사실을 알고 있었고, 처음부터 자신을 낮추면 협상과정에서 적에게 끌려 다닐 수밖에 없다는 사실 또한 익히 알고 있었다. 이와 같은 상황에서 결코 소손녕에게 기가 꺾일 서희가 아니었다.

마침내 두 사람은 뜰에서 상견례를 한 후 마주 앉아 협상에 들어갔다. 먼저 소손녕이 입을 열었다.

"그대 나라는 신라 땅에서 일어났고, 고구려 땅은 예로부터 우리의 것이었다. 또한 고려는 우리 거란과 국경을 접하고 있으면서도 멀리 바다 건너 송나라를 섬기고 있기에 부득이 공격을 감행하게 되었다."

이에 서희는 전혀 기죽지 않고 당당하게 반박했다.

"우리 고려는 옛 고구려를 계승하였으므로 국호 또한 '고려'라 하고, 평양을 도읍으로 삼은 것이다. 굳이 지리적인 경계를 따진다면 지금 그대 나라의 도읍인 동경도 실은 우리 고려의 땅이랄 수 있는데 어찌 침탈이라고 할 수 있는가? 그뿐 아니라 압록강 안팎 역시 우리 영토인데 지금은 여진이 그곳을 차지하고 있어 그대의 나라에 가는 것이 바다 건너 송나라에 가는 것보다 더 어렵다. 결국 그대의 나라와 우리 고려가 국교를 맺지 못하게 된 것은 모두 여진 때문이다. 만약 여진을 쫓아내고 우리의 옛 땅을 되찾은 뒤 성을 쌓고 길을 열면 어찌 국교를 맺지 않겠는가!"

소손녕이 내세운 침략의 이유는 두 가지였다. 첫째는 송나라와의 결전에 앞서 고려와 송나라의 동맹관계를 단절시키고, 더 나아가 고려를 자신들에게 복속시킴으로써 송나라와의 결전에 전력을 쏟기 위해서였다. 둘째는 고구려의 계승권을 가진 거란이 고구려의 옛 땅을 모두 장악해야 한다는 명분 아래 고려가 차지하고 있는 압록강 동쪽 평안도 일대를 장악함으로써 사전에 고려의 도전 의지를 꺾어놓겠다는 의도였다.

서희는 소손녕이 내세운 두 가지 이유 중 두 번째 것은 명목에 불과하고, 근본적인 침략 목적은 고려와 송나라의 국교 단절이라는 사실을 알았다. 따라서 반박과 설득을 통해 거란에게 철군의 명분을 주었다. 서희의 뛰어난 말솜씨와 높은 기개로 보아 어떤 위협으로도 그의 의지를 꺾을 수 없다는 사실을 깨달은 소손녕은 마침내 철군하였다. 서희의 국제 정세에 대한 정확한 통찰력, 당당한 태도, 논리 정연한 주장 등이 가져온 외교적 승리였다.

거란과의 담판 결과, 고려는 거란으로부터 고구려 계승권을 인정받고, 압록강 동쪽 280리에 달하는 지역을 얻어냈다. 이로써 고구려 멸망 이후 처음으로 국경이 압록강에 이르렀다. 거란은 형식적이나마 고려를 복속시켰으며, 고려와 송나라의 외교 단절에 성공했다. 고려는 실리를 얻었고, 거란은 명분을 얻은 셈이다.

그러나 거란이 압록강 동쪽을 고려의 영토로 인정했다 하더라도 여진이 그곳에 머무르고 있는 이상 아직 완전한 고려의 땅이 아니었다. 성종 13년(994), 서희는 왕명을 받아 압록강 동쪽 280리의 개척에 나섰다. 군사를 이끌고 나아간 서희는 여진을 몰아내고 장흥(태천 동쪽) 및 귀화의 두 진과 곽주(곽산)와 귀주(귀성)에 성을 쌓은 것을 시작으로 3년에 걸쳐 흥화진(의주) · 용주(용천) · 철주(철산) · 통주(선주)에 성을 쌓음으로써 강동 6주를 완성하였다. 소손녕과의 담판으로 얻은 땅에 자신의 손으로 성을 쌓음으로써 깔끔하게 마무리한 것이다.

아버지에게 물려받은 올곧은 성품

외교의 달인으로 명성을 떨쳤던 서희는 성격 또한 강직하고 올곧았다. 그는 아무리 임금이라 해도 잘못을 하면 즉시 직언을 올려 이를 시정케 했다. 거란이 침략했을 당시 성종을 비롯한 조정 중신들은 모두 화의를 주장하고 나섰으나, 서희는 끝까지 이에 반대하여 결국 자신의 외교적 수완으로 이를 훌륭하게 해결했던 것이 대표적인 예이다.

성종 2년(983), 서희는 성종을 수행하여 서경에 갔다. 그때 성종은 갑자기 미복 차림을 하고 영명사에 놀러가려고 했다. 이에 서희는 간곡하게 간하여 성종을 말렸다. 또 성종을 수행하여 해주에 갔을 때였다. 성종이 불쑥 그의 막사를 찾아와 안으로 들어오려고 했다. 그러나 서희는 "지존께서 들어오실 만한 곳이 못됩니다."라며 이를 정중하게 거절했다. 그러자 성종은 그에게 술을 가져오라고 지시했다. 서희는 "신의 술은 감히 드릴 수가 없습니다."며 한사코 이를 거절하여 결국 막사 밖에서 어주를 올렸다.

한번은 정우현이라는 관리가 봉사를 올려 시정의 문제점을 지적했는데, 그것이 성종의 심기를 건드렸다. 성종은 정우현의 죄를 묻고자 한다며 중신들에게 의견을 물었다. 그러자 중신들 모두 성종의 의견에 찬성했다.

이때 서희는 정우현이 올린 봉사는 지극히 옳은 것이며, 모든 허물은 자신에게 있으니 오히려 정우현에게 상을 주어야 한다며 그를 변호하고 나섰다. 결국 정우현은 감찰어사로 임명되었다. 성종은 말과 음식 등을 내려 직언으로 왕의 잘못을 바로잡은 서희를 위로해 주었다.

이렇듯 서희는 옳지 않은 일에 대해서는 비록 왕 앞이라도 서슴없이 비판을 가했다. 이러한 서희의 성격은 아버지 서필의 영향에서 비롯되었다. 광종이 재위하던 당시 한번은 그동안 자신을 보필해 온 신하들의 노고를 치하하며 금으로 만든 술잔을 내렸다. 이때 서필은 금으로 만든 술잔을 받는 것은 분에 넘치는 일이며, 군신간에는 사용하는 그릇에도 차이가 있는데 신하가 금 그릇을 사용하면 임금께서는 어떤 그릇을 사용해야 하느냐며 이를 극구 거절했다.

또 이런 일도 있었다. 어느 날 갑자기 서필은 광종을 찾아가 자신의 집을 나라에 바치겠다고 했다. 광종이 깜짝 놀라 그 이유를 묻자, 서필은 이렇게 대답했다.

"신은 재상으로서 지금까지 아무런 불편 없이 잘 살아왔습니다. 그런데 어찌 제 자식들까지 재상의 집에서 살게 할 수 있겠습니까? 나라에서 주는 녹봉으로 작은 집이나마 새로 마련하여 자식들을 키우며 살겠습니다."

결국 서필은 자신의 집을 내놓고 가족과 함께 허름한 초가에서 살았다. 서필의 그러한 행동은 광종의 지나친 한화 정책에 대한 반발에서 비롯된 것이었다. 유난히 중국 문화를 좋아했던 광종은 송나라에서 귀화한 사람들을 요직에 등용했을 뿐 아니라 심지어는 대신들의 집을 빼앗아 그들에게 거처로 주기도 했다. 서필은 몇 차례에 걸쳐 이를 시정해 줄 것을 광종에게 건의했으나 받아들여지지 않자 자신의 집을 바침으로써 광종을 은근히 꾸짖은 것이다. 그 후 광종은 다시는 대신들의 집을 빼앗지 않았다고 한다.

이러한 아버지 서필의 강직한 성품을 고스란히 물려받은 서희는 오히려 성종의 총애를 받아 나랏일에 자신의 능력을 마음껏 발휘할 수 있었다. 성종이 서희를 얼마나 아끼고 총애했는지는 서희가 병석에 누웠을 때 성종이 보여준 행동에 잘 나타나 있다. 성종 15년(996), 병에 걸린 서희가 치료차 개국사에 머물고 있을 때였다. 성종은 친히 개국사에 들러 서희를 병문안하고, 어의 한 벌과 말 세 필을 각 사원에 나누어 시주하고, 다시 개국사에 곡식 1천 석을 시주하는 등 정성을 다하여 그의 완쾌를 빌었다.

그러나 서희의 완쾌를 그토록 염원했던 성종은 재위 16년 만인 997년 10월, 서희보다 1년 먼저 세상을 떠나고 말았다. 이어 외교의 달인으로 한 세대를 풍미했던 서희도 그 이듬해인 998년, 쉰일곱의 나이로 성종의 뒤를 따랐다. 서희는 제8대 현종 대에 이르러 성종의 묘정에 배향되었다.

역신, 나라에 대한 충절을 지키다
강조

강조는 고려 초의 무신으로 정변을 일으켜 목종을 폐위하고 현종을 옹립하여 역사에 역신으로 기록된 인물이다. 그는 목종의 어머니 천추태후가 외척 김치양과 함께 변란을 일으키자 왕명을 받아 군사를 이끌고 개경으로 향하던 중 거짓 정보로 인해 상황을 오해하여 정변을 일으키기에 이르렀다.

강조는 먼저 김치양 일파를 진압하고 목종마저 폐위시킨 뒤 결국 시해하고 현종을 옹립했다. 비록 그의 정변은 나라를 위한 마음에서 비롯되었으나 목종을 시해함으로써 훗날 역신으로 기록되는 오점을 남기고 말았다.

또한 그의 정변은 거란에 침입의 빌미를 제공하여 제2차 여요전쟁을 가져왔다. 이때 강조는 거란군을 막기 위해 나갔다가 거란군에 사로잡힌 뒤 요 성종의 투항 요구를 끝까지 거절하다 목숨을 잃었다. 역사에는 역신으로 기록되었지만 고려에 대한 그의 충절은 길이 남을 것이다.

왕위를 둘러싼 음모

역사에는 강조의 출생이나 가계에 대한 기록이 전혀 남아 있지 않다. 다만 그가 목종 때 중추사우상시 서북면도순검사로서 서북방의 국경 수비 책임자로 있었던 것으로 보아 목종의 신임을 받았던 뛰어난 무장이었을 것으로 생각된다. 거란과 국경을 맞대고 있는 서북방은 거란의 1차 침입 이후 군사적으로 가장 중요한 지역이 되었기 때문이다. 훗날 강조가 역신으로 기록되면서 그 이전의 기록들도 함께 삭제된 것으로 생각된다.

목종 12년(1009), 강조는 군사를 이끌고와서 개경을 호위하라는 왕명을 받았다. 당시 목종이 병으로 자리에 눕자 그의 어머니 천추태후와 정부 김치양은 자신의 소생을 왕으로 세우기 위한 음모를 꾸미고 있었는데, 이에 목종이 만약에 있을지 모를 변란에 대비하기 위해 강조를 불러들인 것이다.

천추태후는 대종 왕욱의 딸 황보씨로 경종의 제3비 헌애왕후이자 성종과는 남매지간이었다. 김치양은 동주(황해도 서흥) 사람으로 천추태후의 외척이었는데, 경종이 죽은 뒤 머리를 깎고 중을 사칭하며 천추궁을 드나들다 추잡한 소문을 일으켜 장형을 받고 먼 지방으로 귀양보내진 인물이었다.

그러나 성종이 죽고 열여덟의 나이로 목종이 즉위하자 천추태후는 목종을 시켜 김치양을 불러들이고 합문통사사인에 임명하게 했다. 이때부터 김치양은 천추태후의 강력한 지원 아래 권세를 누리며 전횡을 일삼았다. 기록에 따르면, "백관의 벼슬이 모두 그의 손에 달려 있었으며, 그 세력이 조정과 민간에 크게 떨쳤다. 집은 300여 칸이나 되었으며, 누각·동산·못이 극도로 화려했다. 밤낮으로 태후와 놀고 희롱하였으나 아무런 거리낌이 없었다."고 할 정도였다.

이러한 사실을 알게 된 목종은 그를 내쫓고자 했으나 어머니 천추태후의 마음을 상하게 할까 두려워 감히 실행에 옮기지 못했다. 그 후 천추태후와 김치양 사이에 아들이 태어났고, 이때부터 이들 두 사람은 자신들의 소생을 왕위에 올리기 위해 음모를 꾸미기 시작했다.

목종 6년(1003), 스물이 넘도록 후사를 두지 못한 채 갑자기 목종이 병석에 눕자 천추태후와 김치양은 유력한 왕위 계승자인 **대량원군**(현종)을 강제로 출가시킨 뒤 끊임없이 사람을 보내 죽이려 했다. 『고려사』에는 이에 대해 다음과 같이 기록되어 있다.

> 대량원군은 삼각산 신혈사에서 지냈는데, 하루는 태후가 나인을 시켜 독약을 넣은 술과 떡을 보내 대량원군을 죽이려 했다. 이때 한 스님이 대량원군을 땅 속에 숨겨두고 나인에게 말하기를 "대량원군은 산중에 놀러 나갔으니 어디로 갔는지 알지 못하오." 하고 말했다. 나인이 돌아간 뒤 스님이 태후가 보낸 술과 떡을 뜰 가운데 흩어버리니 까마귀가 먹고 곧 죽어버렸다.

유충정의 간언과 대량원군이 비밀리에 올린 글을 통해 이들의 음모를 알게 된 목종은 병을 이유로 정사를 전폐한 채 채충순을 불러 최항과 함께 대량원군을 옹립하라는 밀지를 내렸다.

목종의 밀지를 받은 채충순은 최항과 의논하여 황보유의 등 10여 명을 신혈사로 보내 대량원군을 맞이하게 했다. 이때 목종은 만일의 사태에 대비해 김치양의 일파인 이주정을 서북면도순검부사로 내보내고, 서북면도순검사 강조를 불러들여 왕실을 호위하도록 조치했던 것이다.

거짓 정보로 역신이 되다

강조는 왕명을 받은 즉시 군사를 이끌고 개경을 향해 출발했다. 그런데 뜻밖의 사건이 벌어졌다. 강조가 동주 용천역에 이르렀을 때, 위종정·최창 등이 군영으로 찾아와 다음과 같이 말했다.

"지금 성상께서 병이 위독하여 목숨이 경각에 달려 있는데, 태후가 김치양과 모의하여 사직을 빼앗으려 하고 있습니다. 그들은 외방에서 많은 군사를 거느리고 있는 공이 혹시나 자신들의 뜻에 따르지 않을까 두려워 왕명을 위조하여 공을 불러들인 것입니다. 공께서는 속히 서북면으로 돌아가 의병을 일으켜 나라를 보존하고 공의 목숨도 보존하십시오."

이들은 목종에게 미움을 사 외직으로 쫓겨나 있던 사람들로 이때 한 말은 모두 거짓이었다. 하지만 강조는 두 사람의 말을 믿을 수밖에 없었다. 두 사람의 말처럼 그때 나라 안에는 "임금의 병환이 몹시 위중하여 목숨이 경각에 달려 있고, 김치양 일파는 그것을 기회로 왕위를 빼앗으려 한다."는 등 온갖 소문이 나돌고 있었다. 심지어는 목종이 죽었다는 소문도 있었다.

게다가 강조가 군사를 이끌고 개경에 들어오는 것을 꺼려한 천추태후와 김치양은 심복들을 파견하여 절령을 수비하고 사람들의 왕래를 막고 있었기 때문에 정확한 정보를 입수할 수 없었다. 목종이 이미 세상을 떠났으며 조정 또한 김치양 무리들의 손에 넘어갔다고 생각한 강조는 급히 군사를 돌려 서북면으로 돌아갔다.

이때 강조의 아버지는 아들의 안위가 걱정되자 부리던 종을 승려로 변장시켜 "임금은 이미 세상을 떠났고 간흉들이 권세를 잡았으니 군사를 거느리고 와서 국난을 평정하도록 하라."고 쓴 편지를 지팡이에 넣어 강조에게 전하게 했다. 그 종은 밤낮을 가리지 않고 달려와 강조에게 지팡이를 건넨 뒤 기력이 다해 그 자리에서 죽고 말았다. 편지를 읽은 강조는 목종이 세상을 떠났음을 더더욱 확신하게 되었다. 더군다나 편지를 전해준 종이 죽었기 때문에 더 이상 자세한 상황을 파악할 수가 없었다.

강조는 곧 이부시랑 이현운 등과 함께 군사 5천 명을 거느리고 개경으로 향했다. 그러나 평주(황해도 평산)에 이르렀을 때 뜻밖의 소식이 전해졌다. 죽은 줄 알았던 목종이 아직 살아 있다는 것이었다. 강조는

대량원군
태조의 여덟째 아들 안종 욱의 아들로, 어머니는 경종의 제4비인 헌정왕후인데 바로 천추태후(헌애왕후)의 친동생이다. 이들은 친자매이면서 함께 경종의 비가 되었다.

무척 당황했다. 그는 자신이 왕명도 없이 군사를 이끌고 개경으로 향했다고 생각했고, 그것은 누가 보아도 역모였다.

강조가 이러지도 저러지도 못하고 고민에 휩싸여 있자 부하 장수들이 찾아와 "이미 일이 이 지경에 이르렀는데 여기서 그만둘 수는 없지 않습니까?"라며 그의 결단을 요구하고 나섰다. 이에 강조는 목종을 폐하고 새 임금을 옹립하기로 결심하고 사람을 보내 대량원군을 맞이하게 했다. 강조는 목종의 밀지에 의해 이미 황보유의 등이 대량원군을 맞으러 신혈사로 떠났다는 사실 또한 모르고 있었던 것이다.

정변을 결심한 강조는 개경에 입성하기 전에 목종에게 글을 올려 자신이 군사를 움직인 까닭을 밝혔다.

"성상께서 병환이 위독한데도 미처 후사를 정하지 못한 까닭에 간악한 무리들이 제위를 엿보고 있습니다. 이것은 성상께서 유행간 등의 참소와 아첨만을 믿고 상벌을 밝게 하지 못함으로써 초래된 것이기도 합니다. 이제 나라를 바로잡아 민심을 수습하고 간악한 무리들을 제거하여 사람들의 울분을 풀어주고자 합니다. 지금 대량원군을 맞이하여 대궐로 들어가는데 성상께서 놀라실까 두렵사오니, 청컨대 용흥의 귀법사에 잠시 옮겨 계시면 곧 간악한 무리들을 소탕하고 맞아들이겠습니다."

강조의 반정 계획을 알 리 없는 목종은 "이미 그대가 말하는 바를 알고 있다."며 흔쾌히 허락했다. 강조의 말은 모두 목종 자신이 바라던 바였기 때문이었다. 이때 신혈사로 떠났던 황보유의 등이 대량원군을 호위하여 개경으로 돌아왔다. 강조는 이현운에게 군사를 주어 영추문으로 나가도록 지시했다. 이현운이 군사를 이끌고 소리를 지르며 영추문에 들어서자, 크게 놀란 목종은 즉시 유행간을 잡아 강조에게 보냈다. 또한 자신을 호위하던 탁사정과 하공진마저 강조에게 호응해 버리자 그제야 사태를 파악한 목종은 천추태후와 하늘을 우러러 통곡하면서 궁인과 나이 어린 환관을 비롯하여 채충순 · 유충정 등과 함께 법왕사로 옮겨갔다.

이에 강조가 대량원군을 새 왕으로 옹립하니 그가 바로 고려 제8대 왕 현종이다. 강조는 목종을 폐하여 양국공으로 삼고, 군사를 보내 김치양 부자와 유행간 등 7명을 죽였다. 그리고 이주정 등 30여 명을 섬으로 귀양보냈다.

강조의 정변은 비록 잘못된 정보로 인한 오해에서 비롯된 것이었지만, 나라의 장래를 위한 강조의 뜻만은 분명했던 것 같다. 현종이 즉위하기 바로 전 강조가 건덕전의 어탑 아래에 앉자 군사들이 갑자기 만세를 불렀다. 그러자 강조는 황급히 일어나 꿇어앉으면서 "신왕께서 아직 오지 않았는데 이 무슨 소리인가?"라며 군사들을 힐책했다. 즉, 강조는 단지 나라를 혼란에 빠뜨린 유약한 목종을 대신해 좀더 강력한 힘을 가진 임금을 원했던 것이다. 이것은 뒷날 요 성종의 투항을 끝까지 거부하다 순절한 행동에서도 엿볼 수 있다.

그러나 강조는 폐주 목종을 시해함으로써 역사에 역신으로 기록되는 오점을 남겼다. 당시의 상황을 『고려사』는 다음과 같이 기록하고 있다.

목종이 적성현(경기도 연천)에 이르렀을 때 강조가 상약직장 김광보를 보내 독약을 올렸다. 목종이 독약을 먹지 않자 김광보가 시위군사 안패에게 다음과 같이 말했다.

"강조가 말하기를, 만약 독약을 올리지 못하거든 시위군사를 시켜 큰일(시해)을 행하고 왕이 자결했다고 보고하라. 그렇게 하지 못한다면 나와 너희들의 일족은 남김없이 멸해질 것이라 했다."

밤에 안패 등이 목종을 시해하고는 목종이 스스로 목을 찔러 죽었다고 거짓으로 아뢴 뒤 문짝으로 관을 만들어 임시로 객관에 매장했다. 한 달 후 현의 남쪽에 목종의 시신을 화장하고 능을 공릉이라 하였다.

이로써 김치양의 변란으로 비롯된 강조의 정변은 일단락되었다. 현종은 목종의 **내선**에 의해 평화적으로 즉위할 수도 있었으나, 역사의 소용돌이 속에서 정변에 의해 즉위하는 불명예를 안게 되었다.

죽음 앞에서도 끝까지 고려인이기를 고집하다

강조는 김치양 일파의 변란을 막고 현종을 추대한 공로로 중대사에 올랐고, 그의 휘하였던 이현운은 중대부사로 임명되었다. 강조는 곧이어 이부상서 참지정사에 올라 정권을 장악했다.

그러나 강조가 국정을 총괄한 것은 겨우 1년여에 불과했다. 곧이어 거란이 정변을 빌미로 쳐들어왔기 때문이다. 현종 원년(1010) 5월, 요 성종은 "고려의 강조는 임금 송(목종)을 죽이고 순(현종)을 임금으로 세웠는데 이는 분명한 대역이다. 마땅히 군사를 일으켜 그 죄를 물어야겠다."며 공공연히 고려에 대한 침략 의지를 밝혔다. 강조의 정변이 거란에게 고려를 침입할 명분을 만들어준 것이다. 하지만 그것은 표면적인 이유에 지나지 않았고, 사실은 제1차 여요전쟁 당시 서희의 외교 수완에 말려들어 고려에게 양보했던 강동 6주를 되찾는 것이 진짜 이유였다.

그리하여 그해 10월, 행영도통사가 된 강조는 행영도통부사 이현운과 장연우, 행영도병마사 안소광, 좌군병마사 최현민, 우군병마사 이방, 통군사 최사위 등과 함께 군사 30만 명을 이끌고 통주에 주둔하며 만일에 있을지 모를 거란의 침입에 대비했다.

마침내 그해 11월, 요 성종은 40만 대군을 이끌고 압록강을 건너 흥화진을 포위했다. 고려군은 순검사 양규를 중심으로 성을 군게 지켰다. 요 성종은 끊임없이 항복을 권유했으나 고려군이 끝까지 저항하자 군사 20만을 인주(신의주) 남쪽 무로대에 주둔시킨 뒤 나머지 20만을 이끌고 남쪽 통주로 향했다.

이 소식을 들은 강조는 통주성 남쪽으로 나가 군사를 세 부대로 나누어 강물을 사이에 두고 진을 쳤다. 또한 각 진영에 **검거**를 배치하여 이를 이용해 수많은 적군을 쓰러뜨렸다.

　그러나 몇 차례의 승리로 자만에 빠진 강조는 방심한 나머지 적에게 틈을 보이고 말았다. 거란군의 공격에 철저하게 대비하지 않은 채 진영에 앉아 한가로이 바둑을 두었던 것이다. 이때를 놓치지 않고 거란군 선봉 야율분노가 군사들을 이끌고 삼수채를 격파했다. 이에 삼수채를 지키던 장수가 달려와 거란군이 눈앞에 이르렀다고 보고했지만, 강조는 "입 안에 든 음식물과 같이 적으면 씹기에 불편하니 적이 많이 들어올 때까지 내버려 두어라." 하고 말하며 계속해서 바둑을 두었다.

　강조는 두 번째 보고를 듣고서야 비로소 사태의 심각성을 깨달았다. 이때 통주성 싸움에서 강조가 대패한 상황을 『고려사』는 다음과 같이 기록하고 있다.

> 놀라 일어난 강조가 "정말이냐?"고 말하고는 정신이 혼미한 중에 갑자기 목종의 환영이 나타나 꾸짖기를, "네 놈은 이제 끝났다. 어찌 천벌을 피할 수 있겠느냐?"고 하였다. 강조가 즉시 투구를 벗고 무릎을 꿇으면서, "죽을 죄를 지었습니다. 정말 죽을 죄를 지었습니다." 하고 말하는데, 말이 채 끝나지 않아 거란군이 이르러 강조를 결박하였다.

　비록 강조가 거란군과의 싸움에서 패해 사로잡히긴 했지만 그의 전후 행동으로 보아 이와 같은 기록을 사실로 보기는 어렵다. 아마 그가 패장이자 목종을 시해한 역신임을 밝히기 위해 폄하한 것으로 보인다.

내선(內禪)
임금이 살아 있으면서 아들이나 동생에게 왕위를 물려주는 것을 말한다.

검거(劍車)
양쪽에 칼이 달린 수레로 병사가 타고 달리면서 적과 싸웠다. 강조가 사용했던 병기로 당시에는 위력이 대단한 무기였다.

이 싸움으로 강조를 비롯해 이현운·노전·노의·양경·이성좌 등의 장수들이 거란군에 사로잡히고, 노정·서숭·노제 등 많은 고관들이 전사했다. 지휘관을 한꺼번에 잃어버린 고려군은 퇴각하다 추격해 온 거란군에게 무참하게 패하고 말았다. 『고려사』에 의하면, "거란군이 강조를 담요에 싸서 수레에 싣고 가버리니 군사들이 큰 혼란에 빠졌다. 거란군이 이 기세를 타고 수십 리를 추격하여 3만여 명의 머리를 베니, 내버려진 군량과 무기가 이루 다 헤아릴 수 없었다."고 한다.

통주성 싸움의 대패로 고려는 전력의 대부분을 상실하였고, 거란군은 고려군의 산발적인 저항 속에 통주·곽주·안북도호부·자주·서경을 거쳐 개경까지 물밀듯이 쳐들어왔다. 이때 현종은 거란군을 피해 나주까지 피난을 가는 수모를 겪었다. 고려는 양규·김숙흥 등의 분전과 하공진·고영기 등의 목숨을 담보로 한 외교로 간신히 국가적 위기에서 벗어날 수 있었다.

한편 거란군에게 사로잡혀 요 성종 앞에 끌려나간 강조는 끝까지 고려 신하로서의 신의를 저버리지 않았다. 요 성종은 결박을 풀어주며 강조에게 "나의 신하가 되겠느냐?"고 물었다. 그러자 강조는 "나는 고려 사람인데 어찌 너의 신하가 될 수 있겠느냐?"고 대답했다. 성종은 재차 물었으나 강조의 대답은 마찬가지였다. 성종은 강조의 살을 찢으면서까지 투항을 종용했으나 강조는 끝까지 거절했다.

요 성종은 이번에는 강조와 함께 사로잡혀 온 이현운에게 항복 여부를 물었다. 이현운은 "두 눈이 이미 새 일월(日月)을 보았는데, 어찌 옛 산천을 생각하겠습니까?" 하고 대답했다. 이에 곁에 있던 강조가 크게 노하여 이현운을 발길로 걷어차며 "너는 고려 사람인데 어찌 그런 말을 할 수 있단 말이냐?"며 큰소리로 꾸짖었다.

끝내 강조의 마음을 돌이킬 수 없다고 판단한 요 성종은 할 수 없이 그의 목을 베었다. 이로써 강조는 정변을 일으켜 목종을 시해하고 현종을 세워 권세를 누린 지 1년여 만인 1010년, 거란 진영에서 목숨을 잃고 말았다.

　강조는 비록 역사에는 역신으로 기록되었지만 끝까지 적에게 굴복하지 않고 고려에 대한 충절을 지키다가 장렬한 최후를 마쳤다.

거란군은 내게 맡겨라
양규

양규는 고려 초기의 무장으로 거란의 제2차 침입 당시 거란군에 끝까지 저항하다 전사했다. 그는 도순검사로 최전방인 홍화진을 수비하고 있던 중 맨 처음으로 거란의 대군과 맞닥뜨렸다. 하지만 휘하 장졸들을 비롯해 성 안의 백성들과 힘을 합쳐 거란군을 막아냄으로써 결국 요 성종으로 하여금 홍화진을 포기하게 만들었다.

또한 양규는 후방의 지원 없이 군사들을 이끌고 열 달 동안 일곱 번 싸워 수많은 거란군의 목숨을 빼앗고 헤아릴 수 없이 많은 말과 무기를 노획하는 등 끊임없이 거란군을 괴롭혔다. 그리하여 거란과의 강화 협상의 전기를 마련했다. 결국 싸움터에서 장렬하게 전사하고 말았지만, 그 공으로 양규는 초상화가 공신각에 걸리는 삼한후벽상공신에 추봉되어 영원한 고려의 충신으로 역사에 남았다.

오직 왕명을 받아 싸울 뿐이다
양규의 가계나 출생 연도에 대한 기록은 없지만 형부낭중을 거쳐 거란의 제2차 침입 때 도순검사에 오른 것으로 보아 공신이나 호족의 후예였을 것으로 생각된다. 양규가 도순검사로 서북방 최고의 요충지인 홍화진을 수비하고 있던 현종 원년(1010), 요 성종은 강조의 정변을 구실 삼아 고려를 공격할 것이라는 사실을 대내외에 공표했다. 그리고 그해 10월, 고정과 한기를 사신으로 보내 군사를 일으킨다는 사실을 고려에 정식으로 통보해 왔다.

고려 조정에서는 참지정사 이예균과 우복야 왕동영을 거란에 보내 화친을 요청하고, 이어 **동지사**를 보내는 등 거란의 침략을 막기 위해 많은 노력을 기울였다. 그러나 거란의 원래 목적은 송나라와의 전쟁을 앞두고 배후에 있는 고려를 굴복시키고, 1차 침입 때 고려에 양보했던 강동 6주를 회복하려는 것이었다. 요 성종은 그해 11월, 의군천병이라고 칭한 보병과 기병 40만 대군을 이끌고 압록강을 건너 홍화진을 포위했다.

요 성종은 항복을 종용했으나 이때 순검사로 있던 양규는 성 안에 있던 장수들과 함께 끝까지 저항했다. 이튿날 최사위 등이 이끄는 고려군을 귀주 북쪽에서 물리친 요 성종은 통주성 밖에서 벼를 거두고 있던 고려 백성들을 붙잡아 군사 300명과 함께 보내 또다시 항복을 권유해 왔다. 고려 백성들은 종이로 봉한 화살을 하나씩 손에 들고 왔는데, 거기에는 다음과 같은 글이 적혀 있었다.

"고려의 전왕(목종)이 우리 거란에 복종하여 섬긴 지가 오래되었는데, 역신 강조가 임금을 죽이고 어린 임금(현종)을 세운 까닭에 짐이 친히 정병을 거느리고 국경에 이르렀다. 너희들이 강조를 사로잡아 어가 앞에 보내면 즉시 군사를 돌이킬 것이나, 그렇게 하지 않으면 곧바로 개경으로 쳐들어가 너희들의 처자를 잡아죽일 것이다."

이튿날에도 요 성종은 "홍화진의 성주와 백성들에게 타이른다. 고려의 전왕이 선조의 업을 계승하여 나의 신하가 되어 우리 국경을 지키다가 갑자기 간흉에게 살해된 까닭에 정병을 거느리고 죄인을 토벌하려한다. 간흉의 위협에 마지못해 따른 자들은 모두 용서해 줄 것이다. 너희들은 전왕의 은혜를 받았고, 역대의 순리를 거스른 자들의 일을 알고

동지사(冬至使)
해마다 동짓달에 중국으로 보내던 사신을 말한다.

있으니, 마땅히 짐의 뜻을 따라 훗날 후회하는 일이 없도록 하라."는 칙서를 화살에 매어 성 안으로 쏘아 보내는 등 계속해서 항복을 종용했다.

하지만 그때마다 고려군은 성문을 굳게 닫은 채 이런 저런 핑계를 대며 항복하지 않았다. 결국 요 성종은 흥화진의 포위를 풀고 군사를 양분하여 20만은 인주 남쪽 무로대에 주둔시키고, 20만은 자신이 직접 이끌고 강조가 지키고 있는 통주로 향했다. 더 이상 시일을 지체할 수 없었던 거란군으로서는 흥화진을 포기할 수밖에 없었던 것이다.

이것은 양규를 비롯한 장졸들과 백성들이 일치단결하여 이루어낸 성과였고, 뒷날 거란이 고려의 강화 요청에 응할 수밖에 없는 요인이 되었다. 후방에 아직 적군이 남아 있다는 것은 보급로의 차단으로 전군이 몰살될 수도 있다는 것을 의미하기 때문이다.

한편 고려의 주력군을 이끌고 있던 강조는 거란군이 통주로 향하고 있다는 보고를 받고 통주성 남쪽으로 나와 군사를 세 부대로 나누어 진을 쳤다. 하지만 몇 차례의 승리로 자만심에 빠진 강조는 결국 크게 패하고 말았다. 그리하여 수많은 지휘관이 사로잡히거나 전사함으로써 고려는 큰 위기에 빠졌다.

그러나 요 성종은 후방에서 굳건하게 버티고 있는 흥화진이 계속해서 마음에 걸렸다. 그리하여 강조의 이름으로 항복을 권하는 거짓 문서를 만들어 흥화진에 보내 다시 한 번 항복을 권유했다. 그러나 양규는 "나는 오직 왕명을 받아 싸우는 것이지 강조의 명을 받는 것이 아니다." 라며 이를 단호히 거절했다.

분전으로 화친의 전기를 마련하다

결국 흥화진을 포기한 거란군은 방향을 돌려 통주를 거쳐 곽주를 점령한 다음 남하하여 청천강 유역을 유린하고 **안북도호부**를 빼앗았다. 이 기세를 몰아 거란군은 서경을 공격하기에 이르렀다. 이에 겁을 먹은 탁사정은 후퇴해 버렸고, 거란에게 항전하던 대도수마저 형세가 불리해

지자 항복함으로써 서경은 일시적으로 큰 혼란에 빠졌다.

그러나 고려군은 결코 포기하지 않고 끝까지 저항했다. 서경이 함락 위기에 놓이자 애수진장 강민첨을 비롯해 낭장 홍엽과 방휴 등이 통군 녹사 조원을 병마사로 추대하여 흩어진 군사들을 모으고 성문을 굳게 걸어 잠근 뒤 완강히 저항했던 것이다. 숙주(숙천)를 함락시킨 요 성종은 직접 군사를 이끌고 서경 정벌에 나섰으나, 강민첨과 조원이 이끄는 고려군의 저항에 부딪쳐 뜻을 이루지 못한 채 개경으로 향했다.

이 사이 양규는 흥화진의 수비를 강화하는 한편 거란군에게 함락된 인근 고을을 수복하고 포로로 잡혀 있던 백성들을 구하는 데 전력을 기울였다. 먼저 군사 700명을 이끌고 흥화진을 나온 양규는 통주에 흩어 져 있던 군사 1천 명을 수습하여 거란군이 주둔하고 있는 곽주로 향했다. 양규는 곽주에 도착해 그곳에 주둔하고 있던 거란군을 모두 사살하고 성 안에 잡혀 있던 남녀 7천여 명을 구해 통주로 이주시켰다.

그러자 요 성종은 불리한 전세를 단숨에 역전시키기 위해 개경 공략에 박차를 가했다. 이때 고려 조정에서는 항복을 하느냐 마느냐를 놓고 한창 논쟁이 벌어지고 있었다. 서경에서 도망쳐온 지채문의 패전 사실을 듣고 크게 동요한 조정의 대신들이 항복을 주장하고 나섰기 때문이다. 그러나 끝까지 항복에 반대한 강감찬의 건의에 따라 현종은 채충순 등과 함께 금군 50여 명의 호위를 받으며 남쪽으로의 피난길에 올랐다.

현종의 피난 행렬이 양주에 이르렀을 때 하공진이 현종에게 다음과 같이 아뢰었다.

"거란이 침범한 것은 오직 강조의 죄를 벌하기 위해서였습니다. 그

안북도호부(安北都護府)
도호부는 고려시대의 지방 행정기관으로 성종 14년(995)에 설치되었다. 처음에는 안동(경주)·안서(해주)·안남(전주)·안북(안주) 등 네 곳에 두었다가, 얼마 후 경주와 전주의 것을 없애고 새로 안변(등주)·안남(수주)·안동(안동)의 세 곳을 두어 모두 다섯 곳이 되었다.

들이 이미 강조를 붙잡았으니, 만약 사신을 보내 화친을 청한다면 틀림없이 군사를 되돌릴 것입니다."

이와 함께 아예 강화사를 자청하고 나선 하공진은 창화현에 도착해 "국왕이 와서 뵈옵기를 진실로 원하오나, 군대의 위엄이 두렵고 또 내란으로 인하여 강(임진강) 남쪽으로 피난했기 때문에 대신 하공진 등을 보내 사유를 진술하게 하였습니다. 하공진 등 또한 두려워 감히 앞으로 나가지 못하오니 빨리 군사를 거두기를 청합니다."라고 적힌 표문을 보내 거란군의 반응을 떠보았다. 그러자 요 성종은 현종의 **친조**와 함께 하공진과 고영기 등을 붙잡아두는 조건으로 강화를 허락함으로써 거란군의 진격은 중단되었다.

이때 요 성종이 순순히 강화를 받아들인 것은 양규를 비롯해 김숙흥·강민첨 등이 온갖 위협과 회유에도 굴하지 않고 끝까지 저항하며 끊임없이 후방에서 거란군을 괴롭혔기 때문이다.

죽어서 얻은 영광

고려와 화친을 맺은 요 성종은 퇴로를 보장받기 위해 먼저 서경에 군사를 보내 항복을 권유했다. 그러나 탁사정은 이에 응하지 않고 100여 명의 적을 더 죽인 뒤 이어 철군하는 거란 기병 1천여 명을 물리쳤다. 이와 같이 거란군의 철군이 시작되자 고려군은 기다렸다는 듯이 곳곳에서 반격에 나섰다. 그 중에서도 특히 귀주·통주·곽주 등지에서 교란작전을 계속해 왔던 양규와 김숙흥의 활약이 두드러졌다. 그들은 비록 강화는 맺었지만 국토를 유린하고 수많은 인명을 살상한 거란군을 온전히 보낼 수는 없다고 생각했던 것이다.

먼저 현종 2년(1011) 1월 17일, 귀주별장 김숙흥이 중랑장 보량과 함께 거란군을 공격하여 1만여 명의 목을 베는 대승을 거두었다. 다음 날에는 기다렸다는 듯이 양규가 인주의 무로대를 기습하여 거란군 2천여 명의 목을 베고, 포로로 잡혀가던 고려 백성 3천여 명을 구해냈다. 이어 양규는 이수에서 거란군과 접전을 벌인 뒤 석령까지 추격한 끝에 적군 2,500여 명의 목을 베고, 포로로 붙잡혀가던 고려 백성 1천여 명을 구하는 전과를 올렸다. 이어 22일에는 여리참에서 거란군 1천여 명을 죽이고 잡혀가던 고려 백성 1천여 명을 구해냈다. 특히 이날 양규는 세 번 싸워 세 번 모두 승리를 거둠으로써 적의 간담을 서늘하게 만들었다.

하지만 이처럼 용맹을 떨치며 거란군을 공포로 몰아넣었던 양규에게도 운명의 날은 다가왔다. 1월 28일, 양규는 김숙흥과 함께 애전에서 퇴각하는 거란군 선봉대와 싸워 1천여 명을 죽이는 전과를 올렸으나, 요 성종이 이끄는 거란군 본진의 갑작스런 기습으로 그만 진퇴양난에 빠지고 말았다. 양규와 김숙흥은 군사들을 독려하여 끝까지 저항했으나, 군사가 모두 죽고 칼과 화살이 다 떨어지자 적의 진중으로 돌격하여 마침내 장렬히 전사했다.

양규는 변방을 지키는 장수로서 끝까지 자신의 소임을 다했다. 지원군 하나 없는 가운데 홀로 외로이 버티며 열 달 동안 일곱 번 싸워 일곱 번 모두 승리한 양규는 제2차 여요전쟁에서 최고의 수훈을 세웠다. 그는 수많은 거란군의 목을 베었을 뿐 아니라 포로로 잡혀가던 고려 백성 3만여 명을 구해냈으며, 그 외에도 말과 무기 등 이루 헤아릴 수 없이 많은 전리품을 빼앗았다. 양규와 같이 목숨을 아끼지 않고 나라를 위해 싸운 수많은 장졸들의 노력이 있었기에 거란의 침입으로부터 나라가 무사할 수 있었던 것이다.

비록 죽은 뒤였지만 양규는 눈부신 전공을 인정받아 현종 2년(1011) 2월 공부상서에 추증되었다. 또한 같은 해 4월, 현종은 양규의 아내 은율군군부인 홍씨에게 직접 쓴 칙서를 보내 곡식을 내리고 아들 양대춘을 교서랑에 임명했다. 현종 10년(1019)에는 공신녹권이 내려진 데 이

친조(親朝)
왕이 직접 가서 항복하는 것으로, 고려로서는 엄청난 굴욕이 아닐 수 없었다.

어, 15년(1024) 4월에는 삼한후벽상공신에 추봉되었고, 그 후 문종 12년(1046)에는 김숙흥 · 강민첨 등과 함께 영정이 공신각에 걸리는 영광을 누렸다.

양규는 살아서는 비록 왕을 직접 곁에서 모시지는 못했지만, 목숨을 바쳐 충성을 다하고 나라를 위기에서 구해냄으로써 역사에 그 이름을 길이 남겼다.

귀주대첩의 명장
강감찬

강감찬 하면 사람들은 으레 귀주대첩을 떠올린다. 그러나 강감찬은 대부분의 관직 생활을 문관으로 보낸 문신이기도 하다.

『세종실록』과 『동국여지승람』에 보면 송나라 사신이 강감찬을 보고 이르기를, "문운(文運)을 맡은 문곡성이 보이지 않아 이상히 여겼는데 이제 보니 여기 있었도다."라며 감격에 겨워 그에게 큰절을 올렸다는 일화가 기록되어 있다. 문곡성은 도가에서 말하는 9성 중 네 번째 별로 학문을 주재하는 별을 말한다. 이것은 강감찬이 태어날 당시 집에 별이 떨어진 것을 빗대어 그를 흠모하는 사람들이 도가의 문곡성에 비유한 것으로, 그의 학문이 그만큼 뛰어났다는 것을 나타낸다. 하지만 거란을 물리친 공이 워낙 크다 보니 문신으로서의 업적이 상대적으로 빛을 잃은 것이다.

별의 정기를 받고 태어나다
강감찬은 정종 3년(948) 경기도 금주(서울시 관악구 봉천동)에서 태조 왕건을 도와 삼한벽상공신에 오른 강궁진의 아들로 태어났다. 『고려사』 「열전」에는 그의 출생 일화와 함께 그에 대해 다음과 같이 기록하고 있다.

사신 한 사람이 밤에 시흥군에 들어갔다가 큰 별이 어느 인가로 떨어지는 것을 보고 가서 알아보니 마침 그 집 며느리가 아들을 낳았다고 했다. 이상하게 여긴 사신이 아이를 빼앗아와서 기르니, 그가 바로 강감찬이라고 한다. ……성품이 청렴하고 검소했으며, 젊어서부터 학문을 좋아하고 영리했다. 체구가 작고 용모는 못생겼으며, 옷은 때가 묻고 떨어져서 볼품은 보통 사람에 지나지 않았다. 그러나 얼굴빛은 엄정하여 조정에 큰 일이 닥치면 큰 계책을 결정하여 홀연히 국가의 기둥과 주추가 되었다.

강감찬은 서른여섯 살 나던 해인 성종 2년(983), 과거에 장원으로 급제한 후 여러 관직을 거쳐 예부시랑에 올랐다. 학문에 뛰어났던 강감찬은 나라의 여러 가지 정무와 국가적 행사 등에 관한 일을 맡아보았으며, 지공거로 과거를 주관하기도 했다.

강감찬이 예부시랑으로 있던 현종 원년(1010), 거란군이 강조의 정변을 빌미로 고려에 쳐들어왔다. 얼마 지나지 않아 고려 조정에서는 거란에 대한 대응 방안이 논의되었는데, 대부분의 신하들이 거란에 항복할 것을 주장했다. 강조가 이끄는 고려의 주력군이 이미 괴멸된데다 서경에서 도망쳐온 지채문으로부터 패전 소식을 듣고 서경마저 이미 거란군에게 함락되었다고 생각했기 때문이다. 게다가 거란군이 개경을 향해 진격하고 있다는 급보마저 들어온 상황이었다.

하지만 실제 상황은 그렇게 절망적인 것만은 아니었다. 지채문이 패한 것은 성급하게 성 밖으로 나와 싸웠기 때문이었고, 대도수 혼자 고군분투하다 수적 열세를 극복하지 못하고 거란군에 항복했으나 서경이 완전히 함락된 것은 아니었다. 애수진장 감민첨 등이 통군녹사 조원을 병마사로 추대한 뒤 흩어진 군사들을 모아 성문을 닫고 굳건히 지키고 있었던 것이다.

대도수의 항복으로 쉽게 서경을 함락시킬 수 있을 것으로 생각했던 요 성종은 서경의 저항이 의외로 거세자 전략을 바꾸었다. 개경을 함락시켜 고려 왕의 항복을 받아내면 모두 굴복할 것으로 판단한 요 성종은 흥화진과 서경을 남겨둔 채 개경으로 진격했던 것이다.

그러나 이러한 사실을 알 리 없는 고려 조정은 전의를 상실한 채 항복하자는 쪽으로 의견을 모아갔다. 이때 강감찬이 앞으로 나가 다음과 같이 말했다.

"지금 거란이 쳐들어온 것은 오직 강조의 죄를 묻기 위함이니 성상께서는 아무것도 걱정할 필요가 없습니다. 다만 적은 군사로 많은 군사를 대적하기는 어려우니, 일단 거란의 공격을 피했다가 군사를 정비한 뒤 적이 지치기를 기다려 반격한다면 능히 적을 물리칠 수 있을 것입니다."

강감찬의 의견을 받아들인 현종은 지채문을 호위로 삼아 이부시랑 채충순 등과 함께 금군 50여 명을 거느리고 피난길에 올랐다.

이때 고려는 비록 개경이 함락되고 현종이 나주까지 피난하는 어려움을 겪기는 했지만 강감찬의 예상대로 끝까지 항복하지 않고 거란군을 물리칠 수 있었다. 초기 거란의 공세로부터 굳건히 성을 지켜낸 양규·김숙흥·강민첨 등이 배후에서 끊임없이 거란군을 괴롭히자 거란군은 현종을 뒤쫓을 만한 여력이 없었다. 결국 하공진이 요 성종을 만나 현종의 친조를 약속하고, 자신이 볼모로 붙잡힘으로써 마침내 거란군을 철군시켰다.

그칠 줄 모르는 거란의 침략

거란군이 물러간 후 한림학사 승지를 거쳐 중추원사에 오른 강감찬은 이어 현종 5년(1014) 사직단을 수리하고, 이부상서로 있던 현종 7년(1016)에는 "신이 개령현에 좋은 전지 12결을 가지고 있사오니 군호에게 주기를 청합니다."라며 사재를 내놓는 모범을 보이기도 했다.

이와 같이 청렴결백하고 관리들에게 솔선수범을 보임으로써 강감찬은 현종의 두터운 신임을 받았다. 그리하여 현종 9년(1018) 내관직인 내사시랑평장사와 외관직인 서경유수를 겸직하게 되었다. 이때 강감찬은 현종이 손수 직첩 뒤에 "경술년(1010)에 거란군이 한강변까지 쳐들어왔는데, 당시 강공의 계책을 쓰지 않았다면 나라의 모든 백성들이 오랑캐의 옷을 입게 되었을 것"이라고 써주었을 정도로 깊은 신뢰를 받았다.

당시 두 차례에 걸쳐 거란의 대규모 침략을 받았던 고려의 실정으로 보아 서경유수는 그 위치상 단순한 지방 행정관이 아니라 군사권을 행사하는 중요한 자리로, 여기에 강감찬이 임명된 것은 거란의 재침에 대비한 것으로 볼 수 있다. 강감찬이 현종 3년(1012) 무관직인 동북면행영병마사로서 있으면서 보여주었던 능력을 인정했기 때문이다.

당시 고려는 하공진의 강화 협상과 양규·김숙흥 등의 목숨을 건 분전으로 간신히 거란의 2차 침입을 물리쳤지만 여전히 거란으로부터 자유롭지 못했다. 거란이 끊임없이 현종의 친조와 강동 6주의 반환을 요구하며 호시탐탐 재침의 기회를 노리고 있었기 때문이다. 그러나 고려로서는 그러한 거란의 요구를 결코 들어줄 수 없었다. 현종의 친조는 사실상의 항복을 의미했고, 그것은 곧 고려가 거란의 속국으로 전락한다는 의미였기 때문이다. 강동 6주 또한 결코 내줄 수 없었다. 강동 6주를 내준다는 것은 태조 이래 끊임없이 추진해 온 북진정책을 포기한다는 의미였고, 그것은 곧 거란이 고구려의 후예라는 것을 인정하는 것이었기 때문이다. 이와 같은 고려의 불이행은 거란에 재침의 빌미를 제공하기에 충분했다.

고려는 여러 차례 거란에 사신을 보내 평화 유지에 힘쓰는 한편, 거란의 재침에 대한 방비책을 강구했다. 먼저 개경의 송악성을 고쳐 쌓고, 서경에 새로 황성을 쌓았다. 그리고 병부상서 유방을 참지정사 서경유수 겸 서북면행영도병마사로 삼아 서북면 방어를 총괄하게 하고, 기존의 **광군도감**을 강화하여 광군사(光軍司)로 개편하는 등 제도적 보완을 서둘렀다.

그러나 거란은 계속해서 약속 이행을 촉구하며 군사적 위협을 가해 왔다. 현종 5년(1014) 9월, 거란은 이송무를 파견하여 강동 6주의 반환을 요구했다. 10월에는 소적열이 홍화진과 통주를 공격했으나, 장군 정신용과 별장 주연에 의해 격퇴되었다. 그러나 거란은 이듬해 1월 압록강에 부교를 설치하고 또다시 홍화진을 공격해 왔다. 장군 고적여와 별장 조익이 이를 격퇴하자 이번에는 통주를 공격해 왔으며, 3월에는 용주에 쳐들어왔다가 고려의 거센 저항에 부딪쳐 곧 되돌아갔는데, 이것이 첫 번째 회전이다.

곧이어 거란은 현종 6년(1015) 9월, 다시 이송무를 파견해 강동 6주의 반환을 요구하며 통주를 공격했다. 이때에도 역시 장군 정신용과 별장 주연이 거란군의 배후를 쳐서 거란군 700여 명의 목을 베는 큰 승리를 거두었으나, 정신용 등 7명의 장군이 전사하고 말았다. 거란군은 다시 영주(안주)를 공격했으나 고려군의 강력한 저항에 부딪쳐 퇴각했다. 대장군 고적여를 비롯한 장군 소충현·고연적 등은 퇴각하는 거란군을 추격하여 대승을 거두었으나, 이때에도 고적여 등 많은 장수들이 전사함으로써 고려의 피해도 적지 않았다. 이듬해 1월 곽주에서의 전투로 고려군은 수많은 사상자를 내고 크게 패했으나, 거란 역시 별 소득 없이 철군했는데, 이것이 두 번째 회전이다.

현종 8년(1017) 8월, 거란의 소합탁이 압록강을 건너 홍화진을 포위하고 9일 동안에 걸쳐 공격을 가했다. 하지만 고려군의 거센 저항에 부딪혀 끝내 성을 함락시키지 못한 채 격퇴되었다. 이 과정까지 모두 세 차례에 걸쳐 큰 싸움이 있었고, 소합탁이 참패를 당하고 돌아간 이 싸

광군도감(光軍都監)
광군은 거란의 침입에 대비하여 조직된 특수군으로 정종 때 처음 설치되었다. 거란에 붙잡혀 있던 최광윤이 고려를 침략하려는 거란의 야심을 알아차리고 고려 조정에 알렸는데, 이것을 계기로 군사를 모집하고 최광윤의 이름을 따 '광군 (光軍)'이라 칭했다. 이들을 통할한 관청이 바로 광군도감이다.

움이 바로 세 번째 회전이다.

이렇듯 거란은 제3차 침입에 앞서 세 차례에 걸쳐 군사적 위협을 가해왔으나 그때마다 고려의 강한 저항에 부딪혀 실패하고 말았다. 그러자 이번에는 대규모의 군사들을 동원하여 고려에 쳐들어왔다. 현종 9년(1018) 12월, 거란의 소배압은 10만 대군을 이끌고 고려를 공격해 왔고, 이것이 바로 거란의 제3차 침입, 즉 제3차 여요전쟁의 시작이다.

거란의 침략 의지를 완전히 꺾어 놓다

거란의 제3차 침략이 시작되자 강감찬은 서북면행영도통사로서 최고사령관인 상원수에 올라 부원수 대장군 강민첨과 함께 군사 20만 8,300명을 이끌고 전쟁터로 나갔다. 이때 강감찬의 나이 일흔이었다.

군사를 이끌고 나간 강감찬은 먼저 영주에 진영을 설치한 뒤, 홍화진에 이르러 정예기병 1만 2천 명을 산 속에 매복시켰다. 이어 군사들을 시켜 굵은 새끼줄에 소가죽을 꿰어 홍화진 동쪽에 있는 큰 냇물을 막고는 숨어서 거란군이 강을 건너기만을 기다렸다. 고려군이 강둑을 막아 강물이 줄어들었다는 사실을 알 리 없는 거란군은 강가에 도착하자마자 마음놓고 강으로 뛰어들었다. 마침내 거란군이 모두 강 안으로 들어서자 강감찬은 군사들에게 명령을 내렸다.

"둑을 터뜨려라!"

명령이 떨어짐과 동시에 군사들은 기다렸다는 듯이 막아 놓았던 둑을 터뜨렸다. 강물이 쏜살같이 밀려와 거란군을 덮치기 시작했고, 거란군은 갑자기 불어난 물살에 혼비백산하여 도망치기에 바빴다. 고려군은 이 틈을 놓치지 않고 거란군의 앞과 뒤를 공격하여 크게 물리쳤다. 이와 같이 강감찬은 거란군과의 첫 번째 전투에서 큰 승리를 거둠으로써 기선을 제압하는 데 성공했다.

그러나 소배압은 이에 굴하지 않고 다시 군사를 이끌고 개경을 향해 진격했다. 소배압 또한 제2차 침입 때 요 성종이 그랬던 것처럼 개경을 함락시킴으로써 전세를 역전시켜 고려 국왕의 항복을 받아내겠다는 생각이었다. 하지만 첫 전투의 대승으로 사기충천한 고려군이 거란군의 진격을 그대로 보고만 있을 리 없었다. 부원수 강민첨은 거란군을 추격하여 자주 내구산에서 크게 물리쳤고, 시랑 조원은 마탄에서 거란군 1만여 명의 목을 베는 대승을 거두었다. 그럼에도 소배압은 진격을 멈추지 않았다. 할 수 없이 고려 조정은 태조의 재실을 부아산 향림사로 옮기는 등 대대적인 방비에 들어갔다.

이듬해 현종 10년(1019) 1월, 드디어 거란군이 개경 가까이에 이르렀다는 소식이 전해졌다. 강감찬은 병마판관 김종현에게 군사 1만 명을 주어 개경을 방어토록 했다. 이때 동북면병마사가 군사 3천여 명을 이끌고 개경으로 들어와 방어를 도왔다. 거란군이 신은현(황해도 신계)에 이르자 현종은 들판의 곡식과 가옥을 모두 철거한 뒤 성 밖의 백성들을 성 안으로 들이고 도성을 방비하는 **청야전술**을 펼쳤다.

이때 소배압은 철군한다는 거짓 서신을 꾸며 고려 조정에 보내는 한편, 비밀리에 척후기병 300명을 보내 개경을 치려 했다. 그러나 이들 척후병은 금교역에서 고려군에게 발각되어 몰살되고 말았다. 결국 소배압은 진격을 포기하고 철군을 시작했다. 개경의 경비가 생각 밖으로 훨씬 철저한데다 계속된 패전으로 군사들의 사기마저 뚝 떨어지자 더 이상 공격을 감행할 자신이 없었던 것이다.

강감찬은 기다렸다는 듯이 철군하는 거란군을 연주(개천)와 위주(영변)에서 습격하여 500여 명을 죽였다. 이어 2월 1일에는 황급히 회군하는 거란군과 귀주에서 맞섰는데, 이것이 바로 그 유명한 '귀주대첩'(龜州大捷)이다. 이에 앞서 귀주에서 기다리고 있던 김종현의 공격으로 크

청야전술(淸野戰術)
적이 이동 중에 식량을 얻지 못하도록 백성들과 그들의 살림살이를 모두 성으로 옮기거나 멀리 피신하도록 하는 전술로, 고구려 때 수나라의 2차 침입 당시 을지문덕이 청야전술로 적을 지치게 한 후 살수에서 크게 물리쳤다.

게 패한 거란군은 전의를 완전히 상실한 채 고려군의 거센 공격 앞에 저항 한 번 못 해보고 맥없이 쓰러졌다. 거란군은 북쪽을 향해 달아나기 시작했고, 고려군이 그 뒤를 쫓아 석천을 넘어 반령에 이르렀을 때에는 적의 시체로 온 들판이 가득했다. 또한 사로잡은 군사와 말 · 낙타 · 갑옷 · 투구 · 병기 등은 이루 헤아릴 수 없었다. 이때 고려에 쳐들어온 거란군 10만 명 중 살아서 돌아간 군사는 겨우 수천에 불과했다고 한다.

소배압의 참패 소식을 듣고 크게 노한 요 성종은 "네가 적을 가벼이 여기고 너무 깊숙이 들어가 이 지경에 이르렀다. 무슨 면목으로 나를 대하려느냐? 내 기필코 네 낯가죽을 벗긴 다음 죽일 것이다."라며 소배압을 꾸짖었다고 한다. 이것은 귀주 싸움에서 강감찬이 얼마나 큰 승리를 거두었는지를 단적으로 보여준다. 앞서 있었던 거란과의 두 차례의 전쟁이 외교적 힘으로 거란군을 물리친 것이라면, 제3차 여요전쟁은 고려 스스로의 물리적 힘으로 거란군을 물리친 것이므로 그 역사적 의의 또한 매우 크다.

강감찬의 대승으로 고려는 거란의 침략 의지를 완전히 꺾어 놓았다. 귀주대첩 이후로 거란은 더 이상 고려에 무리한 요구를 하지 않았고, 다시는 고려를 침략하지 않았다. 이러한 평화적 관계는 거란이 여진족이 세운 금나라에 멸망하는 순간까지 계속되었다.

문곡성, 임무를 끝마치고 하늘로 올라가다

대승을 거둔 강감찬이 개선하자 현종은 몸소 영파역까지 나와 맞아주었다. 당시 강감찬은 "임금이 영파역에서 친히 맞이하여 양 길가를 색지로 화려하게 장식한 뒤, 음악을 갖추어 잔치를 베풀고 장사들에게 물품을 내려주었다. 임금이 금으로 만든 꽃 여덟 가지를 친히 강감찬의 머리에 꽂아주고, 오른손으로 금잔을 들고 왼손으로 강감찬의 손을 잡고는 위로하고 감탄하기를 마지않으니 강감찬이 송구스러워 감히 받지를 못했다."고 할 정도로 현종의 극진한 예우를 받았다. 거란의 2차 침입 때 나주까지 피난하는 등 갖은 수모를 겪었던 현종으로서는 어쩌면 당연한 반응이었을지도 모른다.

현종은 강감찬을 검교태위 문하시랑동내사문화평장사 천수현개국남에 봉하고, 식읍 300호와 함께 추충협모안국공신의 호를 내렸다. 이듬해 현종 11년(1020), 강감찬이 일흔셋의 나이를 들어 사직을 청하자 현종은 이를 허락하고, 특진검교태부 천수현개국자에 봉하고 식읍 500호를 내렸다.

그로부터 10년 뒤인 현종 21년(1030), 강감찬은 다시 관직에 나가 문하시중에 올랐다가 사직하고 남은 여생을 성 남쪽 별장에서 자연을 벗삼아 조용히 지내며 『구선집』, 『낙도교거집』 등을 지었다. 그 후 현종의 뒤를 이어 즉위한 덕종은 그에게 개부의동삼사 추충협모안국봉상공신 특진검교태사시중 천수군개국후에 봉하고 식읍 1천 호를 더했다.

일흔의 나이에도 전쟁터를 누비며 군사를 호령하여 거란군에 참혹한 패배를 안겨주었던 강감찬도 흐르는 세월을 거스를 수는 없었다. 덕종 원년(1031), 강감찬은 여든넷의 나이로 숨을 거두었다. 하늘에서 내려온 문곡성이 지상에서의 임무를 마치고 다시 하늘로 올라간 것이다.

강감찬이 세상을 떠나자 덕종은 3일 동안 조회를 중단하고 그의 죽음을 애도했다. 또한 '인헌'(仁憲)이라는 시호를 내리고 백관에게 명하여 장례를 치르게 했다. 강감찬은 훗날 현종의 묘정에 배향되었으며, 수태사 겸 중서령이 추증되었다.

2장 안정된 기반위에
문화를 융성 시키다

문종
최충
이자연
의천
윤관

고려 최고의 황금기를 이끌다
문종

문종은 고려 최고의 황금기를 이끌었던 왕으로, 고려 말의 대문장가 이제현은 문종에 대해 다음과 같이 평가했다.

"문종은 절약과 검소를 몸소 행했고, 어질고 재주 있는 이들을 등용했으며, 백성들을 사랑하여 형벌을 신중히 하였다. 또한 학문을 숭상하고 늙은이를 공경했으며, 벼슬을 할 자격이 없는 사람에게는 벼슬을 내리지 않았고, 비록 내외척으로 친한 이라 해도 공이 없으면 상을 주지 않았으며, 총애하는 자라 할지라도 죄가 있으면 반드시 벌을 주었다."

문종은 37년을 통치하면서 정치 · 경제 · 문화 각 방면에 걸쳐 안정을 이루어냈고, 그럼으로써 안으로는 나라의 살림을 살찌우고 밖으로는 요 · 송 등과 원만한 관계를 유지하여 고려의 태평성대를 이룩했다. 문종이 고려의 황금기를 이끌 수 있었던 것은 무엇보다 전왕들이 닦아놓은 기반 덕분이었다.

태조 왕건이 건국과 후삼국 통일로 나라의 기반을 마련했고, 이어 광종의 왕권 강화정책과 성종의 중앙집권체제 정비는 대내적인 안정을 가져왔다. 또한 성종과 현종이 거란의 침략에 효과적으로 대처함으로써 대외적인 안정을 구축했다.

이러한 가운데 고려의 제11대 왕으로 즉위한 문종은 최충과 이자연의 보필을 받아 먼저 여러 가지 제도들을 완비했다. 또한 아들인 대각국사 의천을 출가시키고 연등회와 팔관회를 부활시키는 등 불교 발전에 힘씀으로써 유교와 불교의 조화 속에 국정을 안정시켰다.

준비된 왕재

문종은 현종 10년(1019) 12월, 현종의 셋째아들로 태어났다. 어머니인 현종의 제4비 원혜태후 김씨는 현종의 제3비이자 덕종과 정종(제10대 왕)의 어머니인 원성태후와 친자매간으로 이들은 시중을 지낸 김은부의 딸이었다.

문종은 어려서부터 총명하고 현철했으며, 자라서는 학문을 좋아하고 활을 잘 쏘았다고 한다. 문종은 왕위에 오르기 전인 정종 3년(1037), 왕명의 출납을 담당하는 내사성의 수장인 내사령에 올라 이복형 정종을 돕다가 1046년 병석에 누운 정종의 내선을 받았다. 정종은 문종을 불러 국사를 맡긴 뒤 "내사령 낙랑군 휘(문종)는 짐이 사랑하는 아우로 어질고 효성이 지극하며 공손하고 검소하여 그 성품이 이웃나라에까지 알려졌으니, 마땅히 보위를 전하여 성덕의 밝은 빛을 나타내게 하리라."는 조서를 내렸다. 이때 후사가 있음에도 정종이 문종을 후계자로 삼은 까닭은 **태조의 유훈**에 따른 것이었다.

문종은 정종이 승하하자 조서에 따라 정종의 영구 앞에서 왕위에 올랐다. 이때 그의 나이 스물여덟이었다. 왕재로서의 능력과 덕목을 두루 갖춘 준비된 임금이었던 문종은 즉위하자마자 조정을 쇄신하기 위한 첫 조치로 자신을 비롯한 왕실의 사치풍조를 개선했다. 문종은 그때까지 금은으로 화려하게 장식했던 용상을 동과 철로 된 것으로 바꾸고, 금실·은실로 화려하게 꾸민 침전 또한 모두 얇은 비단과 무명으로 바꾸었다. 이것은 새로운 분위기 속에서 부국강병을 이룩하겠다는 의지의 표현이었다.

백성을 사랑하는 마음으로 법제를 개선하다

문종은 선왕 대의 공신들을 포상하는 한편 문물 제도를 정비해 나갔다. 문종은 먼저 나라의 안녕과 질서를 유지하는 근간인 법률 제도의 정비에 나섰다. 그것은 "너그럽고 어질어서 남을 포용할 줄" 알았던 문종의 애민정치, 즉 백성들의 억울한 죽음을 막기 위한 조치였다.

문종은 원년(1047) 6월, "법률은 형벌의 판례이다. 법률이 밝으면 형벌을 함부로 함이 없고, 법률이 밝지 못하면 형벌이 잘못되는 것이다. 지금 시행되고 있는 율령 중에는 잘못된 것이 많아 참으로 마음에 걸린다. 시중 최충은 여러 법관들을 모아 거듭 살펴 잘못된 것을 고치도록 하라."는 조칙을 내려 문하시중 최충으로 하여금 법률 개정을 지시했다. 최충은 즉시 법관들을 모아 기존의 판례들을 꼼꼼히 살펴 잘못된 부분을 바로잡고 정리했다.

하지만 이와 같은 대대적인 교정 뒤에도 문종은 마음이 놓이지 않아, 그해 8월 "사람의 목숨은 지극히 중하여 한번 죽은 자는 다시 살릴 수 없다. 짐은 사형수를 판결할 때마다 반드시 세 번 심사를 하고도 오히려 실정에 어긋나지 않았을까 염려해 왔다. 그럼에도 억울함을 하소연할 길이 없어 한을 품게 되면 가히 통탄할 일이 아닐 수 없으니, 법관들은 부디 잘 살피고 조심하라."며, **삼복제**를 실시했다. 또한 문종 스스로도 형벌에 관한 사안을 결제할 때에는 거동을 삼갈 정도로 신중하게 처리했다.

태조의 유훈
「훈요십조」 중 제3조, "왕위는 적자 적손에게 전하는 것이 상례이나 만일 원자가 못나고 어리석거든 차자에게 전하고, 그도 어리석으면 그 형제 중에서 뭇 신하들이 추대하는 자로 하여금 대통을 잇게 하라."에 따른 것이다.

삼복제(三覆制)
형법의 하나로 사수삼복계법(死囚三覆啓法)이라고도 한다. 고려의 일반 범죄 재판은 단심(單審)이었으나, 문종 원년(1047)에 사형수는 반드시 세 번 심사하여 판결을 내리도록 하는 삼복제, 즉 삼심제를 실시하였다. 이 제도는 조선시대에도 계속되어 태조 6년(1397) 『경제육전』에 법제화되었다.

문종은 16년(1062) 2월, 또다시 조칙을 내려 죄수를 심문할 때에는 반드시 세 명 이상의 형관이 입회하는 것을 원칙으로 하는 삼원신수법(三員訊囚法)을 실시하기도 했다. 이러한 문종의 애민정치는 오늘날 문종을 고려 최고의 제왕으로 평가하는 근거가 된다.

토지 제도를 고치고 녹봉제를 실시하다

다음으로 문종은 나라 경제의 근간이 되는 토지 제도를 정비하고 재해에 따른 보상 제도를 마련했다. 농업이 국가 근본 산업이었던 당시, 토지는 백성과 함께 나라를 이루는 근간이었다. 현명한 군주들은 언제나 토지에 관심을 갖고 좀더 효율적으로 운영하기 위한 제도 개선에 힘썼는데, 문종 또한 예외가 아니었다.

문종은 3년(1049) 5월, 공음전시법(功蔭田柴法)을 실시했다. 공음전시법은 양반 신분을 유지하는 데 필요한 재정 지원을 목적으로 5품 이상의 고급 관리들에게 상속이 가능한 일정한 토지를 지급하는 제도를 말한다. 경종 원년(976) 시정전시과(始定田柴科)라는 토지 제도를 실시한 이후 목종과 덕종 대에 두 차례의 개정을 거쳤는데, 이를 문종이 다시 개정한 것이다. 문종은 공음전시법을 통해 고급 관리들의 생활을 안정시켜 줌으로써 정치적 안정을 꾀하고, 관리들의 수탈을 방지함으로써 백성들의 생활 안정을 꾀하는 이중의 효과를 노렸다. 그러나 이러한 취지와는 달리 문벌귀족을 형성하고 유지하는 기반이 됨으로써 뒷날 그들의 전횡 앞에 왕권마저 유명무실해지고 마침내는 무신정변이 일어나는 원인이 되기도 했다.

이듬해에는 재면법(災免法)과 답험손실법(踏驗損實法)을 실시하여 재해에 따른 보상 제도를 마련했다. 재면법은 천재지변으로 인해 농작물이 피해를 입었을 때 그 피해의 정도에 따라 조세를 감면해 주는 제도이고, 답험손실법은 이를 보충하기 위해 마련된 제도이다. 문종 30년(1076) 12월에는 기존의 전시과(田柴科)를 개정한 갱정전시과(更定田柴

科)를 실시했는데, 골격은 기존의 전시과에서 크게 달라지지 않았으나 지급되는 토지의 결수를 대폭 줄였다. 당시 고려 사회가 귀족 중심으로 변하면서 공신과 고급 관리들의 수가 늘어나 이로 인해 토지가 부족했기 때문이다. 이 갱정전시과는 이후 고려 토지 제도의 기본이 되었다.

한 가지 특이한 것은 무반인 상장군을 6부의 상서보다 위인 제3과에 배당하는 등 무반을 우대했다는 사실이다. 학문을 숭상했던 문종이 이와 같이 무반을 우대한 것은 현종 때 두 차례에 걸친 거란의 침입을 겪었기 때문이다. 또한 직책만 있고 사실상 하는 일이 없는 관리나 퇴직자에게까지 지급되던 토지를 현직 관리만을 대상으로 지급하기 시작했다. 그리고 토지 지급 대상지역도 경기 지방으로 한정시켰다.

전시과의 규정에 따라 지급된 토지는 수조권의 귀속 여하에 따라 공전(公田)과 사전(私田)으로 나누어졌다. 이것은 관리에게 토지의 완전한 소유권을 지급한 것이 아니라 일정 기간의 수조권만을 부여한 것으로, 결국 모든 토지를 사실상 국가가 소유하고 있었음을 의미한다.

문종은 갱정전시과와 함께 관리들에게 현물, 즉 쌀을 지급하는 녹봉제를 실시했는데, 이것은 태조 이래 부분적으로 실시되었던 것을 완비하여 제도화한 것이다. 갱정전시과와 녹봉제의 실시는 이후 관직의 품계 질서를 체계화시켜 주었으며, 문·무반의 경제적 토대가 되어 중앙집권을 완성하고 문벌귀족 사회를 확립하는 밑바탕이 되었다.

불교를 중흥하다

고려의 국교로 왕실과 귀족들의 후원 속에 성장해 온 불교는 문종 때에 이르러 크게 융성했다. 문종은 열세 명의 왕자들 중 넷째인 대각국사 의천을 비롯하여 세 명의 왕자를 출가시켰을 정도로 불심이 깊었고, 적극적인 불교 우대정책을 펼치기도 했다.

문종은 먼저 성종 때 폐지된 연등회와 팔관회를 부활시켰는데, 이것은 이후 각종 법회가 성행하는 계기가 되었다. 그리하여 개경에만 '불사칠십구'(佛寺七十區)라 할 정도로 불교 법회가 대성황을 이루었다. 또한 승과 및 왕사·국사 제도를 확립시켜 승려들의 신분을 보장함으로써 건국 초부터 왕실과 귀족들의 비호 아래 여러 가지 특혜를 받으며 성장해 온 사원에 날개를 달아준 격이 되었다.

하지만 신분 상승을 노려 왕실과 귀족 자제들은 물론 일반 백성들이 앞다투어 출가하고, 심지어는 군역을 피하기 위해 출가하는 등 여러 가지 폐단을 낳았다. 그러자 문종은 이러한 폐단을 바로잡기 위해 13년(1059) 8월, 조서를 내려 아들이 셋 이상인 집에 한하여 아들 한 명만 출가시키되, 그것도 열다섯 살 이상일 때에만 가능하도록 출가를 제한하기도 했다.

또한 불력으로 거란군의 침략을 물리치기 위해 현종 때 착수했던 대장경 6천 권을 완성했는데, 훗날 몽골 침략 때 만든 『고려대장경』(팔만대장경)과 구분하여 『초조대장경』(初雕大藏經)이라 부른다.

문종은 사찰 건립에도 앞장섰는데, 1056년 자신의 원찰인 흥왕사를 창건하기 시작하여 12년 후인 1068년에 완성했다. 이 사찰은 무려 2,800칸에 달했을 뿐 아니라 절에 성을 두르고 금탑을 쌓는 등 그 유래를 찾아볼 수 없을 만큼 웅장하고 화려하게 만들어졌다. 이때 문종은 흥왕사의 절터를 확보하기 위해 덕수현을 양주로 옮기기까지 했다. 훗날 이를 두고 이제현은 "경기의 한 고을을 옮겨 절을 지었는데, 높은 집은 궁궐보다 사치스럽고 높다란 담은 도성과 짝할 만하며, 황금탑을 만들고 온갖 시설을 이에 맞추어 양나라의 무제에 견줄 만하였으니, 완전한 덕을 기대하는 이들은 이 점에 탄식하리라."며 비판했다. 또한 흥왕사 창건에 동원된 백성들은 노역으로 인해 고생을 겪을 수밖에 없었다. 이자연과 김원정 등이 노역에 동원된 백성들에게 조세를 감면해 주고 쉬게 해줄 것을 청하는 모습이 『고려사』 곳곳에 나타나 있다.

문종은 주변 국가들과의 불교 교류에도 적극적이었다. 특히 이때 많은 불교 서적의 교류가 이루어졌는데, 대부분 의천의 주도 아래 진행되었다. 그는 송나라는 물론 요·일본 등과 활발하게 불교 서적을 교류했다. 그리하여 문종 37년(1083), 『송판대장경』(송나라에서 간행된 대장경)을 비롯한 많은 불교 서적들이 수입되었다. 또한 신라 때 들여왔던 지엄과 현수의 화엄 사상을 담은 서적이 송나라로 역수출되어 중국 불교 발전에 큰 영향을 끼치기도 했다. 그리고 『거란대장경』이 두 차례에 걸쳐 수입되었으며, 의천과 그의 제자 수기에 의해 전해진 원효의 경소(經疏)가 요 왕의 애독서가 되기도 했다. 이밖에도 일본인 승려 25명이 와서 헌물했으며, 오늘날 의천의 장경 원본이 일본에 전해져 내려오는 것으로 보아 일본과의 불교 교류도 활발했던 것으로 보인다.

문종의 지나친 불교 우대정책은 사찰과 승려들이 권력집단화하고 세속화되는 폐단을 낳았다. 이들은 계율을 어기고 음주와 가무는 물론 탐욕과 온갖 난행을 일삼았다. 이러한 불교의 폐단은 문종이 10년(1056)에 내린 다음과 같은 조서에 잘 나타나 있다.

요사이 요역을 피한 무리들이 이름을 불문(佛門)에 붙이고 재물을 불려 생활하며, 농사짓고 가축 기르는 것을 직업으로 삼고, 장사하는 것이 풍습이 되었다. 어깨에 걸치는 가사가 술항아리 덮개가 되고, 불경을 강독하는 장소는 파·마늘밭이 되었다. 손님과 어울려 술 마시고 즐기며 노래 불러 절간을 떠들썩하게 하고, 난분(蘭盆)에서 더러운 냄새를 피우며, 속인의 갓을 쓰고 속인의 옷을 입으며, 절을 짓는다는 핑계로 북 치고 노래하며 거리를 돌아다니다 속인과 싸워 피 흘리기도 한다. 이에 엄숙히 기강을 바로잡고자 하니, 마땅히 사원에는 계행을 알뜰히 닦는 자만이 머물게 하고, 이를 범한 자는 법으로써 엄히 다스리게 할 것이다.

그러나 문종의 이와 같은 사원 쇄신 노력에도, 이미 거대한 권력집단이 되어 버린 사원의 폐단은 좀처럼 시정되지 않았다.

사학의 발달과 그 밖의 제도

문종은 불교 우대정책을 펼치는 한편으로 유학의 발전을 도모했다. 그는 현종 13년(1022)과 이듬해 각각 추봉되어 문묘에 배향된 설총과 최치원 등을 존숭하는 등 유학을 장려했다.

특히 주목할 것은 그때까지 관학이 주도했던 교육 풍토가 사학 중심으로 바뀌었다는 사실이다. 문종 9년(1055), 문하시중에서 물러난 최충이 자신의 집에 구재학당을 열어 문하생들을 양성했는데, 이후 큰 성황을 이루자, 다른 유학자들도 너도나도 사학을 열어 학도들을 배출하기 시작했다. 이때 이와 같은 사학이 모두 열두 곳에 이를 정도로 사학이 크게 융성했다.

이와 함께 관학인 국자감은 상대적으로 더욱 유명무실해질 수밖에 없었다. 문종은 관학을 부흥시키기 위해 17년(1063) 국자감을 격려하고 직제를 강화했다. 또한 학관의 책임을 논하고 자질이 부족해 재학 기간 중 학업 성적을 올리지 못한 자는 퇴학시켰다. 하지만 이러한 정책은 별 효과를 보지 못했고, 다음 대에 이르러 국자감을 폐지하자는 주장이 나오기에 이르렀다.

문종은 지방에 대한 통치체제도 크게 강화했다. 고려는 성종 때 처음 지방에 관리를 파견한 이후 현종을 거치면서 점차 지방 지배체제를 강화해 나갔는데, 문종 대에 이르러 이를 대대적으로 정비한 것이다. 문종은 먼저 12주에 절도사를 두었던 종래의 제도를 폐지하고, 지방을 5도호부 75도로 나누어 각각에 안무사를 파견했다. 그리고 얼마 뒤 이를 다시 고쳐 4도호부 · 8목 · 56지주 · 56군사 · 18진장 · 20현령을 두었으며, 사심관에 대한 통제를 철저히 하였다.

또한 문종은 국방과 외교에도 힘썼다. 문종은 동여진을 토벌하는 한편 회유책을 써서 그들의 약탈과 방화를 막았고, 거란과는 국교를 열어 우호관계를 회복함으로써 더 이상의 침략을 막았다. 특히 송나라와 친선을 도모하여 선진문화 수입에 힘썼다. 이와 같은 정책들은 곧 큰 결실을 맺어, 고려시대 중 가장 찬란한 문화의 황금기를 이룩할 수 있었다.

재위 37년 째 되는 해인 1083년, 문종은 병상에 눕고 말았다. 그것은 바로 1년 전 인절현비 이씨가 세상을 떠난 데 이어 아홉 번째 왕자 왕침 마저 죽자 삶에 대한 의지를 잃었기 때문이다. 문종은 결국 자리에서 일어나지 못한 채 그해 7월, 태자 훈(순종)에게 왕위를 물려주고 세상을 떠났다. 이때 문종의 나이 예순다섯이었으며, 능은 장단에 있는 경릉이다.

사학 열풍을 일으키다
최충

최충은 우리나라 최초의 사교육 기관인 구재학당을 열어 인재를 양성한 교육자로 널리 알려진 인물이다. 유학자이자 문신으로 목종 때 과거를 통해 관직에 나가 문종에 이르기까지 무려 다섯 명의 왕을 섬겼다. 그는 거란의 침입으로 소실된 『7대 실록』을 편찬하고, 문종의 뜻을 받들어 법 제도를 정비했다. 또한 국방 수비의 부담이 많은 서북 지역의 주와 진에 대해 공역을 금지해 줄 것을 건의하여 시행토록 했으며, 동여진에 대한 대비책을 내놓는 등 **출장입상**으로 나라를 위해 애썼다.

지공거로 과거를 주관하기도 했던 최충헌은 사직 후 구재학당을 열어 후진을 양성함으로써 사학 열풍을 일으켰는데, 당시 사람들이 그를 가리켜 '해동공자'(海東孔子)라고 일컬었을 정도였다. 이후 고려를 이끌어간 인재들의 대부분이 그의 사학을 통해 배출되었다.

해이해진 관리들의 기강을 바로잡다

최충은 성종 3년(984)에 해주 대령군에서 최온의 아들로 태어났다. 풍채가 훌륭하고 품성이 올곧았으며 젊어서부터 학문을 좋아하고 글을 잘 지었던 최충은, 목종 8년(1005) 문과에 1등으로 급제함으로써 관직에 첫발을 내딛었다. 현종 2년(1011), 우습유에 오른 그는 2년 뒤인 현종 4년(1013)에는 수찬관이 되어 감수국사 최항을 도와 거란의 침입으로 불타버린 역대의 문적들을 다시 펴냈다. 이때 국사 편찬 작업에도 참여하여 태조에서 목종까지의 역사를 기록한 『7대 실록』을 편찬하기도 했다. 그 후 여러 관직을 거쳐 현종 17년(1026)에 지공거가 되어 과거를 주관했다.

이어 현종의 뒤를 이어 덕종이 즉위하자, 동지중추원사에 오른 최충은 덕종 3년(1034) 3월에 다음과 같은 상소를 올렸다.

"일찍이 성종 때에 중앙과 지방의 모든 관청의 벽에 육정육사의 글과 한나라 자사의 육조령을 써서 붙였습니다. 지금은 세대가 이미 오래되었으니 마땅히 새로 써 붙여 관직에 있는 사람으로 하여금 조심하고 경계할 바를 알게 하소서."

최충의 이와 같은 건의는 전쟁으로 인해 해이해진 관리들의 기강을 바로잡는 데 크게 기여했다.

정종 원년(1035), 중추사 형부상서에 오른 최충은 지공거로 과거를 관장하였으며, 곧이어 정종 3년(1037) 7월에는 참지정사 수국사에 올라 『현종실록』을 편찬했다. 최충은 이에 그치지 않고 국방에도 힘을 기울였다. 정종 7년(1041) 3월, 왕명에 따라 북계와 서북면에 장성을 설치하고, 8월에는 변방을 순시하고 돌아와 내사시랑평장사로 승진했으며, 정종 9년(1043)에는 수사도 수국사 상주국에 임명되었다.

문종의 신임 속에 태평성대를 이룩하다

재위 12년 만인 1046년, 정종이 서른셋의 나이로 세상을 떠나자 그 뒤를 이어 문종이 즉위했다. 최충은 목종 때 관직에 나간 이후 현종 · 덕종 · 정종에 이르기까지 4대를 거치면서 쌓은 다양한 경험을 바탕으

출장입상(出將入相)
'나가서는 장수요, 들어와서는 재상'이란 뜻으로 문무를 겸비하여 장상의 벼슬을 두루 지내는 것을 이르는 말이다.

로 문종을 도와 고려 최고의 황금기를 이룩했다. 문종이 즉위하던 당시 그의 나이는 예순두 살이었으며, 문하시중을 거쳐 내사령으로 일흔두 살에 사직하기까지 정성을 다해 문종을 보필했다.

먼저 최충은 시중 최제안 등과 함께 문종 앞에 나아가 그동안 시행된 정사의 잘잘못을 논했다. 이를 통해 문종은 법률을 개정하고 토지 제도를 개선하는 등 다방면에 걸쳐 각종 법제를 개정하고 완비했다. 이듬해 문종 원년(1047) 6월, 최충은 여러 법관들과 함께 그동안의 법률을 재정비했다. 먼저 억울하게 죽는 사람이 없도록 형법을 크게 개정함으로써 문종을 성군의 반열에 올렸으며, 고급 관리들의 신분 보장을 위해 공음전시법을 시행했다. 이 밖에도 재면법과 담험손실법 등 문종 시대 때 시행된 많은 법률들이 최충의 손을 거쳤다.

최충이 꼼꼼하고 성실하게 법률을 살펴 개정함으로써 문종은 왕권과 국정의 안정을 이룩할 수 있었고, 이것은 고려의 번영으로 이어졌다. 이러한 공로로 최충은 문종 4년(1050) 정월에 개부의동삼사 수태부에 임명되었고 추충찬도공신호를 받았다.

최충은 국왕에게만 충성을 다했던 것이 아니라 흉년으로 굶주리는 백성들의 삶을 보살필 줄도 알았다. 그해 11월 최충은 "지난해 서북 지역에 흉년이 들어 백성들의 양식이 모두 바닥이 났습니다. 그런데다 남자들은 부역으로 지쳐 있고 여자들은 빌린 쌀을 갚느라 지쳐 있으니 어떻게 견딜 수 있겠습니까? 청컨대 성지를 수리하는 것 외에는 모든 역사를 다 금지하소서."라며 백성들을 구휼할 것을 청하는 상소를 올렸다. 최충의 상소는 받아들여졌고, 굶주리던 백성들은 마음놓고 생업에 종사할 수 있었다.

이어 최충은 또다시 상소를 올려 다음과 같이 건의했다.

"동여진의 추장 염한 등은 여러 차례 변경을 침범하여 백성들을 노략질해 간 자들로 붙잡아 개경에 억류해 놓은 지가 이미 오래되었습니다. 오랑캐는 겉만 사람이고 속은 짐승이어서 그 어떤 형벌로도 응징할 수 없으며, 사람의 힘으로는 도저히 교화시킬 수 없는 무리들로 그저 가두어 놓는 것 외에 달리 방법이 없습니다. 그러나 오랫동안 갇혀 있게 되면 반드시 우리 조정에 원한을 품을 것이며, 고향을 그리워하는 마음 또한 깊어질 것입니다. 저들을 먹이는 비용 또한 만만치가 않으니 차라리 모두 돌려보내는 것이 좋을 듯합니다."

최충의 개경에 억류되어 있는 여진족들을 풀어주자는 의견 또한 받아들여졌다. 최충은 뛰어난 사리분별력으로 그때그때의 사안들을 현명하게 해결해 나갔으며, 이에 대한 문종의 신임 또한 남달랐기에 가능한 일이었다.

문종의 전폭적인 지원 속에 국정을 이끌어가던 최충은 어느 날 상소를 올려 사직을 청했다. 그러나 경험과 학식이 풍부한 최충이 자신의 곁에 좀더 오래 머물며 도와주기를 바라는 문종이 이를 허락할 리가 없었다. 문종이 최충을 아끼는 마음이 얼마나 지극했는지는 다음과 같은 교서에 잘 나타나 있다.

"시중 최충은 여러 대에 걸쳐 가장 뛰어난 유학자이자 삼한의 장로이다. 지금 비록 늙어서 물러가겠다 하나 차마 이를 허락할 수 없으니, 해당 관청에서는 옛 법을 살펴 그에게 **안석**과 지팡이를 주어 일을 보게 하라."

최충은 계속해서 청한 끝에 문종 9년(1055) 7월에야 비로소 사직할 수 있었는데, 이때 그의 나이 일흔두 살이었다. 그러나 문종은 이후에도 군사상의 큰일을 정할 때면 반드시 그에게 자문을 구했다. 최충은 문종 12년(1058)에 다시 내사령으로 임명되었으나 얼마 지나지 않아 곧 사임했다. 그러자 문종은 의대를 비롯하여 은그릇 · 비단 · 베 · **안마**

안석(案席)
앉아서 몸을 뒤로 기댈 때 쓰는 방석이다.

안마(鞍馬)
안장을 얹은 말.

등의 물품을 보내 최충에 대한 변함없는 신임을 보여주었다.

사학 열풍을 일으키다

최충은 오랫동안 관직에 있으면서 많은 업적을 쌓았지만, 무엇보다도 가장 높이 평가되는 것은 사학을 열어 후진을 양성한 것이다. 사직하고 나서 집으로 돌아온 최충은 유학자로서 나라의 미래를 책임질 동량을 기르는 데 소홀한 것을 안타깝게 여겼다. 그는 사직의 이유로 나이를 들었지만 나랏일을 돌보지 못할 정도는 아니었다. 어쩌면 그는 후학들을 교육하고자 하는 마음에 문종의 만류에도 굳이 사직을 청했는지도 모른다. 당시 고려는 "현종이 중흥한 뒤로 전쟁은 멈추었지만 학문을 가르칠 겨를은 없었다."는 기록에서 보여지듯 교육에 있어서 문제가 심각했다. 그것은 그동안 나라의 모든 교육을 관장해 왔던 국자감의 기능이 거란과 세 차례에 걸쳐 전쟁을 치르는 동안 유명무실해졌기 때문이다.

최충은 관직에서 물러나자마자 자신의 집에 후진들을 불러모아 유학을 가르치기 시작했다. 그러자 전국에서 수많은 학도들이 몰려들어 거리를 가득 메웠다. 이에 최충은 반을 아홉 개로 나누어 교육을 계속했는데, 이것을 **'구재학당'** 또는 '시중최공도'라 하였다.

이때부터 과거에 응시하고자 하는 사람은 반드시 먼저 그의 문하에 들어와 공부하였는데, 그것은 과거를 주관하게 된 유학자들이 경전을 중시하는 명경과보다는 시가와 문장을 중시하는 제술과에 치중했기 때문이다. 관학인 국자감이 유명무실했던 것도 한몫했다. 특히 여러 차례 지공거를 지낸 경험을 바탕으로 한 최충의 교육이 실효를 거두어 많은 학도들을 과거에 급제시킴으로써 사람들의 큰 호응을 얻게 되었다.

학도들에 대한 교육은 주로 집에 마련한 학당에서 실시했는데, 무더운 여름철에는 더위를 피해 귀법사 승방을 빌리기도 했다. 학과는 오경(五經)과 삼사(三史)를 중심으로 했다. 오경이란 유교의 근간이 되는 다섯 가지 경서로 시경(詩經)·서경(書經)·주역(周易)·예기(禮記)·춘추(春秋)를 말하며, 삼사는 중국의 대표적인 세 가지 역사서인 사기(史記)·한서(漢書)·후한서(後漢書)를 말한다.

또한 가끔 공도를 졸업한 선배가 찾아오면 촛불에 선을 그어 시간을 정해 시를 짓고, 그 시의 등급에 따라 차례로 이름을 불러 조촐한 술자리를 베풀었다. 그날은 하루종일 술잔을 주고받으며 서로 창을 주고받다가, 해가 저물면 시가를 읊고 헤어졌다. 이에 보는 사람마다 아름답게 여기고 찬탄하지 않는 이가 없었다.

최충의 구재학당이 성황을 이루자 지공거를 지낸 전직 관료나 유학자들 또한 앞다투어 사학을 열어 학도들을 배출하기 시작했다. 그리하여 고려시대 개경에는 총 열두 개의 사학이 있었는데, 이를 '12공도'라 불렀다. 12공도는 설립자의 시호나 벼슬을 따 이름을 지었는데, 최충의 문헌공도를 비롯하여 정배걸의 홍문공도·노단의 광헌공도·김상빈의 남산도·김무체의 서원도·은정의 문충공도·김의진의 양신공도·황영의 정경공도·유감의 충평공도·문정의 정헌공도·시랑 서석의 서시랑도·설립자 미상의 귀산도를 말한다. 그 가운데 최충의 문헌공도가 단연 으뜸이었고 가장 성했다.

이와 같이 사학이 크게 융성하자 문종은 관학인 국자감을 중흥시키기 위한 여러 가지 조치를 취했으나 사학의 열풍을 잠재우기에는 역부족이었다. 관학이 계속하여 쇠퇴하자 16대 예종은 국자감을 국학(國學)으로 개칭하고 국학 내에 최충의 구재학당을 모방한 일곱 개의 학반을 설치하고 중국 고전을 중심으로 교육하기에 이르렀다. 또한 관학 중흥을 위해 육영재단인 양현고와 학술기관인 청연각과 보문각을 설치하기

구재학당(九齋學堂)
최충의 호를 따서 '문헌공도'(文憲公徒)라고도 한다. 고려시대의 사학은 태조 때 서경에 세운 숙(塾)이 시초이나, 최충의 구재학당은 시설면이나 교육면에서 관학인 국자감(國子監)을 훨씬 능가하였다.

도 했다.

이것은 당시 최충이 일으킨 사학이 얼마나 성행했는지 잘 보여주는 대목이다. 하지만 관학과 사학 간에 뚜렷한 대립 양상이 있었던 것 같지는 않은데, 아마 사학을 설립한 사람들이 당시 명망 있는 유학자이거나 고위 관직을 지낸 인물들이었기 때문일 것이다.

관직에서 물러난 후에도 후진을 양성하며 나라를 위해 힘쓰던 최충도 흐르는 세월을 거스르지는 못했다. 그는 목종 8년(1005) 과거에 급제하여 우습유로 관직 생활을 시작한 이후 현종·덕종·정종을 거쳐 문종 때 나라의 최고 관직인 문하시중에 이르기까지 50여 년 동안 관직 생활을 하고, 사직한 후 10여 년 동안은 후진 양성에 매진하다가 문종 22년(1068) 9월, 여든셋의 나이로 세상을 하직했다.

최충의 죽음을 전해들은 문종은 조서를 내려 그의 아들인 최유선과 최유길 형제를 위로해 주었다. 훗날 최충은 '문헌'(文憲)이라는 시호와 함께 정종의 묘정에 배향되었다.

왕실과의 혼인으로 얻은 가문의 영광

이자연

해동공자 최충과 함께 문종의 치세를 도운 또 하나의 대표적 인물이 바로 이자연이다. 그는 과거를 통해 처음 관계에 발을 들여놓았으나, 현종의 처외조부의 손자로 이후 문종의 장인이 되어 막강한 세력을 등에 업고 최고직인 문하시중에 올라 고려의 대표적인 외척 문벌귀족의 기반을 닦았다.

문벌귀족이란 고려 중기를 이끌었던 지배 세력을 말한다. 이들은 왕실이나 중앙 귀족 간의 혼인을 통해 자신들의 기득권을 유지함으로써 세력을 형성하기 시작했고, 문종이 공음전시법을 실시하여 고관들의 생활에 안정을 가져다줌으로써 확고한 지배 세력으로 자리 잡게 되었다. 대표적 문벌귀족으로는 김은부의 안산 김씨·이자연의 경원 이씨·김부식의 경주 김씨·윤관의 파평 윤씨·최충의 해주 최씨 등을 들 수 있다.

경원 이씨는 김은부의 안산 김씨 이후 문종 대부터 인종 대에 이르기까지 큰 세력을 떨쳤던 고려 최고의 문벌귀족 가문으로, 『고려사』「열전」에는 경원 이씨의 가계가 형성되는 과정에 대해 이렇게 설명하고 있다. 신라의 대관이었던 이자연의 선조가 한번은 왕명을 받들어 당나라에 갔는데, 당나라 황제가 그를 가상히 여겨 이씨 성을 하사했다. 그 후 그의 자손이 소성현, 즉 인주(경원)로 옮겨가 살면서 경원 이씨의 가계가 형성되었다는 것이다.

경원 이씨가 고려 조정에 처음 등장한 것은 이자연의 할아버지 이허 겸이 현종의 처외조부로 소성백에 봉작되면서부터이고, 이자연 대에 이르러 두각을 나타내기 시작했다. 이자연은 현종 때 과거를 통해 처음 정계에 등장했지만 그의 출세에 있어서는 안산 김씨와의 관계를 무시할 수 없다. 즉, 김은부의 처는 이자연의 고모이며, 현종의 비로 들어간 김은부의 세 딸 원성왕후·원혜왕후·원평왕후는 이자연과 내종사촌 간이었다.

이러한 관계를 통해 이자연은 일찍부터 정치적 함수 관계를 익힐 수 있었다. 경원 이씨는 이자연의 세 딸이 문종에게 출가한 이후 제15대 숙종을 제외하고 제17대 인종 때까지 계속해서 왕비를 배출함으로써 7대 80여 년 동안 고려 최고의 문벌 가문으로 자리 잡았다.

외척으로서의 배경을 등에 업고 승승장구하다

이자연은 목종 6년(1003) 상서우복야를 지낸 이한과 낙랑군대부인 최씨 사이에서 태어났다. 스물두 살 나던 해인 현종 15년(1024), 진사 을과에 급제한 그는 덕종의 즉위와 함께 조정의 핵심 관직인 우보궐에 임명됨과 동시에 비어대를 하사받았다. 우보궐은 고려 최고의 의정기관인 내사문하성의 정6품 관직으로 임금에게 간언하거나 잘못된 일을 논박하는 일을 담당하는 관직이다.

덕종 2년(1033)에는 이부낭중 어사잡단 우승선에 임명되었는데, 이부낭중은 문관의 인사와 훈봉을 관장하는 이부의 정5품 관직이고, 어사잡단은 시정을 논하고 풍속을 바로잡으며, 백관을 규찰하고 탄핵하는 어사대의 종5품 관직이며, 우승선은 왕명의 출납을 담당하는 중추원의 정3품 관직이다. 즉, 이자연은 서른한 살의 나이로 조정의 인사를 비롯하여 관리 규찰은 물론 왕명 출납 등에 이르기까지 왕의 최측근 관직은 물론 조정의 핵심 부서를 모두 아울렀던 것이다.

이때 이자연은 옥사를 엄정하게 판단하여 억울함이 없도록 함과 동시에 올곧은 형관을 임용함으로써 업무를 공정하게 처리했다. 그리하여 덕종의 뒤를 이어 즉위한 정종 원년(1035), 급사중에 오른 데 이어 지중추원사를 거쳐 정종 8년(1042)에는 중추부사가 되었다.

이자연이 아무런 걸림돌 없이 조정의 핵심 관직을 역임하며 승승장구할 수 있었던 것은 어떤 이유에서일까? 물론 이자연의 뛰어난 학식과 공명정대한 일처리 때문이기도 했지만, 현종의 비이자 덕종과 정종의 어머니인 내종사촌들이 알게 모르게 끼친 영향력을 빼놓을 수는 없다.

문종 원년(1047), 조정의 인사권을 담당하는 최고 책임자인 이부상서 참지정사에 임명된 이자연은 비로소 고려 최고의 정무기관에 발을 들여놓았다. 이때부터 그는 문하시중 최충을 도와 문종의 치세를 이끌어 나갔다.

이후에도 승진을 거듭하여 문종 3년(1049), 수사도에 임명된 데 이어 이듬해에는 내사시랑평장사에 올랐고, 1051년에는 지공거로 과거를 주관했다. 문종 6년(1052)에는 왕명에 따라 개경 서쪽에 사직단을 새로 짓는 일을 감독한 공으로 개부의동삼사가 되었다.

승승장구하던 이자연에게 어느 날 자신의 입지를 더욱 확고히 할 수 있는 뜻밖의 행운이 찾아왔다. 문종에게 출가한 세 딸 가운데 맏딸이 왕자 훈(순종)을 낳은 데 이어 왕후에 책봉된 것이다. 그리하여 재상이자 왕비의 아버지가 된 이자연은 그해 수태위에 올랐고, 그의 아내 낙랑군군 김씨 또한 대부인에 봉해지는 영광을 누렸다. 곧이어 문종은 장인 이자연에게 검교태보 추성좌운보사공신을 더하고 수태부를 더했으며, 장모 김씨를 계림국대부인에 봉하고 의대를 하사했다.

이와 함께 이자연은 문하시랑평장사에 오름으로써 비로소 공신의 반열에 올랐다. 그로부터 3년 뒤인 문종 9년(1055), 이자연은 관직에서 물러난 최충의 뒤를 이어 문하시중 판상서이부사에 올랐다. 현종 15년(1024) 과거에 급제하여 관직에 나간 지 32년 만에 비로소 일인지하 만인지상의 자리에 올라 국정을 총괄하게 된 것이다. 이때 그의 나이 쉰세 살이었다.

그해 8월, 상서이부와 문하성이 개국공신 유금필의 증손자인 유공의의 문제로 심각하게 대립했다. 상서이부에서는 "태조의 묘정에 배향된 공신의 후예는 비록 죄를 저질렀다고 하더라도 모두 써주어야 한다."는 제지(制旨)를 내세워 그를 관직에 임명할 것을 청한 반면, 문하성에서는 "일찍이 아첨의 죄를 저질러 그 이름이 죄인 명부에 올랐으니 임용해서는 안 된다."며 반대했던 것이다. 문종으로서는 제지를 무시할 수도 없고, 그렇다고 죄인을 임용한다는 것 또한 형평성에 맞지 않기 때문에 실로 난감할 수밖에 없었다.

그러자 이자연이 아뢰기를, "하늘과 땅의 재앙과 상서로운 징조는 언제나 형정의 잘 하고 못 하는 것에 달려 있는 것이므로 상벌을 삼가지 않을 수 없습니다. 신이 엎드려 비옵건대 이부와 형부는 때를 맞추어 일을 처리하는 것이 중요한데, 날이 지나고 달이 바뀌어도 질질 끌고 판결 짓지 못하는 일이 많으니, 이들 두 부의 관리로 하여금 사리를 정밀히 따지게 하고, 그 관리의 근면하고 태만한 것을 조사하여 승진시키거나 강등시키십시오. 그렇게 하면 모든 원통하고 억울한 것이 가히 해소되며 좋은 징조가 생길 것입니다." 하고 말했다. 문종은 이자연의 의견을 받아들여 이부와 형부에 유공의의 죄를 다시 자세히 알아볼 것을 지시함으로써 그 일을 일단락 지었다.

이자연은 백성들의 삶을 보살피는 일에도 소홀하지 않았다. 불심이 유난히 강했던 문종은 10년(1056) 자신의 원찰인 흥왕사 창건에 착수했는데, 이를 위해 고을 하나를 통째로 옮길 정도로 큰 규모의 공사였었다. 그로부터 12년 만인 1068년에야 겨우 완성된 흥왕사는 절터가 수십만 평에 이르고 절은 2,800여 칸이나 되었으며, 성을 두르고 금탑을 쌓는 등 그 유래를 찾아볼 수 없을 만큼 화려했다. 그러나 이로 인해 하루아침에 삶의 터전을 잃고 노역에 시달려온 백성들의 어려움은 이루

말할 수 없었다. 이를 보다 못한 이자연은 다음과 같이 건의했다.

"근일에 흥왕사를 짓는 일로 인하여 덕수현을 양주로 옮겼는데, 이 때문에 백성들이 편히 살 겨를이 없어 남녀를 불문하고 모두 길에 늘어 섰으니, 가난한 사람은 구렁에 떨어져 죽을까 걱정이고 넉넉한 사람도 편히 살 곳이 없습니다. 청컨대 한 해 동안 부역을 면제해 주십시오."

이자연의 건의는 받아들여져 문종은 특별히 두 해 동안 조세를 감면 해 주었다. 이렇듯 왕을 도와 나라를 안정되게 이끈 공으로 이자연은 문종 11년(1057) 의대 · 은그릇 · 안마 등을 하사받았을 뿐 아니라 **식목 도감사**에 올랐다.

사리의 잘잘못을 논하다

문종이 무조건 이자연의 의견을 받아들인 것은 아니었다. 문종이 12 년(1058) 5월, "공부상서 유규의 아들 유중경을 강등하여 음직에 임명 하라."는 조서를 내리자, 이자연은 "유중경의 어미는 평장사 이공이 형 의 딸을 간음하여 낳은 소생이니 그를 조정에 두는 것은 마땅치 못합니 다." 하고 논박했다. 유학자로서 이자연의 이와 같은 지적은 당연한 것 인지도 모른다. 하지만 당시 왕실은 물론 귀족들 사이에 근친혼과 중첩 혼이 성행하고 있었으므로 이때 그의 의견은 받아들여지지 않았다.

그 후 참지정사 김현 등이 문종에게 강사후의 마의를 벗게 해주고 그 에게 벼슬길을 열어줄 것을 청하자 이자연은 다음과 같이 반대했다.

"제술을 공부한 강사후는 열 번이나 과거를 보고도 합격하지 못했기 에 갑오년 사령의 예에 의거하여 마의를 벗게 함이 마땅하오나, 강사후 는 유림랑 당인이었던 상귀의 증손으로, 당인은 구사의 관원인데, 무자

식목도감사(式目都監使)
도병마사와 함께 고려의 독자성을 보여주는 중앙 관제의 하나인 식목도감의 책임자다.
식목도감은 법 제정을 비롯하여 각종 규정에 대해 논의하는 임시 회의기구로서, 이것은
고려 귀족정치의 특징이기도 하다. 도병마사에서는 대외적인 군사 문제가 논의되었다.

년의 제지에 따르면 전리 · 소유 · 주선 · 막사 · 구사 · 문복의 자손은 제술 · 명경 · 율 · 서 · 산수 · 의술 · 복술 · 지리 등의 학업을 공부해서 과거에 올랐거나, 혹은 전쟁에서 커다란 공을 세운 자라야 조정의 반열에 오를 수 있습니다. 또 병신년의 특별 제지에 의하면 위의 조항에 해당되는 사람의 자손이 은사를 받아 벼슬에 오르게 되면 선대의 벼슬을 참작하여 임명하라 하였으니, 이제 강사후로 하여금 마의를 벗게 함은 마땅하지 않습니다."

이때 이자연은 관리 임용에 있어서 형평성을 지키기 위해 지난날의 선례에 따를 것을 간한 것이다. 이에 김현 등은 "강사후의 증조 상귀는 비록 관직이 당인이었으나 유림랑을 겸하였고, 그의 아비 강서도 열 번이나 과거를 보아 역시 마의를 벗고 벼슬에 올랐으므로 강사후가 10년 동안 공부한 노력을 생각하여 마의를 벗도록 허가하기를 바랍니다."며 이자연의 의견을 반박했으나, 문종은 김현 등의 의견을 물리치고 이자연의 손을 들어주었다.

이것은 이자연을 비롯한 문벌귀족들의 승리이기도 했다. 이때 이미 서로간의 혼인 관계를 통해 가문을 중심으로 큰 세력을 형성해 온 이들 문벌귀족들은 새로운 가문의 진출을 차단함으로써 자신들의 기반을 확고히 하고자 했던 것이다.

그 후 이자연은 검교태사 수태부 삼중대광 판삼사사에 올랐고, 그해 과거를 주관하는 지공거가 되어 나라를 이끌어갈 뛰어난 인재들을 뽑았다. 이어 개부의동삼사 감수국사 상주국 경원군개국공에 봉해지고 식읍 3천 호를 하사받았다.

고려 최고의 문벌 가문을 열다

왕비의 아버지로서 고려 최고의 관직인 문하시중의 자리에 올라 권세를 누리던 이자연은 59세 되던 문종 15년(1061), 세상을 떠나고 말았다. 문종은 그의 죽음을 크게 슬퍼하며 조회를 중단하고 시장을 파했을 뿐 아니라 유사에게 명하여 장례를 주관하게 했다. 또한 이자연에게 수태사 중서령을 증직하고 '장화'(章和)라는 시호를 내렸다. 이자연은 뒷날 문종의 묘정에 배향되었다.

이자연이 이처럼 큰 권세를 누릴 수 있었던 데에는 그가 왕실의 외척이라는 점이 큰 영향을 미쳤음을 빼놓을 수는 없다. 세 딸이 모두 문종의 비(인예태후 · 인경현비 · 인절현비)가 됨으로써 **국구**가 된 그는 이러한 배경에 힘입어 승승장구할 수 있었다. 특히 인예태후는 문종과의 사이에 세 명의 왕(순종 · 선종 · 숙종)을 낳았고, 이로 인해 이자연의 경원 이씨 가문은 계속해서 고려의 핵심 지배세력으로 남았다.

이자연이 세상을 떠난 후 여덟 명의 아들 중 출가한 다섯째 소현과 먼저 세상을 떠난 일곱째 이전을 제외한 여섯 명의 아들 모두 그의 뒤를 이어 고위직에 올랐다. 당시 검교위위경 행상서우승 지합문사였던 맏아들 이정은 뒷날 문하시중에 올랐고, 이적은 전중소감이었으며, 예부원외랑이었던 이석은 뒷날 공부상서에 올랐고, 합문지후로서 양주사로 있던 이의 또한 뒷날 재상에 올랐다. 상식직장동정이었던 이호는 호부낭중에 올랐으며, 이안은 예빈주부동정이었다.

또한 이정과 이석의 딸이 선종의 비, 이호의 딸이 순종의 비가 되었고, 그의 손자 이자겸의 딸들은 예종과 인종의 비가 되었다. 왕실과의 혼인으로 얻은 권세는 훗날 이자겸이 국정을 농락한 것도 모자라 스스로 제위에 오르려 난을 일으키는 화를 불러오기도 했다.

국구(國舅)
왕비의 아버지.

승려가 된 왕자
의천

　의천은 왕자 출신으로 열한 살에 출가하여 불교와 유교 등을 두루 섭렵한 뒤 당시 화엄종과 법상종으로 나뉘어 대립하고 있던 교종을 통합한 인물이다. 그 후 중국에 가서 천태학을 배우고 돌아와 천태종을 개창하여 선종을 포섭함으로써 교종과 선종의 대립을 극복하고자 했다. 또한『속장경』등 불경 편찬 작업을 통해 고려 중기의 불교계를 이끌었다.

　의천이 당시로서는 낯선 종파인 천태종을 들여오면서까지 불교 통합에 힘을 기울였던 까닭은 무엇일까? 그것은 광종이 세상을 떠나면서 이후 경종 대의 불교 탄압과 성종의 소극적인 불교 정책으로 인해 불교가 더 이상 발전하지 못했기 때문이다.

　그러나 현종 대에 이르러 교종 계통의 법상종이 새롭게 대두되면서 다시 융성하기 시작한 불교는 이후 문종 대에 이르러 경원 이씨들의 후원 속에 세력을 확장해 나갔다. 그런데 문제는 법상종과 화엄종, 두 종파의 대립과 갈등에 있었다. 이들 두 파는 각기 왕실과 귀족 세력을 등에 업은 채 서로 대립했다.

　이와 같은 교종 내의 대립으로 인해 불교 통합과 발전은 더욱 요원해졌다. 바로 이때 의천이 등장하여 대대적인 불교 개혁을 시도한 것이다. 물론 의천이 이와 같은 불교 개혁은 왕실이라는 든든한 후원 세력이 있었기에 가능했다.

의천은 문종의 넷째 아들로 문종 9년(1055) 어머니 인예태후 이씨가 황룡이 나타나는 태몽을 꾸고 임신하여 그를 낳았다고 한다. 그가 의천으로 불리게 된 것은 공교롭게도 송나라 철종과 이름이 같아 **자**로써 이름을 대신했기 때문이다.

의천은 열한 살 나던 해인 문종 19년(1065)에 출가하여 승려가 되었는데, 『보고려묘지명집성』(補高麗墓地銘集成)은 그의 출가 경위에 대해 다음과 같이 적고 있다.

> 어느 날 문종이 여러 왕자들을 불러모아 놓고 물었다.
> "누가 스님이 되어 부처를 공양하고 공덕을 닦겠느냐?"
> 그러자 왕후(의천)가 일어나 대답했다.
> "소자가 부왕의 어명대로 하겠습니다."

문종은 곧 왕사 난원을 불러 의천의 머리를 깎게 한 후 의천을 영통사로 출가시켰다. 이때 의천의 스승이 된 난원은 현종의 장인 김은부의 아들로 문종에게는 외삼촌이 되었다. 문종은 나이 어린 의천을 난원에게 맡김으로써 체계적인 수행을 할 수 있도록 배려했던 것이다.

의천은 왜 출가를 자청했을까? 그것은 당시 승려의 신분이 사회적으로 보장되어 있었기 때문이다. 건국 때부터 불교를 국가 이념으로 내세워왔던 고려는 광종 때 과거제의 실시와 함께 승과를 시행함으로써 승려의 사회적 신분을 보장했다. 그뿐 아니라 승려들은 왕실과 귀족들의 후원 속에 특권을 누릴 수 있었다. 그리하여 신분상승을 노리는 일반 백성들은 물론 왕실과 귀족 자제들이 앞다투어 출가하는 현상이 벌어

자(字)
본래의 이름을 함부로 부르지 않던 시대에 혼인 후 본래 이름 대신 부르던 이름이다.

졌다. 이것은 문종 소생의 왕자 중 의천을 비롯한 세 명의 왕자가 출가한 사실에서도 알 수 있다.

또한 의천은 어려서부터 아버지 문종과 어머니 인예태후의 영향을 받아 불심이 깊었는데, 문종은 의천이 태어난 이듬해 고려 최대의 사찰인 흥왕사를 창건하는 대규모 불사에 착수했을 만큼 독실한 불교 신자였다. 어머니 인예태후 또한 혜덕왕사 소현을 비롯하여 3대에 걸쳐 다섯 명의 승려를 배출했을 만큼 불교에 독실했던 경원 이씨 집안 출신이었다. 이러한 환경 속에서 자란 의천이 출가를 자청한 것은 당연한 일이었다. 그런데 의천이 흥왕사 완공을 1년여 앞두고 전격적으로 출가한 데에는 뭔가 한 가지 이유가 있는 것으로 보인다. 문종은 자신의 원찰을 왕자들 중 한 사람이 맡아주기를 바랐고, 이때 어려서부터 문종이 흥왕사에 기울이는 관심을 보고 자란 의천이 그 뜻을 받들은 것으로 해석할 수 있다.

의천은 영통사에 기거하며 불경을 공부하다가 그해 10월에 불일사에서 **구족계**를 받았다. 원래부터 총명하고 학문을 좋아했던 의천은『화엄경』을 읽어 불교의 여러 사상들에 통달했다. 이듬해 난원이 입적한 뒤 스승의 법문을 이어받은 의천은 혼자서 **육경**과『**칠략**』등의 유학 서적을 깊이 연구하여 통달하기도 했다. 의천은 불교는 물론 유교 · 도교에 이르기까지 다방면에 걸쳐 학문을 익혔고, 이것은 뒷날 그가 불교를 통합하는 데 많은 도움이 되었다.

의천은 출가한 지 2년 만인 문종 21년(1067), 열세 살의 나이로 **승통**에 임명되었다. 의천은 그 후로도 계속해서 불법에 정진하여 스물세 살나던 1077년부터는 불교의 여러 경전들을 강의하기 시작했다.

구법 여행을 떠나다

문종의 적극적인 후원 속에 다방면에 걸쳐 풍부한 학식과 이론을 갖춘 의천은 1083년, 문종이 세상을 떠나고 그 뒤를 이어 선종이 즉위하자 이듬해 구법 여행을 떠나기로 결심했다. 송나라 정원법사와 서신을 주고받으며 불법에 대해 문답을 나누는 과정에서 송나라 유학에 대한 열망이 싹텄기 때문이다. 때마침 의천의 해박한 학식에 감탄한 정원법사가 그를 초청했고, 항상 폭넓은 불법을 구하고자 열망해 왔던 그가 이를 거절할 리 만무했다.

의천은 여러 차례에 걸쳐 조정에 송나라 유학을 떠나게 해달라고 요청했으나 조정에서는 좀처럼 허락하지 않았다. 의천은 형인 선종을 찾아가 "지난날 당나라 현장법사는 온갖 어려움과 위험을 무릅쓰고 인도로 가 불법을 구했고, 신라의 의상대사 또한 사나운 바닷길을 헤치고 중국으로 건너가 불법을 구했습니다. 고승을 찾아 불법을 구하는 것은 승려의 본분입니다. 그러니 부디 허락해 주십시오." 하고 간곡히 호소했다. 하지만 선종은 끝내 허락하지 않았고, 여러 재신과 간관들까지 극구 반대하고 나섰다.

선종과 재신들이 이토록 반대한 데에는 두 가지 이유가 있었다. 그 중 하나는 당시의 미묘한 국제 정세 때문이었다. 고려는 서쪽으로는 한족이 세운 송나라, 서북쪽으로는 거란족이 세운 요나라, 동북쪽으로는 여진족이 세운 금나라, 동쪽으로는 바다 건너 왜에 둘러싸여 있었는데, 그 가운데 고려는 송과 요, 두 나라와 동시에 외교 관계를 맺고 있었다. 이러한 상황에서 왕자 출신인 의천의 송나라행은 자칫 요나라와 외교

구족계(具足戒)
불교에서 지켜야 할 계율. 이것을 받는 것은 중이 되는 일종의 형식적인 절차이다.

육경(六經)
중국의 여섯 가지 경서. 역경(易經)·시경(詩經)·서경(書經)·춘추(春秋)·주례(周禮)·예기(禮記)를 통틀어 부르는 말이다.

『칠략』(七略)
전한(前漢) 말기의 유흠이 쓴 책으로, 중국 전국시대의 여러 가지 전적들을 분류하여 평가해 놓고 있다.

승통(僧統)
고려시대 승려의 법계 중 하나로, 교종에서 가장 높은 계급이다.

분쟁을 일으킬 수도 있었던 것이다.

또 다른 하나는 왕실의 내부 문제 때문이었다. 의천이 송나라 유학을 요청하기 한 해 전인 1083년, 고려는 두 명의 왕이 세상을 떠났다. 그해 7월, 문종이 세상을 떠난 데 이어 그 뒤를 이은 순종마저 3개월 만에 세상을 떠나고 만 것이다. 같은 해 부왕과 형인 순종을 떠나 보낸 선종은 아직 채 1년도 지나지 않은 상황에서 도저히 의천의 중국 유학을 용납할 수 없었다.

그러나 그 어떤 반대나 대내외적인 상황도 불법을 향한 의천의 열망을 꺾을 수는 없었다. 아무리 간청을 해도 선종과 조정이 허락지 않자 의천은 그해 4월, 비밀리에 구법 여행을 감행했다. 그는 제자 두 사람과 함께 미복 차림으로 송나라 상인 임영의 배를 얻어 타고 중국으로 향했다. 이때 의천의 나이 서른이었다.

뒤늦게 이 사실을 알게 된 선종은 어사 위계정 등을 시켜 의천의 뒤를 쫓게 했으나 이미 멀찌감치 앞서 간 의천을 붙잡을 수는 없었다. 할 수 없이 선종은 조정 관리와 낙진 · 혜선 · 도린 등을 보내 의천의 구법 여행을 돕게 했다.

고려를 떠난 지 한 달 만인 1084년 5월, 의천은 무사히 송나라의 판교진(지금의 허베이성)에 도착했다. 그가 도착하자 송나라 관리 범악이 나와 예로써 맞아주었고, 송나라 철종은 직접 수공전으로 나와 국빈의 예우로 그를 맞이했다. 이와 같이 송나라가 의천을 극진하게 맞아들인 것은 당시 요나라와 대립하고 있는 상황에서 요나라의 배후에 있는 고려와 친선을 유지하는 것이 유리했기 때문이다. 그리하여 의천은 고려와 송나라 조정의 적극적인 후원 속에서 다른 구법자들에 비해 비교적 순탄한 구법 여행을 할 수 있었다.

그동안 종파에 구애됨 없이 폭넓게 불법을 섭렵해 왔던 의천은 송나라를 여행하는 동안에도 여러 계파의 고승들을 두루 만나 그들과 문답을 나누었고, 이를 통해 자신이 습득한 불법을 검증해 나갔다. 의천이 가장 먼저 간 곳은 계성사였는데, 그는 그곳에서 유성법사를 만나 문답을 통해 화엄종과 천태종의 깊은 뜻을 깨우쳤다. 이때 의천의 뛰어난 식견에 감탄한 유성법사는 그를 가리켜 "법왕의 아들이자 의상의 후신"이라며 찬탄을 아끼지 않았다.

이어 의천은 상부사에 들러 정원법사를 찾아 그에게 법문을 청했다. 이때 의천은 경제적 지원과 함께 고려에서 가지고 간 대장경 7천여 권을 기증했다. 이듬해 2월에는 진여사를 방문하여 희사하고, 4월에는 혜인원에서 정원법사로부터 **전등**의 신표로 경서와 향로 등을 받았다. 이밖에도 의천은 상국사와 흥국사에 들러 여러 가지 지식과 학문을 습득했다.

그 후 의천은 송나라 철종을 다시 만나 사방을 두루 돌아다니면서 불법을 배울 수 있게 해달라고 요청했다. 그러자 철종은 조서를 내려 주객원외랑 양걸로 하여금 의천을 안내하여 그가 중국 대륙을 주유하며 불법을 구하는 데 불편함이 없도록 조치했다. 의천은 이와 같은 철종의 호의 덕책에 큰 불편 없이 여러 사찰들을 돌아볼 수 있었다. 당시 의천은 가는 곳마다 제후의 대접을 받았다.

이때 의천의 귀국을 청하는 선종의 표문이 송나라에 도착했다. 어머니 인예태후가 먼 이국 땅에 있는 의천을 무척 그리워했기 때문이었다. 그러나 불법을 구하고자 하는 의천의 마음은 확고했다. 자변대사 종간을 만나 천태종의 교리를 들은 의천은 그 길로 천태산을 찾아 **지자대사**의 부도에 참배하며 "귀국하면 목숨이 다하도록 이 법을 널리 선양하겠

전등(傳燈)
불법(佛法)의 전통을 받아 전하는 일. 불법을 '중생의 마음을 밝히는 등불'에 비유하여 이르는 말.

지자대사(智者大師)
중국 수(隋)나라의 지의(智顗)를 가리킨다. 천태종의 개조로 천태산에 머물며 천태교를 확립했다.

노라."는 발원문을 지어 맹세했다. 의천은 헤어지면서 자변대사로부터 이별의 징표로 시 한 수를 받고 손향로와 여의주 등을 받았다. 그 후 의천은 영지사의 대지대사에게 계법을 받고, 혜림·선연·원조 등 50여 명의 고승들을 만나 불교에 대한 담론을 나누었다.

이와 같이 14개월에 걸쳐 중국 곳곳의 사찰을 돌며 종파를 가리지 않고 수많은 고승들과 담론을 나누고 불법을 구한 의천은 마침내 1085년 6월 귀국길에 올랐다. 이때 의천은 그동안 수집한 경서 1천여 권을 가지고 돌아왔는데, 여기에는 대장경에 수록되지 않았던 많은 학자들의 저술도 포함되어 있었다. 의천이 예성강에 도착했다는 소식을 전해들은 선종은 인예태후와 함께 봉은사로 나가 그를 맞았다.

『속장경』을 간행하다

귀국 직후 흥왕사 주지로 임명된 의천은 복지사업을 펼치는 한편 불경 편찬 계획을 세웠다. 먼저 선종의 허락을 얻어 흥왕사 안에 불경의 판각을 맡을 교장도감을 설치한 뒤, 곳곳에 흩어져 있는 불서 수집에 나섰다. 그리하여 의천은 5년여에 걸쳐 국내에 흩어져 있던 불교 주석서는 물론 송·요·일본 등지의 각종 불서를 수집했다.

선종 8년(1091), 의천은 불경 편찬에 앞서 불서 목록인 『신편제종교장총록』을 편찬했다. 이때부터 본격적인 편찬 작업에 들어가 숙종 원년(1096)에는 총 1,010부 4,857권에 달하는 불경을 간행하기에 이르렀는데, 이것을 현종 때 간행된 『초조대장경』과 구별하여 『속장경』(續藏經)이라 부른다.

『속장경』은 현종 때 간행된 『초조대장경』 판목과 함께 대구 부인사에 보관해 왔으나, 애석하게도 몽골 침입 때 소실되어 현재는 전해지지 않는다. 다만 활자본의 일부가 일본에 보관되어 있고, 우리나라에는 조선 초에 중수하여 간행된 『신편제종교장총록』의 일부가 순천 송광사에 전해오고 있을 뿐이다.

의천의 『속장경』은 현재 해인사에 보관되어 있는 『고려대장경』의 모체가 되었으며, 사상적으로 호국 의지를 천명하고 있다. 건국 초 거란과의 전쟁으로 인해 세 차례의 국난을 겪은 고려는 외침을 겪을 때마다 불력으로 국난을 극복한다는 취지 아래 대장경을 판각했다. 즉, 현종 때의 『초조대장경』과 의천의 『속장경』이 그것이며, 고려 말 몽골 침입 때의 『고려대장경』도 마찬가지다. 또한 『속장경』은 『송판대장경』과 『거란대장경』의 미흡한 점을 보완하고 있으며, 주석 부분을 보강하는 한편 희귀한 자료들을 많이 담고 있다. 이것은 당시의 불교 문화를 집대성함으로써 **오교양종**의 대립과 반목을 해소하고 하나로 통합시키는 이론적 근거를 마련하는 데 큰 역할을 했다.

이에 앞서 의천은 서른다섯 살 나던 해인 선종 6년(1089), 광종 때의 승려 제관이 쓴 『천태사교의』를 재간행했으며, 인예태후의 발원에 의해 국청사를 창건하기 시작했다.

이 밖에도 의천은 『원종문류』 22권, 『석원사림』 250권 등을 지었으며, 『화엄경』 180권을 번역하였다. 현재 『원종문류』와 『석원사림』의 일부 및 의천의 제자들이 그의 행적과 시 등을 모은 『대각국사문집』 등이 전해지고 있다.

천태종을 개창하다

왕실의 전폭적인 지원 아래 왕성한 활동을 펼치던 의천에게도 시련이 찾아왔다. 그의 가장 큰 후원자인 인예태후가 선종 9년(1092), 세상을 떠난 것이다. 시련은 거기서 그치지 않았다. 겨우 마음을 추슬러 홍

오교양종(五敎兩宗)
고려 중기에서부터 조선 초까지 불교 종파를 통틀어 이르는 말. 신라 말부터 고려 초까지는 교종의 5교와 선종에서 분파된 9산문의 '5교9산'(五敎九山)으로 총칭할 수 있으나, 고려 중기에 이르러 의천이 교·선의 대립을 해소하고자 천태종을 개창하자, 종래 선종의 9산은 단결하여 조계종이라 개창함으로써 선종에 두 종파가 생기게 되었다. 교종의 5교와 천태·조계의 2종을 합하여 '5교양종'으로 불리게 된 것이다.

원사 주지로 있으면서 교학을 강의하던 그에게 다시 한 번 시련이 닥쳐왔다. 2년 뒤인 1094년에 형 선종마저 세상을 떠나고 만 것이다.

선종의 뒤를 이어 그의 맏아들 헌종이 열한 살의 나이로 즉위하자 어머니 사숙태후가 수렴청정을 하게 되었는데, 사숙태후는 이자연의 손녀이자 이석의 딸로 이를 계기로 경원 이씨들이 국정을 좌지우지하게 되었다. 이러한 상황에서 의천은 더 이상 흥왕사에 머물지 못하고 쫓겨나다시피 물러나 해인사에 은거해야 했다. 이것은 그동안 왕실의 후원을 받아온 화엄종이 경원 이씨가 후원하는 법상종에 밀려난 것으로 볼 수 있다.

그러나 의천은 흥왕사를 떠난 지 2년 만인 숙종 원년(1096), 다시 흥왕사로 돌아왔다. **이자의의 난**을 계기로 즉위한 숙종이 사신을 보내 그를 맞아들였기 때문이다. 숙종은 순종과 선종의 동복아우이자 의천의 형인 계림공 왕희로 현종 원년(1095)에 이자의의 난을 진압한 뒤, 그해 10월 헌종의 선위를 받아 고려 제15대 왕으로 즉위했다. 숙종은 즉위 후 종파간에 서로 대립하고 있던 불교를 통합하고 아울러 불교를 개혁하기 위해 당시 해인사에 은거하고 있던 동생 의천을 불러들였다. 개경으로 돌아온 의천은 다시 흥왕사의 주지가 되어 불교계를 이끌었다.

이때 숙종이 의천을 맞이한 것은 경원 이씨의 후원을 받아 현화사를 중심으로 막강한 세력을 구축하고 있던 법상종을 견제하기 위해서였다. 즉, 의천을 중심으로 세력을 키워 법상종을 견제하고 나아가 여러 종파를 통합하여 왕권 강화의 기반을 마련할 계획이었다.

의천은 이러한 숙종의 뜻을 받들어 마흔세 살 때인 숙종 2년(1097), 국청사가 완공되자 천태종을 개창했다. 의천은 구법 여행 중이던 선종 3년(1086) 4월, 천태종의 개조인 지자대사의 부도를 참배하며 발원문을 지어 다음과 같이 서원했었다.

천태교주 지자대사께 아룁니다. 일찍이 듣건대 대사께서는 **"오시팔**

교로써 동쪽에 전해진 부처님의 성스러운 가르침을 분류하여 해석
하였는데, 이에 포함되지 않은 것이 없다."고 하셨습니다. 그리하여
후세에 불법을 배우는 이 중에 이에 의거하지 않는 이가 없습니다.
우리 조사 화엄소주께서도 "현수 5교와 천태교의는 크게 같다"고
하셨습니다. 지난날 우리나라에서는 제관법사가 대사의 교리를 강
연하여 해외에까지 알렸으나, 지금은 그 맥이 끊어지고 없습니다.
이제 전당(錢塘)의 자변대사를 통해 그 대략이나마 알게 되었으니,
후일 고국에 돌아가면 목숨을 바쳐 선양하여 대사께서 중생을 위하
여 가르침을 펴신 노고의 덕에 보답할 것을 이에 서원합니다.

그때부터 천태교관을 이해하려고 노력하며 개창을 염원하던 의천은
마침내 맹세한 지 11년 만에 그 뜻을 이룬 것이다. 이때 의천은 선종의
승려들을 대거 개종시켜 천태종에 흡수함으로써 교종과 선종의 통합을
이루고자 했다.
우리나라에 천태종이 처음 전해진 것은 삼국시대였다. 신라의 현광
은 지자대사에게 법을 전한 혜사에게서 가르침을 받았으며, 신라의 연
광과 고구려의 파야 등은 직접 지자대사의 문하에서 공부하였다. 그 후
한동안 유명무실했던 천태종은 광종 때 중국에 건너간 제관이 천태학
입문서인 『천태사교의』를 써서 널리 유포시킴으로써 중국 천태종의 중

이자의의 난
이자연의 손자이자 이정의 아들인 중추원사 이자의가 헌종을 내쫓고 자신의 친조카인
한산후 왕균을 추대하기 위해 일으킨 역모 사건. 선종은 이자연의 두 손녀를 비로 맞아
들였는데, 이석의 딸인 사숙태후 이씨와 이정의 딸인 원신궁주 이씨가 그들이다. 그런
데 선종이 죽은 뒤 어린 헌종을 대신해 사숙태후를 비롯한 이석의 일가가 국정을 좌지우
지하자 이에 불만을 품은 이자의가 자신의 누이인 원신궁주 소생의 왕균을 내세우기 위
해 반란을 일으켰던 것이다.

오시팔교(五時八教)
부처의 설법을 시간의 순서에 따라 분류하여 오시(五時) 즉, 다섯 개의 시간으로 나누고,
화의사교(化儀四教)·화법사교(化法四教)의 8교에 따라 정리한 것을 말한다.

흥을 가져왔다. 그러다가 의천에 의해 개창되면서 천태종이 하나의 종파로 성립되었고, 이후 의천의 문하에서 수많은 승려들이 배출되며 그 교세를 크게 떨쳤다.

의천이 국청사의 주지로 있으면서 천태교학을 강의하고 불교를 통합하는 등 불교 중흥을 위해 힘쓰자, 숙종은 자신의 넷째 아들 징엄을 출가시켜 의천을 모시게 했다. 또한 이듬해 천태종의 승려를 선발하는 승과가 행해졌고, 1101년에는 나라에서 승과에 급제한 사람들에게 법계를 내림으로써 비로소 천태종은 공인된 종파로 자리잡았다.

'대각'의 시호를 받고 국사에 추증되다

왕성한 활동을 펼치며 고려 불교의 중흥을 이끌어가던 의천은 숙종 6년(1101), 그만 병에 걸려 자리에 눕고 말았다. 이 소식을 들은 숙종은 친히 총지사를 찾아 의천을 문병하고 국사로 책봉했다.

이때 의천은 숙종에게 "신은 바른 도리를 구하려 했으나 병마가 그 뜻을 빼앗았나이다. 바라옵건대 마음을 다해 불법을 외호하시어 여래의 유훈을 봉행하시오면 신은 죽어도 여한이 없나이다."라는 유언을 남긴 지 열흘 만에 입적하고 말았다. 한창 나이인 마흔일곱 살로 **법랍**은 서른여섯이었다.

숙종이 의천의 죽음을 크게 슬퍼하며 '대각'(大覺)이라는 시호를 내리려 하자, 중서문하성에서 "대각은 부처를 뜻하니, 부처의 이름을 칭함은 왕후(의천)의 뜻이 아닐 것입니다."라며 반대했다. 그러나 숙종은 끝까지 뜻을 굽히지 않았다.

또한 정당문학 이오가 "왕후가 비록 전하의 피붙이이기는 하나, 지난날의 예를 살펴보건대 출가하면 복(服)을 입지 못합니다. 그러나 왕후는 재주와 행실이 우수하여 이름이 요와 송에까지 알려졌으므로 그에게 국사를 추증한다면 복을 입지 않을 수 없을 것입니다." 하고 아룀에 따라 숙종은 군신들과 더불어 상복을 입고 3일 동안 조회를 보지 않았으며, 부의를 매우 후하게 내렸다. 그리고 명을 내려 의천을 대각국사에 추증하고, 문도들에게 교서를 내려 조문하였다.

법랍(法臘)
중이 된 뒤로부터 치는 나이.

오랜 기간의 절치부심, 순간의 영광

윤관

고려 중기의 문신 윤관은 여진을 정벌하여 9성을 축조한 장군으로
잘 알려져 있다. 그는 문종 때 과거에 급제하여 여러 관직을 전전하다
숙종의 즉위 사실을 알리기 위해 요나라에 파견되면서부터 신임을 얻
어 요직에 발탁되었다.

그 후 여진 정벌에 나섰다가 패한 뒤 별무반을 창설하여 동북 지방에
쳐들어와 약탈과 방화를 일삼던 여진을 정벌했다. 그러나 동북 9성을
여진에게 반환하는 과정에서 패장이라는 억울한 모함을 받고 관직과
공신작호를 빼앗긴 채 쓸쓸히 세상을 떠나고 말았다.

윤관은 무장으로서 잘 알려져 있지만, 한시도 손에서 책을 놓지 않은
학자로, "장군이 됨에 이르러 진중에 있으면서도 항상 오경을 지니고
다녔다."고 할 정도로 학문에 열중했던 문신이기도 하다.

요나라에 숙종의 즉위를 알리다

윤관은 태조 왕건을 도와 후삼국 통일에 기여한 삼한공신 윤신달의
고손으로, 검교소부소감을 지낸 윤집형의 아들로 태어났다. 문종 때 과
거에 급제하여 습유 · 보궐 등을 거쳐 합문지후가 되었으며, 선종 4년
(1087)에는 왕명을 받고 광주 · 충주 · 청주를 시찰하기도 했다.

윤관이 관직에 크게 등용된 것은 숙종이 즉위한 후였다. 1094년, 선

종이 세상을 떠나자 열한 살의 나이로 헌종이 왕위에 올랐으나 어리고 병약하여 어머니 사숙태후 이씨가 수렴청정을 하게 되었다. 이듬해 1095년 정월 초하루, 해 옆에 혜성이 나타나는 기이한 일이 일어났다. 이것을 보고 일관이 해석하기를, "해 곁에 혜성이 있음은 가까이에 있는 신하가 난을 일으킬 징조이니, 장차 신하들 가운데 반역을 도모하는 자가 있을 것입니다."라고 했다.

아니나다를까 그해 7월 이자의가 역모를 일으켰다. 이때 이자의의 음모를 눈치챈 계림공 왕희(숙종)가 평장사 소태보에게 그 사실을 알렸고, 소태보는 상장군 왕국모와 의논한 끝에 수하들을 시켜 이자의를 살해하고, 그의 아들을 비롯한 잔당 17명을 제거했다. 이어 원신궁주와 한산후 등 이자의를 따르는 무리 50여 명을 귀양보냄으로써 난을 일단락지었다. 이후 조정의 실권을 장악한 계림공 왕희가 헌종의 선위를 받아 즉위하니, 그가 바로 고려 제15대 왕 숙종이다.

이때 좌사낭중으로 있던 윤관은 형부시랑 임의와 함께 숙종과 헌종의 표문을 가지고 요나라에 가서 숙종의 즉위를 알렸다. 이어 숙종 3년(1098), 태자시강학사에 오른 윤관은 조규와 함께 송나라에 가서 숙종의 즉위 사실을 알리고 『자치통감』을 받아왔다. 두 차례에 걸친 파견으로 숙종의 신임을 얻게 된 윤관은 이듬해 우간의대부 한림시강학사에 임명되었으나, 그와 인척지간인 임의가 좌간의대부에 임명됨으로써 일가가 간원에 같이 있는 것이 옳지 않다는 건의에 따라 사임하게 되었다.

숙종 6년(1101), 추밀원지주사에 오른 윤관은 왕명을 받아 최사추·임의 등과 함께 남경(지금의 서울)의 지세를 답사했다. 숙종은 즉위 후 운이 다한 개경을 대신할 새 왕도를 물색했는데, 재신·일관들과 함께 양주에 남경을 건설할 것을 의논한 데 이어 그해 남경개창도감을 설치

『자치통감』(資治通鑑)
중국 북송(北宋) 대에 사마 광이 편찬한 역사서.

하고 본격적인 천도 작업에 들어갔다. 이때 윤관은 최사추 등과 함께 삼각산의 산세가 새 궁궐터로 마땅하다고 보고했다.

숙종이 이와 같은 천도 계획은 어린 조카를 밀어내고 왕위에 오른 부담감에서 비롯되었다. 게다가 즉위와 함께 여기저기서 심상치 않은 이변이 일어났다. 숙종 원년(1096) 4월, 갑자기 서리와 우박이 쏟아진 데 이어 이듬해에는 후궁으로 물러나 있던 헌종이 갑자기 세상을 떠났고, 이어 숙종이 가장 아끼던 둘째아들 왕필마저 갑작스런 죽음을 맞았다. 그러자 숙종은 상서롭지 못한 개경을 버리고 새로운 곳으로 도읍을 옮긴다는 명분 아래 이반된 민심을 수습하려 했던 것이다.

그 뒤 윤관은 추밀원부사·어사대부 등을 거치며, 숙종의 이력과 정치적 역량을 대외에 알리는 홍보사절의 역할을 충실히 해냄으로써 숙종의 큰 신임을 받았다.

패전의 치욕을 씻기 위해 별무반을 창설하다

숙종 9년(1104) 3월, 추밀원사로 동북행영도통사에 오른 윤관은 왕명을 받아 여진 정벌에 나섰다. 여진족은 원래 만주의 동쪽에 살던 퉁구스계 민족으로 숙신·읍루·물길·말갈 등으로 불리다가 송나라 때부터 여진으로 불렀다. 발해가 멸망한 후 발해의 옛 땅에 자리 잡음으로써 우리나라와 관계를 맺기 시작했다. 처음 고려는 이들을 회유하기 위해 무역을 허락하고 귀화인에게는 가옥과 토지를 주어 정착하게 하는 교린정책을 취했으나, 문종 34년(1080)에는 군사 3만을 파견하여 당시 국경을 침범하여 약탈을 일삼던 여진족을 꺾어 놓기도 했다.

이와 같은 고려의 화전 양면정책에 따라 처음에는 평온한 관계를 유지했으나, 숙종 때 동여진 추장 영가가 여진족을 통합하여 북간도 지방을 장악한 뒤 두만강까지 진출했고, 그 뒤를 이은 우야소는 더욱 남하하여 고려에 복속되어 있던 여진 부락을 공략하기에 이르렀다. 이때 정주관(정평) 부근까지 진출한 우야소와 고려군 사이에 충돌이 일어나기도 했다.

이에 숙종은 문하시랑평장사 임간을 보내 여진 정벌을 지시했다. 그러나 성격이 급하고 경솔했던 임간은 여진족을 얕잡아 보고 제대로 훈련도 되지 않은 군사들을 이끌고 적진 깊숙이 들어갔다가 역습을 당해 크게 패하고 말았다. 다행히 추밀원 별가 척준경의 활약으로 여진의 추격을 따돌리고 겨우 정주관에 입성할 수 있었다. 그러자 숙종은 임간을 파직하고 윤관을 동북면 행영병마도통사에 임명한 후 **부월**을 하사하며 여진 정벌을 명했다.

윤관은 여진과 싸워 30여 명의 목을 베긴 했으나, 워낙 기동성이 뛰어난 여진에게 군사의 반을 잃는 패전을 당하고 말았다. 이때 이끌고 간 군사들 대부분이 죽고, 적에게 포위당하는 신세가 된 윤관은 임기응변으로 간신히 여진과 화친을 맺고 치욕적인 철수를 해야 했다. 연이은 두 차례의 패전으로 고려는 정주와 장성을 제외한 모든 여진 부락을 동여진에게 넘겨주고 말았다.

첫 출전에서 패전의 치욕을 맛본 윤관은 여진을 정벌할 대책을 강구했다. 패전의 원인이 여진의 날랜 기병과 대적할 수 있는 군사가 없음에 있다고 판단한 그는 이에 맞설 수 있는 군사를 길러야 한다는 사실을 뼈저리게 느꼈다.

먼저 윤관은 숙종에게 나아가 "공자의 춘추에 따르면 임금이 욕을 당하면 그 신하는 목숨을 내놓아야 된다고 했습니다. 그런데 신은 성상께 씻을 수 없는 죄를 짓고도 이렇게 살아 돌아왔으니 성상을 뵐 면목이 없습니다."라며 패전 사실을 아뢰었다. 숙종 또한 굳게 믿었던 윤관이 대패하여 겨우 목숨만 부지해 돌아온 사실이 믿어지지 않았다. 이때 패전

부월(斧鉞)
옛날 중국에서 천자가 제후에게 생살권(生殺權)의 상징으로서, 또는 출정하는 장군에게 통솔권의 상징으로서 주던 작은 도끼와 큰 도끼.

의 죄를 물어 윤관을 처벌할 것을 주장하는 대신들의 상소가 빗발쳤으나, 윤관의 충심을 익히 알고 있던 숙종은 대신들의 상소를 물리쳤다. 이때 윤관은 숙종에게 패전의 원인과 대책을 내놓았다.

"저들은 원래 말을 타고 생활하는 족속으로 우리의 보병으로는 아무리 힘을 합쳐 싸워도 도저히 당해낼 수 없습니다. 신이 패한 까닭을 잘 알고 있으니 병력을 증강하고 기병을 양성하여 적을 공격한다면 반드시 물리칠 수 있을 것입니다."

숙종은 윤관의 건의를 받아들여 그해 12월 전국에 총동원령을 내리고 '별무반'(別武班)이라는 특수부대를 설치하여 여진 정벌을 위한 만반의 준비 작업에 들어갔다. 별무반은 기병 중심의 신기군, 보병 중심의 신보군, 승병 중심의 항마군으로 편성되었는데, 말을 가진 사람은 기병인 신기군에 속했고, 보병인 신보군은 20세 이상으로 과거에 응시할 자격이 있는 사람을 제외한 말이 없는 사람으로 조직되었다. 항마군은 사원에 예속된 하급 승려들을 징발하여 조직했다.

이듬해 1105년, 윤관이 태자소보 판상서병부사 한림원사에 올라 한창 군사훈련에 열중하고 있을 때, 숙종이 재위 10년 만에 세상을 떠났다. 숙종은 자신이 강력하게 추진해 왔던 여진 정벌과 남경 천도의 꿈을 이루지 못한 채 결국 세상을 떠나고 만 것이다. 숙종은 죽기 얼마 전 태자 우(예종)와 총신 윤관에게 "저 북방의 오랑캐를 반드시 정벌하여 우리 고려의 영토를 넓히고 새 도읍지 남경에서 대 고려제국의 아침을 맞을 수만 있다면 나는 더 이상 바랄 것이 없노라."는 밀지를 남긴 채 세상을 떠났다. 숙종으로서는 비록 선위라는 절차를 밟기는 했지만 조카를 내쫓고 등극했다는 정치적 부담과 이전까지 고려를 상국으로 받들며 조공을 바쳐왔던 여진에게 두 차례나 패전한 치욕으로 인해 죽는 그 순간까지도 고려의 중흥을 당부한 것이다.

예종 즉위 후 윤관은 중서시랑평장사에 올라 천수사의 공사를 감독하는 한편, 오연총과 함께 신기군과 신보군을 사열하는 등 여진 정벌을 위한 군사훈련도 게을리 하지 않았다. 그러는 중에도 항상 손에서 책을 놓지 않았던 윤관은 예종에게 『서경』을 강의하고 옷과 띠를 하사받는 등 문관으로서의 소임을 다하여 연영전학사를 거쳐 상주국 감수국사에 올랐다.

인의로 거둔 대승으로 9성을 쌓다

예종 2년(1107), 드디어 윤관은 부원수 오연총과 함께 여진 정벌에 나섰다. 어느 날 변방에서 "여진이 멋대로 날뛰어 변성을 침입하고, 그 추장이 조롱박 하나를 긴 나무에 걸어 여러 부락에 돌려가며 보이면서 일을 의논하는데, 그 의중을 추측할 수 없습니다."라는 보고가 올라왔다. 이에 예종은 그동안 간직해 두었던 숙종의 밀지를 꺼내 대신들에게 보이며 여진 정벌의 뜻을 밝혔다. 숙종의 밀지를 읽고 난 대신들은 "성고(숙종)의 유지가 이와 같이 깊고 간절한데 어찌 잊겠습니까?"라며 정벌에 찬성했다.

그해 윤 10월, 정벌군 원수에 임명된 윤관은 "신이 일찍이 성고의 밀지를 받았고, 또 지금 이렇듯 엄명을 받았사오니, 어찌 삼군을 통솔하여 적의 보루를 깨뜨려 지난날의 치욕을 씻지 않을 수 있겠습니까?"라며 출사표를 대신했다. 첫 출전에서 처참하게 패하고 돌아온 이후 절치부심하며 여진 정벌을 준비해 왔고, 마침내 지난날의 치욕을 설욕할 기회를 맞은 윤관으로서는 너무도 당연한 의지의 표현이었다.

윤관이 애써 양성한 별무반 17만 명을 이끌고 여진 정벌에 나서자 예종은 서경까지 행차하여 그를 배웅했다. 국경 근처 장춘에 도착한 윤관은 행군을 멈추고 진을 쳤다. 지난번처럼 쓰라린 패배를 당하지 않기 위해서는 신중에 신중을 기해야 했기 때문이다. 윤관은 먼저 막료들과 의논하여 병마판관 최홍정과 황군상에게 군사를 주어 정주와 장성으로 보냈다. 그리고 포로로 데리고 있던 여진의 추장들을 풀어주겠다며 거짓으로 여진족을 유인했다. 틈을 보아 기습할 생각이었다.

이에 추장 고라 등 400여 명이 나타났고, 윤관은 술과 음식으로 우선 그들의 환심을 샀다. 아무것도 모르는 여진의 추장들은 경계를 풀고 마음껏 마시기 시작했다. 이들이 모두 술에 취하자 윤관은 명령을 내려 단숨에 이들의 목을 베어버렸다. 또한 관문까지 왔다가 의심을 품고 들어오지 않은 여진족 5, 60명은 김부필과 척준경을 시켜 퇴로를 차단하게 하고, 최홍정에게 기습 공격하게 하여 대부분 사로잡거나 죽이는 큰 승리를 거두었다.

윤관은 멈추지 않고 그 여세를 몰아 대공세에 나섰다. 그는 직접 5만 3천 명을 이끌고 정주 대화문으로 나가는 한편, 중군병마사 김한충에게 3만 6,700명을 주어 안륙수로, 좌군병마사 문관에게 3만 3,900명을 주어 정주 홍화문으로, 우군병마사 김덕진에게 4만 3,800명을 주어 선덕진 안해로, 양유송·정숭용 등에게 선병 2,600명을 주어 도린포로 나아가게 했다. 그러자 추장을 잃고 우왕좌왕하던 여진족들은 고려군의 기세에 눌려 뿔뿔이 흩어져 달아나버렸다.

그러나 고려군은 곧 여진족의 강력한 저항에 부딪쳤다. 석성에 들어간 여진족들이 성문을 군게 닫은 채 돌과 화살을 퍼부으며 강력하게 대응해 왔던 것이다. 시간이 지남에 따라 윤관은 점점 걱정이 되기 시작했다. 이대로 날이 저물게 되면 도리어 치명적인 타격을 입을 수도 있었기 때문이다. 윤관은 병마녹사 척준경을 불러 "날은 저물고 사태는 급박하니, 너는 장군 이관진과 함께 반드시 성을 공략하도록 하라." 하고 지시했다. 그러자 척준경은 "오늘이야말로 목숨을 걸고 성을 파하여 공의 은혜에 보답할 때입니다." 라며 힘을 다하여 싸울 것을 다짐했다.

척준경은 훗날 이자겸과 함께 권력을 휘두르며 나라를 망친 장본인이 되지만, 이때에는 윤관에게 있어 둘도 없이 충성스러운 부하였다. 지난날 척준경이 임간과 함께 여진 정벌에 나섰을 때 퇴로를 열어 임간을 구출했으나, 패전한 죄로 탄핵을 받아 임간과 함께 파직된 적이 있었다. 이때 윤관이 나서서 적극 변호하여 오히려 그를 천우위록사 참군사로 승진시켜 주었다. 척준경이 윤관에게 목숨을 걸고 은혜에 보답하 겠다고 한 것은 바로 이런 연유에서였다.

척준경이 즉시 적진으로 들어가 여진 추장 서너 명을 격살하자, 윤관 은 그 틈을 놓치지 않고 총공격을 명하여 여진을 격파하고 석성을 함락 시켰다. 이어 최홍정과 김부필 등이 이위동에서 적군 1,200명의 목을 베고, 중군은 고사한 등 35촌을 빼앗고 적군 380명을 베고 230명을 사 로잡았으며, 좌군은 심곤 등 31촌을 빼앗고 적군 950명의 목을 베었다. 윤관은 대내파지(함주)에서 37촌을 빼앗고 적군 2,120명의 목을 베고 500명을 사로잡는 대승을 거두었다.

윤관은 병마녹사 유영약을 보내 예종에게 승전보를 알리고, 장수들 을 보내 점령지마다 성을 쌓기 시작했다. 또한 영주성 안에 호국인왕사 와 진동보제사라는 두 개의 사찰을 지었는데, 이것은 숙종의 염원을 풀 어주기 위한 것이었다.

그러나 여진의 저항 또한 만만치 않았다. 이듬해인 예종 3년(1108) 1 월, 윤관은 오연총과 함께 정병 8천 명을 이끌고 가한촌 좁은 길을 지나 다가 매복해 있던 여진족의 기습을 받았다. 미처 손 쓸 겨를도 없이 윤 관을 비롯한 고려군은 포위되고 말았다. 엎친 데 덮친 격으로 오연총은 중상을 입은 상태였다. 윤관이 꼼짝없이 죽었다고 생각하고 있을 때였 다. 병사들을 이끌고 나타난 척준경이 순식간에 여진족 10여 명을 해치 웠다. 곧이어 최홍정과 이관직이 군사를 이끌고 나타났고, 윤관은 이들 의 도움으로 겨우 목숨을 구해 영주성으로 돌아올 수 있었다.

윤관이 영주성에 머물고 있을 때 여진족 2만 명이 또다시 공격해 왔 다. 이때 윤관은 "저들은 많고 우리는 적어서 도저히 대적할 수 없으니, 다만 굳게 지켜야 한다."며, 철저하게 수비 위주로 싸울 것을 주장했다. 그러나 이를 듣고 있던 척준경이 반대하고 나섰다.

"우리가 나가 싸우지 않는다면 적의 군사는 자꾸만 늘어나고 성 안에 있는 군량은 금세 바닥이 날 것입니다. 만약 구원군이 오지 않는다면 그때에는 어찌 하려 하십니까? 장군들께서는 아무래도 지난날 싸움에서 우리가 어떻게 승리했는지를 잊으셨나 봅니다. 지금 내가 나가 죽음을 무릅쓰고 싸워 반드시 승리할 것이니 장군들께서는 성루에 올라 그 모습을 똑똑히 보도록 하십시오."

말을 마친 척준경은 결사대 수십 명을 데리고 밖으로 달려나갔다. 여진족 쪽에서도 엇비슷한 규모의 군사들이 이에 맞서 나왔으나 이들은 척준경의 상대가 되지 못했다. 순식간에 19명의 목이 달아났고, 기가 질린 여진족들은 줄행랑을 쳐버렸다.

마침내 윤관은 여진을 정벌하고 점령지에 9개의 성을 쌓았다. 이것이 바로 동북 9성이다. 동북 9성은 함주 · 영주 · 웅주 · 복주 · 길주 · 공험진 · 숭녕진 · 통태진 · 진양진으로, 윤관은 이곳에 남도의 백성들을 이주시켜 살게 하였다. 이때 윤관의 고려군은 여진의 전략적 거점 135곳을 무찔러 적군 4,940명의 목을 베고 130명을 사로잡는 전과를 거두었다. 이 공으로 윤관은 추충좌리평융척지진국공신 문하시중 상서이부판사 군국중지사에 임명되고 자줏빛으로 수놓은 **안구** 등을 하사받았다.

윤관은 그해 4월 개경으로 개선하여 예종의 융숭한 대접을 받았다. 윤관과 오연총이 부월을 바치자 예종은 문덕전에서 잔치를 베풀어 이들의 공로를 치하했다.

패장의 멍에를 쓴 채 쓸쓸한 최후를 맞다

그러나 윤관의 기쁨은 잠시뿐이었다. 여진은 9성의 반환을 요구하며 끊임없이 국경을 어지럽혔다. 삶의 터전을 잃은 여진으로서는 생존이 달린 문제였기 때문에 결사적으로 매달릴 수밖에 없었던 것이다. 오연총이 나가 웅주에서 크게 물리쳤으나 이들의 공격은 그치지 않았다.

그해 7월, 다시 여진 정벌에 나선 윤관은 휘하 장수 왕자지와 척준경 등을 시켜 여진족을 물리쳤다. 그러나 여진은 침략을 멈추지 않는 한편, 영원히 고려를 배반하지 않고 조공을 바친다는 조건 아래 평화적으로 성을 돌려줄 것을 애원했다. 이에 고려는 여진과 적극적인 강화 교섭을 시작했고, 예종은 6부를 소집하여 9성을 반환하는 문제에 대해 논의하였다. 이때 윤관은 동북 지방에 나가 있었다.

당시 예종은 여진 정벌에 별 관심을 보이지 않았다. 또한 어려서부터 놀기를 좋아했던 예종은 한쪽에서 생사를 건 치열한 전쟁을 치르고 있음에도 군신들을 불러 주연을 베풀었다. 그러자 우간의대부 이재가 다음과 같은 상소를 올렸다.

"지금 나라에 사고가 많고 백성들의 살림이 평안하지 못한데, 성상께서는 군신들과 어울려 매일 같이 주연을 베풀며 밤새도록 궁궐의 등불이 꺼지지 않는다고 하니 백성들이 크게 걱정하고 있습니다. 일부에서는 9성을 반환해야 한다고 주장하는데 이는 절대 불가하오니 신중하게 결정하시기 바랍니다."

이재가 예종에게 이와 같은 상소를 올리게 된 것은 다음과 같은 일 때문이었다. 윤관과 같이 여진 정벌에 나섰던 임언은 전황을 보고하기 위해 잠시 개경에 들렀다가 참으로 어처구니없는 상황을 목격했다. 예종은 여느 날과 다름없이 조정 신료들과 더불어 연회를 베풀고 있었는데, 평장사 김경용이 잔뜩 취한 채 춤을 추고 있었던 것이다. 즉시 자리를 빠져나온 임언은 우간의대부 이재를 만나 "동쪽 변경이 이렇듯 위태로운데 어떻게 평장사라는 사람이 술에 취해 춤을 출 수 있단 말이오. 조정의 내로라 하는 관료들 중 이를 말리는 사람도 하나 없고……." 라며 긴 탄식을 늘어놓았다. 이에 이재는 자신의 책무대로 예종에게 직간을 올린 것이다.

하지만 예종은 이재의 상소를 받아들이기는커녕 그를 해임했다. 이

안구(鞍具)
말안장에 딸린 여러 가지 기구.

러한 예종으로서는 여진의 강화 요청이 내심 반가울 수밖에 없었다.

당시 조정의 실세였던 평장사 최홍사를 비롯한 대부분의 대신들이 9성 반환에 찬성한 반면, 반대한 대신들은 소수에 불과했다. 9성 반환에 찬성한 대신들은 여진 정벌에 있어 한 길만 막으면 여진의 침입을 막을 수 있으리라는 예측이 맞지 않았고, 삶의 터전을 잃은 여진족의 보복이 만만치 않을 것이며, 새로 개척한 땅이 도성으로부터 너무 멀리 떨어져 있어 안전을 기할 수 없으며, 무리한 군사 동원으로 백성들의 원망이 일어나리라는 점 등을 내세웠다.

그리하여 예종 4년(1109) 7월 3일, 예종은 문무백관들과 의논하여 마침내 9성을 반환하기로 결정했고, 보름 뒤부터는 철군이 시작되었다. 그리하여 윤관을 비롯한 수많은 장졸들이 목숨을 걸고 경략했던 9성은 다시 여진족의 차지가 되고 말았다. 9성을 쌓은 지 불과 1년 만의 일이었다.

9성의 반환으로 인해 사실상 여진 정벌이 실패로 돌아감으로써 윤관은 패장의 모함을 받고 관직과 공신작호마저 삭탈당했다. 윤관을 시기하는 무리들이 명분 없는 전쟁으로 국력을 탕진한 윤관을 처벌해야 한다고 주장했기 때문이다. 이후에도 윤관을 처벌해야 한다는 재상과 대간들의 상소가 빗발쳤지만 다행히 예종의 비호로 무사할 수 있었다.

예종 5년(1110) 다시 문하시중으로 임명되었지만 윤관은 이에 응하지 않았다. 9성 반환은 그의 의욕마저 꺾어버렸다. 그도 그럴 것이 자나 깨나 여진 정벌에 전력을 기울여 마침내 여진을 정벌하고 어렵게 쌓은 9성이 하루아침에 물거품이 되었으니 그의 마음이 오죽했을까.

얼마 후 고려는 여진에 사대의 예를 취하지 않으면 안 되는 치욕을 당해야만 했다. 예종 10년(1115) 우야소의 뒤를 이은 아구다가 여진의 여러 부족을 통일하여 국호를 금이라 하고 스스로 황제국을 칭하였는데, 2년 뒤에는 국서를 보내 고려에 형제관계를 요구해 왔다. 이어 인종 3년(1125) 요나라를 멸망시킨 뒤에는 고려에 사대의 예를 강요했을 뿐 아니라 송나라와의 교류에도 사사건건 간섭하기에 이르렀다. 당시의 집권자 이자겸 등이 금나라의 이와 같은 요구에 타협함으로써 고려의 북방정책은 일시에 좌절되고 말았다.

윤관이 살아 있었다면 땅을 치고 피를 토할 일이었다. 그러나 윤관은 이러한 치욕의 역사를 도저히 볼 수 없었는지 9성이 반환된 지 2년 만인 예종 6년(1111) 쓸쓸히 세상을 떠났다. 사후 삭탈당했던 관작을 되돌려 받았으며, '문경'(文敬, 후에 문숙으로 고쳐짐)이라는 시호를 받고 예종의 묘정에 배향되었다.

3장 외척의 발호와 무인시대

이자겸
묘청
김부식
정중부
최충헌
이규보
지눌

외척, 역성혁명을 꿈꾸다
이자겸

　이자겸은 왕실의 외척으로 한때 왕을 능가하는 권세를 누렸으나, 욕심이 지나친 나머지 역모를 꿈꾸다 붙잡혀 죽은 인물이다. 그는 문종의 장인이자 문하시중을 지낸 이자연의 손자로 합문지후에 올랐으나, 누이인 순종의 비 장경궁주의 간통 사건과 사촌인 이자의의 난, 그리고 숙종의 경원 이씨 배제정책으로 인해 한때 야인 생활을 하기도 했다.

　예종의 즉위와 함께 관직에 복귀한 이자겸은 둘째 딸이 예종의 비가 되면서 국구이자 총신이 되어 초고속 승진을 거듭했다. 예종이 죽고 나서는 제위를 노리는 왕자·왕손들을 물리치고 자신의 외손자를 옹립한 뒤, 인종에게 자신의 두 딸을 출가시키는 등 큰 권세를 누렸다.

　그의 지나친 전횡을 보다 못한 인종이 자신을 제거하려 하자, 오히려 그것을 계기로 척준경과 함께 궁궐을 불태우고 자신의 반대파들을 제거했다. 이때부터 국권을 좌지우지하며 권세를 부리다가 반역을 도모하여 저잣거리에 **십팔자위왕설**을 퍼뜨리고 왕비를 시켜 인종을 독살하려 했으나 실패했다. 그 뒤 인종의 밀명을 받은 척준경과 김향 등에게

십팔자위왕설(十八子爲王說)
십팔자는 이(李)의 파자(破字)로, 장차 이씨가 왕이 된다는 뜻이다. 이 말에 현혹되어 여러 사람이 고려왕조의 전복을 꾀했다가 실패하였다. 인종 때의 이자겸, 명종 때의 이의민이 그들이며, 결국 이성계가 조선을 세워 그 예언이 마침내 들어맞았다.

붙잡혀 영광으로 귀양갔다가 사사되었다. 이와 함께 문종에서 인종에 이르기까지 7대에 걸쳐 80여 년 동안 고려 최고의 문벌로 자리해 왔던 경원 이씨의 권세도 끝나고 말았다.

숙종의 왕권 강화로 권부에서 밀려나다

이자겸은 문종 때 문하시중과 중서령을 지낸 이자연의 손자로, 경원백 이호의 둘째 아들로 태어났다. 부인은 해주 최씨로 숙종 때 문하시중을 지낸 최사추(최충의 손자)의 딸이다.

이자겸의 첫 관직 생활은 **문음**으로 편전을 숙위하는 정7품직인 합문지후에 임명되면서부터 시작되었다. 그러나 초창기에는 관직 생활이 그리 순탄치만은 않았다. 순종의 비였던 누이동생 장경궁주 때문이었다. 순종이 세상을 떠난 뒤 외궁에 머무르던 장경궁주 이씨가 궁궐의 노복과 간통하다 발각되어 궁주의 자리에서 쫓겨나면서 이자겸 또한 관직에서 쫓겨나고 만 것이다. 이로 인해 이자겸은 한동안 야인으로 허송세월을 해야만 했다.

이자연의 세 딸이 문종의 비가 되면서 외척이자 당대 최고의 문벌귀족 가문으로 조정의 주요 관직을 차지하며 권세와 영광을 누려왔던 경원 이씨의 영화는 숙종의 즉위와 함께 잠시 빛을 잃어야 했다. 왕실과의 중첩혼으로 큰 세력을 형성해 왔던 경원 이씨는 헌종이 열한 살의 어린 나이로 즉위하면서부터 내부 갈등을 일으키기 시작했다. 헌종의 어머니 사숙태후를 중심으로 그의 일가가 국정을 장악하자 이에 불만을 품은 사촌 이자의가 자신의 친조카인 한산후 왕균을 옹립하기 위해 난을 일으킨 것이다.

그러자 헌종의 숙부인 계림공 왕희가 소태보·왕국모 등의 협조를 받아 난을 진압하고 그해 10월 선위를 받아 즉위하니, 그가 바로 제15대 숙종이다. 외척의 발호로 왕권이 약화되고 왕실의 위엄이 떨어졌다는 사실을 누구보다도 잘 알고 있었던 숙종은 조정의 요직으로부터 경원 이씨를 배제하는 것은 물론 왕실과의 혼인을 배제하는 정책을 펼쳤다.

숙종은 먼저 소태보를 문하시중에 임명하고, 왕권 강화를 위한 여러 가지 정책을 시행해 나갔다. 숙종 3년(1098) 3월, 유사에게 특명을 내려 태자첨사부를 설치함으로써 왕위 계승권자인 태자의 지위를 강화하였고, 이어 의천의 천태종을 적극 지원하고 나섰다. 경원 이씨를 중심으로 한 문벌귀족의 비호 아래 막강한 세력을 형성하고 있던 법상종을 억누르고, 나아가 선종을 끌어들여 불교를 통합함으로써 왕권을 강화하고자 했던 것이다.

경원 이씨는 이러한 숙종의 왕권 강화정책으로 인해 정권으로부터 철저하게 소외되었고, 이자겸 또한 이와 같은 상황으로부터 자유로울 수 없었다. 숙종이 세상을 떠나고 예종이 등극한 뒤에야 경원 이씨는 비로소 지난날의 영화를 재현할 수 있었는데, 그 중심에 이자겸이 있었다.

왕의 장인으로 정계에 복귀하다

한동안 정계에서 밀려나 절치부심하던 이자겸에게 뜻밖의 행운이 찾아왔다. 예종 원년(1106), 지문하성사로 관직에 복귀한 이자겸은 2년 뒤 그의 둘째 딸이 예종의 비가 되면서부터 비로소 출세가도를 달리기 시작했다.

연이은 정치적 악재로 큰 수난을 겪었던 이자겸이 어떻게 해서 자신의 딸을 예종에게 출가시킬 수 있었을까? 그 해답은 문벌귀족간의 혼인관계에서 찾을 수 있다. 문벌귀족들은 자신들의 기득권을 지키기 위해 서로간의 혼례를 통해 끈끈한 유대관계를 맺었는데, 이자겸의 장인인 최사추와 숙종의 처남이자 예종의 외숙부로 그와 동서지간이었던 유인

문음(文蔭)
조상이 관직에 있었거나 나라에 공훈을 세웠을 경우, 그 자손을 과거를 거치지 않고 특별히 임용하는 제도이다. 음서(蔭敍)·남행(南行)·음직(蔭職)이라고도 한다.

저의 영향력이 작용했던 것이다.

예종의 장인이 된 이자겸은 이듬해인 예종 4년(1109), 예빈경 추밀원 부사를 시작으로 조정의 요직을 두루 역임하며 승진에 승진을 거듭했다. 이듬해에는 전중감 지추밀원사, 그 다음 해에는 어사대부를 거쳐 검교사공 형부상서에 임명됨으로써 불과 3년 만에 재상의 반열에 오르는 초고속 승진을 한 것이다.

이자겸의 승진은 그치지 않고 계속되어 예종 7년(1112) 2월에는 참지정사에 올랐고, 이어 9월에는 수사공 병부상서 판삼사사가 되었다. 이듬해 3월에는 상서좌복야, 12월에는 검교사도 주국, 예종 9년(1114) 7월에는 수사공 상서좌복야 참지정사를 거쳐 그해 12월 마침내 원자를 낳은 그의 딸 연덕궁주가 왕후로 책봉되면서 중서시랑 동중서문하평장사 수태위에 올랐다.

이듬해인 예종 10년(1115)에는 이자겸 자신뿐 아니라 집안에도 경사가 겹쳤다. 이자겸 자신은 익성공신 수태위, 그의 어머니 김씨는 통의국대부인, 그의 부인 최씨는 조선국대부인에 책봉됨으로써 한 집에서 하루에 세 통의 칙서를 받는 영광을 누렸던 것이다.

예종 11년(1116), 이자겸은 임금의 장인이자 총신으로 서경으로 행차하는 예종을 호종했고, 이듬해에는 김인존·조중장과 함께 남경에 가 있는 예종을 대신하여 개경을 지키는 중책을 맡기도 했다. 이후 이자겸은 판이부사 등을 거쳐 동덕공신 삼중대광에 책봉되었고, 예종 16년(1121)에는 추성좌리공신 소성군개국백에 책봉되었다. 이때 그의 아들인 이지미와 이공의도 함께 승진했다.

그러나 이렇듯 순탄한 그의 앞날에도 잠시 먹구름이 드리웠다. 1122년, 예종이 그만 병상에 눕고 만 것이다. 소식을 접한 이자겸은 조정의 중신들과 함께 순복전으로 나아가 예종의 쾌차를 빌었다. 이때 그의 외손자인 태자 왕구의 나이가 겨우 열네 살밖에 되지 않아 만일 예종이 세상을 떠나게 되면 그때까지 누려왔던 영화가 한순간에 날아갈 수도 있었다. 한때 본의 아니게 야인 생활을 했던 그로서는 또다시 그러한 생활로 돌아간다는 것은 생각조차 하기 싫었다.

얼마 지나지 않아 조정은 왕위 계승을 둘러싸고 두 파로 나뉘어 대립하기 시작했다. 이자겸을 비롯한 외척들은 태자를 내세워 자신들의 입지를 확고히 하려 했고, 한안인을 중심으로 한 조정 대신들은 어린 태자 대신 왕의 동생 중 한 사람을 내세워 외척들의 발호를 막으려 했다.

다행히 예종은 태자에게 왕위를 물려주고자 했고, 한안인으로 하여금 태자에게 옥새를 전하게 한 뒤 세상을 떠났다. 병석에 누운 지 불과 한 달 만이었다. 이자겸은 예종의 유지를 앞세워 재빨리 태자 왕구의 즉위식을 거행했고, 이로써 제17대 인종이 왕위에 올랐다. 이자겸은 그 공로로 협모안사공신 수태사 중서령 소성후에 책봉되었다.

외조부이자 국구로 국정을 좌지우지하다

인종의 즉위와 함께 이자겸은 어린 외손자를 돌본다는 명목 아래 조정을 장악했고, 그리하여 그의 권세는 왕을 능가하기에 이르렀다. 인종 즉위년의 논의를 보면 그의 권세가 어느 정도였는지 가늠해 볼 수 있다.

인종은 즉위년(1122) 7월, "중서령 이자겸은 태후의 아버지요, 짐에게는 외조부가 되니, 그에 대한 예우가 백관과 동일할 수 없다. 여러 대신들은 이에 대해 의논하여 짐에게 알리도록 하라."는 조서를 내렸다. 그러자 정극영과 최유 등이 "옛글에 천자가 신하로 하지 않는 것이 셋이 있다고 하였는데 황후의 부모가 그 하나입니다. 그러니 이자겸은 마땅히 글을 올리는 데 있어 신이라 칭하지 않으며, 군신간의 큰 잔치에는 뜰에서 하례하지 않고 바로 장막으로 나아가 절하고, 성상의 답례를 받은 다음 자리에 앉아야 할 것입니다." 하고 아뢰었다.

모두들 그 의견에 찬성하고 나섰으나, 김부식 한 사람만이 중국의 고사를 예로 들며 "글월을 올릴 때에는 신을 칭하고, 군신간의 예절에 있어서는 여러 사람을 따라야 하며, 궁중 안에서는 일가의 예를 따라야

합니다." 하고 반대했다. 이에 인종은 강후현을 이자겸에게 보내 이자겸의 뜻을 물었고, 이자겸은 김부식이 아니었다면 자신이 자칫 불의에 빠질 뻔했다며 김부식의 의견에 따를 것을 청했다.

이때 비록 이자겸이 한발 물러서긴 했지만 김부식의 반대만 없었다면 국왕과 동등한 예를 누렸을지도 모른다. 그러나 인종이 결국에는 이자겸에게 물어 결정을 내린 만큼 그의 권세는 이미 왕을 능가하고 있었다.

이자겸은 자신의 권세를 더욱 확고히 하기 위해 반대 세력 제거에 나섰다. 그 첫 번째가 예종의 후사를 놓고 대립했던 한안인 세력을 제거하는 일이었다. 이자겸은 인종이 즉위한 그해 12월, 당파를 만들어 음모를 꾀했다는 죄목을 뒤집어 씌워 한안인과 문공미를 제거했다. 이때 예종의 동생인 대방공 왕보를 비롯하여 한안인과 문공미의 친인척들, 그리고 평소 이들과 교류가 있었던 사람들 모두 화를 입었다.

이것은 이자겸을 중심으로 하는 중앙의 문벌귀족들이 자신들에게 도전하는 지방 출신의 신진 관료들을 제거한 사건이기도 했다. 즉, 예종 때 부당하게 국정에 간여해 온 외척과 중앙의 문벌귀족 세력들이 인종 즉위 후 더욱 강대해지자 한안인과 문공미를 중심으로 한 유신들이 대방공 왕보를 내세워 이들을 제거하고자 했고, 이에 위협을 느낀 이자겸 등이 선수를 쳐 이들을 제거한 것이다.

이자겸은 인종 2년(1124), 어머니 통의국대부인 김씨가 죽자 잠시 관직에서 물러났으나 조정에서의 영향력은 여전했다. 그해 2월 이자겸은 자신을 도와 한안인과 문공미 등의 제거에 앞장섰던 최홍재마저 제거해 버렸다.

이자겸은 정적들을 차례로 제거하면서 더욱 교만해졌고 분수에 넘치는 행동을 일삼기 시작했다. 하지만 자신이 사람들에게 신망을 얻지 못하고 있다는 사실을 잘 알고 있던 그는 누군가 자신을 해치지나 않을까 해서 항상 주위 사람들을 의심했다. 거기에는 군권을 쥐고 있던 최홍재도 포함되어 있었는데, 이러한 이자겸의 생각을 눈치 챈 권인이란 자가 어느 날 이자겸을 찾아와 "최홍재가 장군 정정숙·이신의와 음모를 꾸미고 있으니, 이것은 장차 상공께 이롭지 못할 것입니다." 하고 밀고했다.

이자겸은 즉시 그 사실을 인종에게 보고한 뒤 최홍재를 승주 욕지도로 귀양보내고, 정정숙과 이신의를 비롯해 최홍재의 아들들과 친인척들을 먼 지방으로 귀양보냈다. 이로써 조정 안에는 더 이상 그의 말에 불복하거나 맞서는 자가 없었다.

이자겸의 권세가 날로 높아지자 이를 두려워한 인종은 그해 5월 추밀원사 박승중을 보내 "공은 선제(예종)께서 부탁하신 바이요, 어린 몸이 존경하고 가까이하는 터이므로 임무가 크고 책임이 무거우며, 공이 크고 두터워 여러 신하들과 같이 부를 수 없으니, 이제부터 내리는 조서에는 공의 이름을 쓰지 아니할 것이며 경이라고도 일컫지 않으리라. 이것은 비록 특별한 일이기는 하나 옛 법전에 따른 것이니 공경히 받고 혹시라도 사양하지 말 것이며 상복을 벗고 조정으로 나오라."는 교서와 함께 의복·띠·안마·금은 등 많은 물품을 내렸다. 이에 이자겸은 표문을 올려 감사의 뜻을 표하며 어머니의 상을 끝마칠 수 있게 해달라고 청했다.

이때 이자겸은 이미 왕에 버금가는 대우를 받고 있었다. 한 달 뒤 박승중이 상소를 올려 인종이 내린 조서와 이자겸이 올린 표문을 사관에게 주어 역사에 기록할 것을 청한 것으로 보아 그의 정치적 영향력이 얼마나 컸는지 알 수 있다.

이자겸은 어머니의 상 중임에도 불구하고 양절익명공신 영문하상서도성사 판이병부 서경유수 조선국공에 봉해지고, 식읍 8천 호 등을 하사받았다. 이와 함께 자신이 거처하는 부를 숭덕부, 궁을 의친궁이라 칭했고, 그의 아내 최씨는 진한국대부인에 봉해졌으며, 그의 아들들도 모두 승진하거나 관직에 올랐다. 이지미는 비서감 추밀원사, 이공의는 상서형부시랑, 이지언은 상서공부낭중 겸 어사잡단, 이지재는 상서호부낭중 지다방사, 이지윤은 전중내급사, 이지원은 합문지후에 각각 임명되었고, 승려가 된 아들 의장 또한 수좌에 임명되었던 것이다. 이때 인종은 몸소 건덕전 밖에까지 나가 조서를 전했고, 문무백관은 뜰에 나가 하례한 다음 이자겸의 사저로 나아가 또다시 하례했다.

이와 같이 국왕에 버금가는 권세와 함께 온갖 부귀영화를 누리면서도 이자겸은 이에 만족하지 못했다. 그는 자신의 입지를 더욱 굳건히 하기 위해 그해 8월 인종에게 강제로 그의 셋째 딸을 비로 삼게 한 데 이어, 이듬해 정월에는 넷째 딸마저 비로 삼게 했다. 이로써 그는 왕의 외조부이자 장인이라는 이중적 신분을 확보했다.

국공에 오른 이자겸은 태자와 동등한 예우를 받았으며, 자신의 생일을 **인수절**이라 칭하고, 중앙과 지방 관원이 하례하는 글을 올릴 때에는 전(箋)이라고 하게 하는 등 더욱 교만을 부렸다. 그의 아들들 또한 서로 경쟁적으로 집을 지어 집들이 길거리에 죽 뻗어 있었으며, 권세를 믿고 기고만장해져 공공연히 뇌물을 주고받았다. 그리고 노복들을 풀어 다른 사람들의 말과 수레를 빼앗아 자신의 물건을 실어 나르기까지 했다.

게다가 이자겸은 인종이 직접 그의 집으로 나와 책봉의 명을 내려줄 것을 요청했을 뿐 아니라 강제로 그 날짜까지 정하려고 했다. 이러한 이자겸의 지나친 행동은 결국 파국을 불러왔다.

조정에 휘몰아친 피바람

인종 4년(1126) 2월, 고려는 왕궁이 불타고 수많은 사람들이 목숨을 잃는 등 한 차례 큰 혼란을 겪었다. 그것은 이자겸의 도를 벗어난 전횡에서 비롯되었다. 이자겸은 인종이 어느덧 열여덟 살이 되어 스스로 국정을 처리할 수 있는 나이가 되었는데도 사사건건 간섭하며 국정을 농락했다. 인종은 겉으로 표현하지는 않았지만 그런 이자겸이 싫을 수밖에 없었다.

이러한 인종의 속마음을 눈치 챈 근신 김찬과 안보린이 지녹연 등과 함께 인종에게 나아와 이자겸을 제거하기를 청했다. 인종은 비밀리에 김찬을 평장사 이수(이공수)와 전 평장사 김인존에게 보내 이자겸을 제거할 방법을 묻게 했다. 이때 이수와 김인존은 "성상께서 외가에서 생장하였으니 그 은혜를 저버릴 수 없으며, 또한 그들의 무리가 조정에 가득하여 경솔하게 움직일 수 없으니 부디 때를 기다리도록 하십시오." 하고 대답했다. 조정이 온통 이자겸의 일족과 그를 따르는 무리로 가득했기 때문에 자칫 비밀이 새어 나가기라도 하면 오히려 화를 입을 수 있었기 때문이다.

하지만 이미 마음을 굳힌 인종은 더 이상 계획을 미룰 수 없었다. 지녹연 등은 인종의 뜻을 받들어 상장군 최탁과 오탁, 대장군 권수, 장군 고석 등과 함께 이자겸 등을 붙잡아 귀양보낼 것을 결의했다. 이들은 먼저 군사를 이끌고 궁궐에 들어가 척준신·척순·김정분·전기상 등 이자겸을 따르는 무리들을 죽여 그 시체를 궁궐 밖으로 던졌다.

이 소식을 듣고 신변에 위협을 느낀 이자겸은 척준경과 아들 이지미 등을 집으로 불러들여 대책을 의논했다. 그것은 자신을 제거하기 위한 사전 조치로밖에 볼 수 없었기 때문이다. 당시 문하시랑평장사로 있던 척준경은 윤관과 함께 여진 정벌 당신 큰 공을 세웠던 인물로, 이지원의 장인으로 이자겸과 사돈을 맺음으로써 병부상서인 동생 척준신과 함께 권세를 누리고 있었다. 이때 척준경은 "일이 급하게 되었으니 이대로 앉아서 기다릴 수는 없다."며 최식·이후진 등 수십 명을 이끌고 주작문으로 나갔다. 그 사이 이자겸은 무리들을 시켜 최탁·오탁·권수 등의 집에 불을 지르고 그 처자와 노복들을 잡아 가두었다.

궁궐 가까이에 이르러 동생과 아들 등의 시체를 직접 목격한 뒤 자신도 화를 입게 될까 두려워진 척준경은 이지보·최식 등과 함께 군사를

인수절(仁壽節)
임금의 생일을 기념하여 정한 명절.

소집하여 군기고에 들어가 무장한 뒤 승평문을 포위했다. 이때 현화사 승려로 있던 이자겸의 아들 의장 또한 승려 100여 명을 거느리고 달려 와 합세했다.

이와 같이 왕권 수호 세력과 이자겸 세력 사이에 일촉즉발의 대립을 보이고 있는 가운데 인종이 직접 이자겸 등을 진압하기 위해 나섰다. 인종이 신봉문으로 나아가 군사들에게 "너희들은 어찌하여 무기를 가지고 이곳에 왔느냐?"고 묻자, 이자겸 무리는 "듣자오니 궁중에 도둑이 들었다 하기에 사직을 호위하기 위해 온 것입니다." 하고 대답했다. 이에 인종은 "그런 일은 없으며 짐 역시 아무 탈이 없으니 너희는 갑옷을 벗고 그만 해산하라"며 무장해제를 종용했다.

이때 위기를 느낀 척준경이 칼을 뽑아들고 군사들을 무장시킨 뒤 활을 쏘았는데, 화살이 인종 앞에 이르렀다. 의장이 이끄는 승려들은 도끼로 신봉문의 기둥을 찍었다. 이자겸은 최학란과 소억을 시켜 "궁중에서 난을 일으킨 자를 내어주소서. 그렇지 않으면 궁중이 매우 소란스러워질 것입니다."라며 인종을 위협했다. 그러나 인종은 아무런 대답도 할 수 없었다. 만일 이자겸의 위협에 못 이겨 오탁·지녹연 등을 넘겨준다면 이자겸과 그 추종 세력을 제거하려던 그간의 노력이 모두 수포로 돌아갈 것이기 때문이었다.

한편 해질녘이 되자 척준경은 "날이 저물어가므로 도둑이 밤을 이용해 몰래 출동할 듯하니 그들이 행동하기 전에 궁문에 불을 지르고 수색을 하는 것이 어떻겠습니까?" 하고 물었다. 이자겸은 아들 이지미를 시켜 평장사 이수에게 그에 대한 대책을 물었다. 이수는 "궁궐이 서로 나란히 있으므로 만일 불을 지르면 끄기가 어려울 것이니 그것은 옳지 않다"고 대답했다. 그러나 척준경은 이자겸의 대답을 기다리지 않고 마음대로 행동을 개시했다. 동화문에 불을 놓고 군사를 시켜 궁궐의 모든 문을 지키게 한 뒤 "안에서 나오는 사람이 있으면 모조리 죽이라"고 지시한 것이다. 불길은 때마침 불어온 바람을 타고 삽시간에 온 궁궐로 퍼져 나갔다. 척준경은 이때의 화재와 인종을 향해 활을 쏜 일로 뒷날 이자겸을 제거하여 공을 세웠음에도 조정의 탄핵을 받게 된다.

시위들이 불길을 피해 뿔뿔이 흩어져 달아난 가운데 산호정에 이른 인종은 "짐이 김인존의 말을 들어 좀더 신중을 기하지 않은 것이 한스 럽구나." 하고 탄식했다. 결국 해를 당할까 두려워진 인종은 이자겸에 게 왕위를 물려받으라는 글을 지어 보냈다.

그러나 인종의 양위 조서를 받은 이자겸은 양부(추밀부와 문하부)의 비난을 염려해 아무 말도 하지 못하고 있었다. 이때 이수가 "비록 성상 의 조서가 있다고는 하나 이공이 감히 어떻게 그리 할 수 있겠습니까?" 하고 큰소리로 말했다. 그제야 이자겸은 "신에게 두 마음이 없사오니, 성상께서는 부디 소신의 마음을 알아주소서." 하고 울면서 조서를 되돌 려 보냈다.

이 사건으로 궁궐 대부분이 불탔으며, 최탁과 오탁을 비롯해 권수 · 고석 · 안보린 등 인종을 도와 거사에 참여했던 무장들은 모두 척준경에 게 목숨을 잃었다. 거사를 주도했던 지녹연은 모진 고문 끝에 귀양을 가 다 충주에 이르러 팔다리가 잘린 채 생매장당했고, 김찬은 먼 지방으로 귀양보내졌으며, 이들 두 사람의 처자들은 지방 관청의 노비가 되었다.

이와 같이 인종과 왕권 수호 세력의 이자겸 제거 계획이 수포로 돌아 가자 조정은 완전히 이자겸 일파가 장악하게 되었다. 그해 3월 이자겸 은 인종을 협박하여 자신의 집 서원에 거처하도록 했다. 이자겸의 위세 에 눌린 인종은 마지못해 서원으로 갔는데, 이 과정에서 어의가 찢어지 고 **복두**가 문설주에 부딪쳐 부서지는 치욕을 당해야 했다.

인종이 마루에 오르자 그제야 모습을 나타낸 이자겸은 그의 아내와 함께 손뼉을 치며 땅을 두드리고 통곡하며 이르기를, "황후(예종의 비)

복두(幞頭)
과거에 급제한 사람이 홍패를 받을 때 쓰던 관.

가 궁으로 들어갈 때에는 태자를 낳기를 원했고, 태자가 태어나자 오래 사시기를 하늘에 기원하여 무슨 짓이라도 다하여 왔으니 천지신명이 나의 지성을 알 터인데, 도리어 오늘날 적신의 말을 믿으시고 골육을 해하고자 하실 줄은 몰랐습니다."라며 원망하기까지 했다.

지나친 욕심은 화를 부른다

그 후 이자겸은 인종을 자신의 집에 감금하다시피 한 채 온갖 횡포를 부렸다. 우울한 나날을 보내던 인종은 어느 날 내의군기소감 최사전에게 은밀히 자신의 처지를 한탄하며 벗어날 수 있는 방법에 대해 의논했다. 최사전은 "이자겸이 멋대로 권세를 휘두를 수 있는 것은 오직 척준경이 있기 때문입니다. 성상께서 만일 척준경을 매수하여 그에게 병권을 귀속시키면 이자겸은 다만 고립된 한 사람이 될 뿐입니다." 하고 대답했다.

인종은 "척준경이 이자겸의 심복이 되어 혼인을 맺기까지 했고, 척준신과 척순이 모두 관병에게 살해되었으니 그것이 염려가 된다"며 점을 쳐보았다. 길하다는 점괘가 나오자 이에 용기를 얻은 인종은 최사전에게 밀명을 내렸다. 최사전은 척준경을 찾아가 "태조와 역대 제왕의 신령이 하늘에 계시니 그 화복이 두렵지 않을 수 없습니다. 이자겸은 궁중의 세도를 믿을 뿐이요, 신의가 없으니 그가 하자는 대로 해서는 안 될 것입니다. 공은 오직 한마음으로 나라를 받들어 영원토록 없어지지 않을 공을 세우도록 하시오."라며 충의로써 타일렀다. 그러자 의외로 척준경은 흔쾌히 인종의 뜻에 찬성했다.

이때 척준경이 쉽게 호응한 것은 지난 2월 거사를 진압하는 과정을 놓고 이자겸과 반목하고 있었기 때문이다. 어느 날 이자겸의 아들 이지언의 노복이 척준경의 노복과 다투다가 "너의 주인이 임금에게 활을 쏘고 궁중에 불을 놓았으니 그 죄가 죽어 마땅할 것이요, 너도 역시 적몰되어 관노가 되어야 할 터인데 어째서 나를 욕하느냐?"며 꾸짖었다. 노복으로부터 그 말을 전해듣고 크게 화가 난 척준경은 그 길로 이자겸의 집으로 달려가 "내 죄가 크니 마땅히 관아에 가서 스스로 변명하리라." 하고 따진 뒤 뒤도 돌아보지 않고 집으로 돌아왔다. 이에 이자겸은 아들 이지미와 이공의를 보내 화해를 청했지만, 척준경은 "전날의 난은 모두 너희가 한 짓인데, 어찌 내 죄라고만 하느냐? 차라리 고향에 돌아가 여생을 보내겠다."며 받아들이지 않았다. 이와 같이 노복들의 하찮은 싸움에서 번진 두 집안의 갈등으로 결국 이자겸은 죽음을 맞게 된다.

인종이 계속해서 자신을 제거하려 한다는 사실을 눈치 챈 이자겸은 그해 5월 인종을 죽이고 스스로 왕위에 오르기 위해 음모를 꾸몄는데, 당시 상황을 『고려사』는 다음과 같이 적고 있다.

> 5월 초하루 임금이 연경궁으로 거처를 옮겼다. 이자겸이 궁의 남쪽에 임시로 거처하면서 북쪽 담을 뚫어 궁 안으로 통하게 하고, 군기고의 갑옷과 무기를 가져다 집 안에 간직하였다. 임금이 홀로 북쪽 동산에 나아가 하늘을 우러러 통곡하였다. 얼마 후에 이자겸이 십팔자의 비결대로 왕위를 노리며 떡에 독약을 넣어 임금에게 드렸는데, 왕후(이자겸의 넷째 딸로 인종의 제2비)가 비밀리에 임금께 그 사실을 알려 대신 그 떡을 까마귀에게 주었더니 까마귀가 죽었다. 이자겸은 다시 독약을 보내 왕후를 시켜서 임금께 드리게 했는데, 왕후가 대접을 들고 가다 일부러 넘어져 엎질러버렸다.

이자겸과 척준경 사이의 반목을 알게 된 최사전은 이자겸이 계속해서 인종을 독살하려 하자 다시 척준경을 찾아가 그를 종용했다. 마침내 인종의 뜻에 따라 이자겸을 제거하기로 결심을 굳힌 척준경은 글을 올려 충성을 맹세했다. 인종은 "국공(이자겸)이 비록 제 분수를 모르고 방자하나 아직 반란을 일으킨 형적이 나타나지 않았으니, 좀더 기다렸다가 이에 대응해도 늦지 않다."며 척준경에게 때를 기다리라고 전했다.

지난 2월 섣불리 움직였다 큰 화를 입었던 인종으로서는 신중을 기하지 않을 수 없었던 것이다.

얼마 후 인종은 내시 조의를 척준경에게 보내 "오늘 숭덕부의 군사가 무기를 가지고 대궐 북쪽에 이르러 장차 침문으로 들어올 듯한데, 만일 짐이 해를 당한다면 실로 짐이 부덕한 탓이다. 하지만 원통한 것은 태조께서 창업한 이래 역대 선제가 서로 계승하여 짐에게까지 이르렀는데, 만일 다른 성으로 바뀌게 된다면 짐의 죄만이 아니라 보필하는 대신에게도 매우 수치스러운 일이 아닐 수 없다. 바라건대 경은 일을 잘 도모하라."는 밀지를 전했다.

척준경은 즉시 병부상서 김향과 상의한 뒤 갑옷을 입고 궁궐로 들어가 인종을 호위했다. 이자겸의 무리가 인종을 호위해 나오는 척준경을 향해 활을 쏘자, 척준경은 칼을 빼들고 호통을 쳐 이들을 쫓아버렸다. 그 후 인종이 군사들의 호위를 받으며 군기감에 머물고 있을 때, 척준경이 강후현을 시켜 이자겸을 불렀다. 자신을 제거하기 위한 계획이 진행되고 있다는 사실을 전혀 알지 못했던 이자겸은 궁궐로 들어와 척준경을 찾았다. 척준경은 이때를 놓치지 않고 군사를 시켜 이자겸과 그의 처자를 붙잡아 팔관보에 가두고, 그를 따르는 장수들의 목을 베었다.

이자겸은 아내 최씨와 아들 이지윤과 함께 영광으로 귀양가고, 이지미는 합주, 이공의는 진도, 이지언은 거제, 이지보는 삼척, 의장·이지원은 함종, 이자겸의 추종 세력인 박표·문중경 등과 그의 무리들 또한 먼 지방으로 귀양보내졌다. 이자겸의 친당인 평장사 이자덕과 김인규 등은 모두 수령으로 좌천되었다.

그해 12월, 이자겸은 귀양지 영광에서 죽임을 당했고, 간관들의 상소에 따라 인종의 비로 있던 그의 두 딸 또한 폐비됨으로써 이자겸의 왕위 찬탈 음모는 일단락되었다. 외척이자 고려 최고의 문벌귀족으로써 온갖 권세를 누리며 국정을 농락하다 왕위까지 넘보았던 이자겸의 욕심은 결국 멸문지화를 불러왔다. 문종 대부터 7대 80여 년 동안 큰 권세를 누려왔던 경원 이씨 가문은 이후 역사에서 완전히 사라지고 말았다. 다만, 이자겸을 제거하는 데 공을 세워 뒷날 문하시중에 오른 이공수가 간신히 경원 이씨의 명맥을 이었을 뿐이다. 이공수는 이자연의 동생 이자상의 손자로 평장사를 지낸 이예(선종의 비 정신현비의 아버지)의 아들이다.

이자겸을 제거한 공으로 최고 관직인 문하시중에 오른 척준경의 권세도 그리 오래가지는 못했다. 그는 1년 뒤인 인종 5년(1127), 좌정언 정지상의 "병오년(1126) 봄 2월에 척준경이 최식 등과 더불어 대궐을 침범할 때에 성상께서 신봉문 문루로 나오셔서 군사들을 타이르니 모두 갑옷을 벗고 환성을 올려 만세를 부르는데, 오직 척준경이 조서를 받들지 않고 군사를 위협하여 활을 쏘니 화살이 성상의 수레 위로 지나가기까지 하였습니다. 또 군사를 이끌고 난입하여 궁궐을 불태우고 이튿날 성상께서 남궁으로 옮기시자 성상의 측근들을 모두 죽였으니, 옛날부터 난신 중에 이와 같은 자는 없습니다. 5월의 사건(이자겸을 체포한 일)은 일시의 공로요, 2월의 사건은 만세의 대역이오니, 어찌 일시의 공으로 만세의 죄를 덮을 수 있겠습니까?"라는 탄핵을 받고 암타도로 유배된 것이다.

혁명의 실패와 함께 사라진 자주국의 꿈

묘청

묘청은 서경 천도와 칭제건원을 통해 대내외에 자주국을 선포하고 금나라 정벌을 주장한 인종 때의 승려이자 도참사상가이다. 그는 자신의 주장이 받아들여지지 않자 국호를 '대위'(大爲), 연호를 '천개'(天開)라 하고, '천견충의군'(天遣忠義軍)을 조직하여 서경을 근거로 천도운동을 일으켰다.

묘청이 이와 같은 주장을 하게 된 배경은 무엇일까? 그것은 대내외적으로 혼란했던 당시의 상황 때문이었다. 대내적으로는 이자겸의 난은 진압됐으나 여전히 잔존 세력과 신진 세력이 양립한 가운데 정국이 불안정했고, 대외적으로는 여진족이 세운 금나라가 압박을 가해옴에 따라 나라 안팎이 몹시 소란스러웠던 것이다.

당시 조정은 이자겸을 제거했던 척준경과 그의 지지 세력이 장악하고 있었다. 그는 비록 이자겸과의 갈등으로 인종에게 돌아서긴 했으나, 정치적으로 이자겸과 목적을 같이했던 인물이었다. 이때 유배되었던 김찬을 비롯하여 지난날 이자겸에게 화를 입었던 문공인 · 문공유 · 최유청 · 한유충 등이 관직에 복귀했다. 그리하여 고려 조정은 문벌귀족과 지방 출신의 신진관료들로 나뉘어 또다시 대립하기 시작했다.

이러한 정치적 소용돌이 속에서 척준경이 정지상의 탄핵을 받아 암타도로 유배됨으로써 그 일파가 제거되었다. 인종은 김안(김찬)을 통해 척준경을 탄핵한 정지상을 비롯해 묘청 등의 서경 세력을 끌어들였는데, 이것은 이자겸의 난 등을 겪으면서 국정을 전횡하는 개경의 문벌귀족에게 염증을 느낀 인종이 이들을 견제하기 위해 마련한 포석이었다. 이러한 정치적 상황 속에서 묘청 등 서경 세력은 김안 · 문공인 등과 연계하여 풍수지리와 도참사상에 의거해 서경 천도를 주장하기에 이르렀고, 그 중심에 바로 묘청이 있었다.

개경의 기운이 이미 쇠했으니……

묘청의 인적사항에 대해서는 서경 출신의 승려로 후에 이름을 '정심'(淨心)이라 했다는 것 외에는 별다른 기록이 없다. 그는 이자겸의 난이 일어난 이듬해인 인종 5년(1127) 김안의 추천으로 서경에 행차한 인종을 처음 만났는데, 이때 일관 백수한과 함께 인종을 설득하여 상안전에서 **관정도량**을 베풀었다.

이때 인종이 묘청의 뜻을 받아들여 관정도량을 베푼 것은 국정을 새롭게 하고자 하는 의지의 표현이었다. 인종은 이를 통해 이자겸에 의해 실추된 왕권을 회복하고 해이해진 정치 기강을 바로잡음으로써 나라를 새롭게 하고자 했던 것이다. 이러한 인종의 의지는 관정도량을 베푼 직후 발표한 조서에 잘 나타나 있다.

> 짐이 일을 처리하는 데 능하지 못하고 사리를 감별하는 안목이 없어
> 재변이 잇따라 일어나 편안한 해가 없었다. 작년 2월에는 역적들이
> 일어났으나 결국 음모가 발각되어 모두 법의 심판을 받았다. 다만
> 짐의 부덕함이 부끄러울 따름이다. 이제 서도(서경)에 행차하여 지
> 난날의 허물을 깊이 반성하고 새롭게 하기를 바라므로 이에 중앙과

관정도량(灌頂道場)
재난을 없애기 위해 불경을 외우며 기원하는 의식.

지방에 포고한다. 첫째, 토지의 신에게 제사를 지내어 사시의 기운을 맞이하게 하라. 둘째, 지방에 사신을 보내 자사와 현령의 잘잘못을 조사하여 그에 따라 상벌을 내리도록 하라…….

이때 묘청은 정지상 등 서경 세력과 함께 서경 천도를 주장했다. 즉, 이자겸의 난으로 궁궐이 불타버린 개경은 이미 기운이 다했으니, 기운이 왕성한 서경으로 천도해야 한다고 주장했던 것이다. 여기에는 인종의 국정 쇄신 노력에 적극 동참함으로써 기존의 지배 세력인 개경의 문벌귀족을 누르고 자신들의 입지를 강화하려는 의도가 담겨 있었다.

묘청을 비롯한 서경 세력은 자신들의 계획을 성공시키기 위해 근신과 중신들의 동조를 얻어내야만 했다. 그리하여 묘청 등은 김안과 의논하여 귀족 정치에 대한 불만의 토로와 함께 정국을 새롭게 하고 중흥공신이 되어 자손만대 복을 누리자는 주장을 내놓았다. 이러한 서경파의 주장은 많은 근신과 중신들의 동조를 얻어냈는데, 그것은 그들의 주장에 기존의 문벌귀족 세력을 억누르자는 의도가 담겨 있었기 때문이다. 그동안 개경의 문벌귀족들로부터 괄시를 받아온 지방의 신진관료들은 묘청 등의 주장에 적극 호응하고 나섰다.

근신 홍이서와 이중부, 대신 문공인과 임경청은 인종에게 "묘청은 성인이고, 백수한도 그 다음이니 먼저 이들에게 물은 다음에 국정을 행하소서. 만일 이들의 주장을 받아들인다면 정사가 바로 되고 일이 성취되어 가히 나라를 보존할 수 있을 것"이라는 상소를 올리며, 문무백관에게 서명하기를 청했다. 하지만 개경의 대표적 문벌귀족인 김부식·임원애·이지저 등은 이들의 주장에 반대하고 서명하지 않았다.

인종은 "비록 의심이 가기는 하나 여러 사람이 강력하게 주장하므로 믿지 않을 수 없다."며, 자의든 타의든 서경 천도에 찬성했다. 이러한 조정 안팎의 분위기에 고무된 묘청 등은 "신들이 서경 임원역의 지세를 살펴보니, 이곳이 곧 풍수들이 말하는 큰 꽃 모양의 터〔大花勢〕입니다.

만약 이곳에 궁궐을 지어 거처를 옮기시면 금나라가 폐백을 가지고 스스로 항복해 올 것이며, 천하가 다 머리를 조아릴 것"이라며 인종에게 아뢰었다.

이때 금나라에 대한 사대를 파기할 것을 요구하는 이들의 주장은 인종의 신뢰를 얻어내는 데 큰 역할을 했다. 금나라는 여진족들이 세운 나라로, 고려는 인종 초 금나라의 강요에 의해 그들에게 사대의 예를 행하고 있었다. 그것은 당시 권력을 쥐고 있던 이자겸과 척준경의 주장에 따른 것이었는데, 이들은 금나라와 전쟁을 치르게 되면 자신들의 입지가 크게 약화될 것을 우려하여 금나라의 요구에 응한 것이다.

1128년 8월, 인종은 묘청 등의 건의에 따라 서경으로 행차했다. 이와 같은 인종의 적극적인 호응에는 그동안 국정을 장악해 온 외척과 개경의 문벌귀족에 대한 염증이 깔려 있었다. 인종은 9월에 임원역에 새 궁궐터를 정하게 하고, 그해 11월에는 내시낭중 김안에게 명하여 새 궁궐의 역사를 감독하게 했다. 이에 따라 묘청 등의 서경 천도 계획은 급물살을 타게 되었다.

서경의 새 궁궐은 박차를 가한 끝에 이듬해 1월 완공되었다. 서경 천도 주장이 제기된 지 불과 6개월 만이었고, 공사가 시작된 지 3개월 만이었다. 이것은 그만큼 묘청 등의 서경 천도 의지가 강했고, 인종을 비롯한 대다수 조정 관리들이 크게 호응하고 있었음을 뜻한다.

자주국의 기치를 내세우다

1130년 2월, 다시 서경으로 행차한 인종은 새 궁궐에 거처했다. 이때 묘청 등은 **칭제건원**과 금나라 정벌을 통해 사대 외교에서 벗어나 자주국임을 대내외에 천명하자는 주장을 제기했다. 다른 여러 사람들도 표문

칭제건원(稱帝建元)
왕을 황제(皇帝)라 칭하고, 연호(年號)도 새로 제정하여 쓰자는 주장.

을 올려 칭제건원과 금나라 정벌을 주장하고 나섰는데, 이러한 주장이 쏟아져 나오게 된 배후에는 유창한 말로 이를 설파한 묘청이 있었다.

그러나 이때 인종은 이들의 주장을 받아들이지 않았다. 이자겸의 난으로 실추된 국왕의 권위를 회복하려는 인종의 입장에서 이들의 주장은 매우 호감이 가는 것이었다. 하지만 이미 송나라를 공격해 남쪽으로 내쫓을 만큼 대국으로 성장한 금나라를 자극하고 싶지 않았고, 따라서 송나라와의 협공을 통한 금나라 정벌은 도저히 수용할 수 없었다. 게다가 김부식을 비롯한 개경파들의 반대도 매우 거셌다.

자신들의 주장이 거부되자 묘청 등은 인종의 마음을 사로잡기 위한 새로운 방법을 모색해야 했다. 자칫 김부식 등 개경 세력들의 의견을 받아들여 인종이 마음을 바꾸기라도 한다면 그때까지 추진해 온 서경 천도 계획이 한순간에 물거품이 될 것이었기 때문이다.

인종이 새 궁궐에 거동하여 군신들의 하례를 받는 자리에서 묘청 · 백수한 · 정지상 등은 "성상께서 전각에 앉으시자 공중에서 풍악 소리가 들렸습니다. 이것이 어찌 상서로운 징조가 아니겠습니까?" 하고 아뢴 뒤, 하례의 표문을 작성하여 백관들에게 서명하기를 청했다. 그러나 백관들은 "우리가 비록 늙었으나 귀는 아직 어둡지 아니한데 아무런 소리도 듣지 못했다. 사람은 속일 수 있지만 하늘은 속이지 못할 것"이라며 서명하지 않았다. 이에 정지상이 "이는 비상하고 아름다운 징조이니 마땅히 청사에 기록하여 후세에 전해야 할 터인데 대신들이 이와 같이 하니 매우 통탄할 일"이라며 분통을 터뜨렸지만, 끝내 백관들의 서명을 받지 못해 표문은 올리지 못하였다.

그러나 서경에 대한 인종의 관심이 완전히 떠난 것은 아니었다. 서경에서 돌아온 인종은 "이미 터를 잡고 새 궁궐을 창건하여 때에 따라 순행하게 되었으므로 은택을 널리 베푸려고 하니, 사형수는 유배하고 유배 이하의 범죄자는 석방하라."며 대대적인 사면령을 내렸다. 이때 탄핵을 받아 관작을 몰수당한 채 유배된 척준경의 처자에게 직전을 돌려

주었고, 이자겸의 아들인 이지미 형제에게 원하는 곳에서 함께 모여 살수 있도록 조치했다. 그뿐 아니라 서경의 백성들에게 신분과 지위에 관계 없이 은혜를 베풀었다.

이와 같은 인종의 조치는 사실상 서경 천도를 기정사실화한 것이었다. 묘청은 이러한 인종의 적극적인 호응에 힘입어 인종 8년(1130) 9월, 서경에 행차한 인종의 허락을 얻어 홍경원 등지에서 여러 가지 의식을 행했다.

그런데 이즈음 좋지 않은 사건이 발생했다. 서경에 있는 중흥사의 탑에 불이 난 것이다. 그러자 어떤 사람이 묘청에게 "태사께서 임금께 서도에 행차하기를 청한 것은 재앙을 누르기 위함인데, 어찌하여 이런 큰 변고가 생긴 것입니까?" 하고 물었다. 이에 한참 동안 아무 말도 하지 못하던 묘청은 잠시 후 '성상께서 만약 개경에 계셨다면 재변이 이보다 훨씬 컸을 터인데, 이곳으로 옮겨왔기 때문에 재앙이 밖에서 나 옥체를 보존하실 수 있었던 것'이라고 대답했다. 묘청을 따르는 무리들이 "이런데 어찌 믿지 아니할 수 있겠는가?"라며 호응하자, 중흥사 화재 사건은 어느 정도 무마될 수 있었다.

그해 10월 다시 서경으로 돌아온 인종은 "짐이 박덕한 몸으로 조상의 업을 이어받아 어려움을 겪고 삼가 조심하여 흡사 살얼음판을 걷는 것과 같은데, 일관과 음양술사들이 고인의 말에 의거하여 서경에 행차하기를 청하므로 이를 좇아 이곳에 돌아왔다. 장차 은혜를 널리 미치려 하노라."라는 조서와 함께 다시 한 번 대사면령을 내리고 백성들에게 은전을 베풀었다. 이때에도 역시 묘청은 인종의 허락을 얻어 이를 기념하는 여러 의식을 거행했다.

이어 묘청은 서경에 임원궁을 쌓은 뒤 궁중에 팔성당을 설치하여 보살·석가 등 여덟 개의 화상을 안치하였다. 이에 김안·이중부 등은 '이는 나라를 이롭게 하고 국운을 연장시키는 술책'이라며 적극 찬성했다. 당시 최고의 시인이자 문장가였던 정지상은 "하늘의 명은 만물을 만들어내며, 땅의 덕은 사방에 임금 노릇을 하게 한다. 서경의 중앙에 대화의 터를 잡아 궁궐을 새로 세웠으니 삼가 음양에 순종하였도다. 이에 여덟 신선을 모시는 백두를 받들어 우두머리를 삼았도다."는 제문을 지어 팔성당에 제사를 올렸다.

곧 묘청은 백수한·정지상과 함께 성인으로 추앙받게 되었다. 최봉심이라는 관리가 인종에게 "성상께서 삼한을 편안히 다스리고자 하신다면 서경의 세 성인 외에는 그 일을 함께 할 사람이 없습니다." 하고 아뢰기까지 했을 정도였다.

인종 10년(1132) 2월, 묘청은 서경에 행차하는 인종에게 "개경의 지기가 쇠했기 때문에 하늘이 재앙을 내리어 궁궐이 불타버린 것이니, 자주 서경에 행차하시어 재앙을 물리치고 복을 모아 무궁한 왕업을 누리소서." 하고 아뢰며, 풍수지리를 내세워 서경의 중요성을 다시 한 번 강조했다. 인종은 이에 대해 일관들에게 물었으나 모두 불가하다며 반대했다. 하지만 정지상·김안을 비롯한 대신들이 묘청의 말을 적극 두둔하고 나서자 인종은 묘청을 수가복전으로 삼고, 백수한을 내시로 삼아 서경에 행차했다.

그런데 이때 이들의 불행한 앞날을 예고라도 하듯 갑작스레 날씨가 이상해지더니 순행 행렬이 금암역에 이르자 갑자기 비바람이 몰아치고, 낮인데도 날이 어두워져 호위 군사들이 엎어지고 자빠졌으며, 인종은 말고삐를 잡은 채 길을 잃어 진흙에 빠지기도 하고 나무 등걸과 돌에 부딪치기도 하였다. 시종들은 인종의 행방을 몰라 허둥댔고, 궁인 중에는 두려운 나머지 우는 자도 있었다. 저녁이 되자 눈보라와 함께 매서운 추위가 몰아쳐 여러 사람과 말·낙타가 얼어죽었다.

난관에 처한 묘청은 "내가 일찍이 이 날에 비바람이 일 줄 알고 우사와 풍백에게 임금이 행차하실 때에는 풍우를 짓지 말라고 하였는데, 이미 허락해 놓고서는 이와 같이 식언을 하니 매우 가증스럽다."며 둘러댔다.

갑작스러운 날씨 변화로 큰 어려움을 겪었지만 순행 행렬은 서경에 무사히 도착했다. 이때 이제정 등 50명이 묘청과 정지상의 뜻에 따라 인종에게 표문을 올려 칭제건원을 청하였다. 정지상 등은 이에 덧붙여 "대동강에 서기가 있으니, 이것은 신룡이 침을 토한 것으로 천년에 한 번 만날까 한 일입니다. 청컨대 위로 하늘의 뜻에 따르고 아래로 백성들의 소망을 좇아 금나라를 누르소서."라고 아뢰며 인종을 설득했다.

이를 계기로 묘청과 정지상 등은 서경 천도에 관한 일을 매듭짓고자 했다. 그러나 인종을 호종해 서경에 온 이지저가 "금나라는 강적이라 가볍게 할 수 없습니다. 하물며 양부의 대신들이 개경에 머물러 지키고 있는데, 한두 사람의 말만 듣고서 대의를 결단치는 못합니다." 하고 건의하자, 인종이 그 의견을 받아들임으로써 묘청 등의 계획은 수포로 돌아가고 말았다. 이지저는 비록 이자겸의 난으로 세력이 크게 약화되긴 했으나 그때까지도 경원 이씨의 명맥을 이어온 이공수의 아들로 서경 천도에 적극적으로 반대했다.

이때의 일에 대해 역사는 다음과 같이 기록하고 있다.

묘청과 백수한 등이 몰래 큰 떡을 만들어 그 속을 비게 하여 구멍을 뚫고 끓인 기름을 넣어 대동강에 띄우니, 흘러나온 기름이 수면에 떠올라 물빛이 마치 오색 빛깔을 띤 것처럼 보였다. 백수한이 말하기를 "신룡이 침을 토하여 오색구름을 만들었으니 이는 상서로운 징조입니다. 청컨대 백관에게 표문을 올려 하례하게 하소서." 하고 청하였다. 왕이 평장사 문공인과 참지정사 이준양 등을 보내어 이를 자세히 살펴보게 하였다. 이때 기름 짜는 것을 업으로 하는 자가 있어 아뢰기를 "끓인 기름이 물에 뜨면 이상한 빛이 난다"고 하여, 헤엄 잘 치는 자를 시켜 큰 떡을 찾아 곧 그 속임을 알았다.

즉, '대동강의 서기'는 결국 묘청 등이 꾸며낸 것이라는 사실이 드러

나고 만 것이다. 이 일을 계기로 묘청 등의 서경 천도 주장은 인종으로
부터 더 이상 신임을 얻지 못했고, 결국 김부식 등 반대파의 반격을 받
아 궁지에 몰리게 되었다.

혁명의 실패와 함께 사라진 자주국의 꿈

서경 천도파에 대한 반격은 인종의 장인이자 개경 수호 세력인 동지
추밀원사 임원애로부터 시작되었다. 임원애는 인종 10년(1132) 8월,
"묘청과 백수한 등은 간사한 꾀와 해괴한 말로써 뭇사람의 마음을 속이
고 미혹하는데, 한두 명의 대신들이 그들의 말을 깊이 믿어 위로 임금
의 눈과 귀를 흐리니 장차 큰 환난이 있을까 두렵습니다. 청컨대 묘청
등을 저자에 내다 목을 베어 화의 싹을 끊도록 하소서."라는 상소를 올
렸다. 하지만 인종은 이에 대해 아무런 말이 없었다.

임원애의 상소가 있은 뒤 묘청은 인종에게 "성상께서는 대화궁에 거
처하셔야 마땅한데, 그렇게 하지 못하실 것 같으면 근신을 보내 옥좌를
설치하고 공경해 받들기를 성상께서 계시는 것과 같이 하면 복과 경사
가 친히 계실 때와 다름없을 것입니다." 하고 아뢰었다. 그러자 인종은
묘청의 뜻을 받아들여 문공인과 이중부를 서경으로 보내 묘청의 말대
로 행하게 했다. 인종은 지난날처럼 적극적이지는 않았지만 여전히 서
경 천도에 관심을 갖고 있었던 것이다.

그러자 김부식을 비롯한 개경 세력들은 더욱 적극적인 공세를 취하
기 시작했다. 인종 11년(1133), 직문하성 이중과 시어사 문공유 등은
"묘청과 백수한은 둘 다 요망한 사람으로 그 말이 해괴하여 믿을 수 없
는데도 근신 김안·정지상·이중부와 내시 유개가 이들의 심복이 되어
이들을 천거하여 성인으로 삼았습니다. 여러 대신들이 따라서 이를 믿
으므로 성상께서 의심치 않으시나 정직한 사람들은 모두 이들을 미
워하기를 원수같이 생각합니다. 바라건대 속히 이들을 물리치고 멀리
하소서."라는 상소를 올렸다. 그러나 이번에도 역시 인종은 그들의 상

소를 받아들이지 않았을 뿐 아니라, 이듬해 묘청을 삼중대통지 누각원사에 임명하고 자줏빛 가사를 하사하였다.

하지만 개경 세력들의 공격은 끊이지 않고 계속되었다. 그해 5월 국자사업 임완이 상소를 올려 "성상께서 묘청을 총애하고 신임하시어 대신들까지도 그를 성인으로 추앙하기에 이르니 그 뿌리가 깊고 굳어 쉬이 뽑아낼 수 없습니다. 허나 대화궁의 역사를 일으킨 뒤로부터 오늘에 이르기까지 무수히 많은 재변이 일어났음을 기억하소서."라며 묘청의 목을 벨 것을 청했다.

그러자 묘청 등은 여러 차례에 걸쳐 인종에게 서경으로 순행할 것을 청했다. 인종이 대신들에게 이에 대한 의견을 묻자, 김부식은 "올 여름에 벼락이 건룡전(서경 대화궁)을 쳤는데, 그곳으로 재앙을 피해 간다는 것은 말이 되지 않습니다. 더군다나 아직 추곡을 거두지 않은 지금 행차를 하신다면 반드시 벼를 밟게 될 것이니, 백성을 불쌍히 여기고 만물을 사랑하는 뜻에 어긋납니다."라며 반대했고, 간관들도 상소를 올려 극렬하게 반대했다. 이에 인종은 서경 순행을 포기하고 칭제건원의 요청 또한 받아들이지 않았다.

자신들의 주장이 받아들여지지 않자 묘청 등은 인종 13년(1135) 1월 15일, 무력시위를 벌이기에 이르렀다. 『고려사절요』는 이를 반란으로 규정하고 다음과 같이 기록하고 있다.

> 묘청과 유감이 분사시랑 조광 등과 더불어 서경에서 반란을 일으켜 조서를 위조하고 유수와 관료들을 잡아 가둔 뒤, 우승선 김신을 보내 개경 사람으로 서경에 있는 자를 귀천을 막론하고 모두 가두고, 군사를 보내 전령을 차단했다. 또 사람을 보내 위협하여 군사들을 강제로 징발하고 국호를 대위, 연호를 천개라 하였으며, 정부의 부서를 정하고 그 군대를 천견충의군이라 이름하였다.

역사에서 혁명이냐, 반란이냐는 거사의 성공 여부에 의해 판가름되게 마련이다. 묘청의 서경 천도 운동은 결국 실패로 돌아감으로써 역사에 반란으로 남았다. 그러나 묘청의 거사를 혁명이나 최소한 인종을 위한 친위 쿠데타로 규정할 수 있는 근거가 몇 가지 있다.

첫째, 묘청 등은 국호와 연호를 새로 정하면서도 새로운 국왕을 옹립하지는 않았다는 점이다. 그들이 고려왕조를 부정하고 새 왕조를 꿈꾸었다면 새 왕을 옹립하거나 묘청 자신이 국왕으로 즉위해야만 했다. 하지만 그들이 새 왕을 옹립했다는 기록은 전혀 나타나지 않는다.

둘째, 난을 진압하기 위해 인종이 파견한 **선유사**를 예를 갖추어 대했다는 점이다. 서경의 거사 소식을 접한 인종은 신하들과 의논하여 김부식 · 임원애 · 김정순 등에게 서경 토벌 계획을 세우게 하는 한편, 내시 유경심 · 조진약 · 황문상을 서경에 파견했다. 이에 묘청 등은 문무반으로 나누어 선 채 관풍전에서 선유사 일행을 맞아들였으며 유감 등은 뜰에 내려와 절을 하고 인종의 안부를 물었다. 그리고 그들이 돌아갈 때에는 "마땅히 표문을 올려 아뢸 일이었으나 너무 갑작스러워 하지 못하였으니, 청컨대 돌아가서 이런 사정을 아뢰어 달라."면서 서경으로 천도할 것을 청하는 봉서를 올렸다. 이때 만일 묘청에게 역심이 있었다면 선유사 일행의 목을 베거나 가두었어야 마땅하다. 하지만 묘청 등은 예를 다해 대접한 뒤 자신들의 목적은 오직 서경 천도에 있음을 밝혔다.

셋째, 인종에게 표문을 올려 자신들의 거사를 알렸다는 점이다. 거사를 일으킨 지 닷새 만인 1월 9일, 검교첨사 최경에 의해 인종에게 전달된 표문에서 묘청 등은 "성상께서 음양의 지극한 말을 믿으시고 도참의 비설을 고찰하시어 대화궁을 창건하여 하늘의 제도를 모방하셨습니다. 신 등이 또한 도읍을 옮기기를 바랐으나 여러 대신들이 임금의 마음을 받들지 않고 한갓 고토에 집착하여 옮기기를 꺼릴 뿐 아니라, 도리어 이를 막고 일을 해치니 서경의 인심이 분노하고 있습니다. 인심은 두려운 것이며 군중의 분노는 막기 어려운 것이온데, 만일 성상께서 이곳에 왕림하신다면 병란은 곧 진정될 것입니다."라며 자신들의 거사가 오직 서경 천도에 있음을 밝히고 있다. 만일 묘청 등이 반란을 꾀했다면 자신들의 거사가 알려지지 않도록 비밀리에 움직이는 것이 더 자연스러운 행동이다.

넷째, 다른 지지 세력을 끌어들이지 않았다는 점이다. 묘청은 당시 개경에 있던 정지상과 백수한 등 서경 세력은 물론 김안·문공인·홍이서·이중부 등 서경 천도에 적극 동참했던 근신과 대신들에게조차 거사 소식을 알리지 않았다. 이것은 묘청의 서경 천도 운동이 결코 반란을 목적으로 하는 것이 아니었음을 보여주는 확실한 증거이다.

그러나 묘청의 계획은 인종이 김부식을 원수로 삼아 토벌군을 파견함으로써 벽에 부딪치고 말았다. 김부식은 서경으로 출발하기에 앞서 인종의 허락도 얻지 않고 김정순을 시켜 묘청과 뜻을 같이했던 정지상·김안·백수한을 궁문 밖으로 끌어내어 목을 베었다. 또한 묘청의 무리라 하여 음중인·이순무·오원사·최봉심을 개경에서 멀리 떨어진 섬으로 귀양보냈다. 김부식이 이렇듯 서둘러 묘청과 뜻을 같이 했던 인물들을 제거한 것은 혹시라도 있을지 모를 인종의 변심을 염려한 것으로 보인다. 인종이 정지상 등의 말을 듣고 서경 천도를 확정한다면 개경에 기반을 둔 자신들의 입지는 그만큼 약해질 것이었기 때문이다.

그리하여 김부식을 중심으로 하는 개경파와 묘청을 중심으로 하는 서경파 사이에 권력을 장악하기 위한 일전이 벌어졌다. 서경에 도착한 김부식은 서경군에 정면으로 대응하지 않고 시일을 끌며 끊임없이 막료와 군리들을 보내 항복을 종용했다.

하지만 외부의 적보다는 내부의 적이 더 무서운 법이다. 거사 동지인 조광 등은 김부식이 이끄는 대규모의 토벌군을 보고 겁을 먹은 나머지

선유사(宣諭使)
나라에 병란이 있을 때 왕명을 받들어 백성들을 가르치고 타이르던 임시 벼슬.

항복을 결심했다. 그러나 자신이 지은 죄 때문에 목숨이 달아날까 두려워 실행에 옮기지 못하고 있었다. 그때 마침 조서를 가지고 온 김순부가 달래자 조광은 무리들을 시켜 묘청을 비롯해 유감과 유참 부자의 목을 벤 뒤, 이들의 목을 윤첨 등에게 들려 보내며 용서를 구하였다.

그리하여 서경 천도를 통해 국정을 쇄신하고 칭제건원과 금나라 정벌로 자주 국가 건설을 꿈꾸었던 묘청은 동지의 배신으로 비참하게 생을 마쳤으며, 저잣거리에 머리가 내걸리고 나아가 역사에 요승이자 역신으로 기록되는 수모를 겪어야 했다.

묘청의 죽음 이후 서경군은 국가 중흥을 위한 거사가 아닌 그야말로 반란군으로 변모하고 말았다. 개경의 대신들이 항복을 청하러 간 윤첨 등을 하옥해 버리자, 이에 놀란 조광이 죽음을 면하기 어렵다는 것을 깨닫고 반란을 일으킨 것이다. 그러자 조정에서는 황문상 등을 보내 무마에 나섰지만 조광은 그들을 죽임으로써 자신의 뜻을 확고히 했다.

김부식의 토벌군은 몇 차례에 걸쳐 공격했으나, 성이 워낙 견고한데다 반란군들이 모두 죽기를 각오하고 대항하는 바람에 패할 수밖에 없었다. 그러자 김부식은 진영을 설치하여 지구전을 벌이며 성 안의 식량이 떨어지고 반란군의 사기가 저하되기를 기다렸다. 그리하여 이듬해 2월, 드디어 성을 함락시킬 때가 되었다고 생각한 김부식은 흙으로 산을 쌓고 돌을 발사하는 포를 설치하는 등 공격 준비를 갖췄다. 그리고 정예병 1만여 명을 뽑아 세 길로 나누어 공격한 끝에 마침내 성을 함락시킬 수 있었다. 이때 조광은 난리 속에 불에 타 죽고 말았다.

서경이 평정되자 묘청 · 백수한 · 정지상 · 유참 · 조광 등의 가산은 몰수되고 처자는 모두 노비로 전락했다. 묘청의 서경 천도 운동은 귀족 사회 내에서의 족벌과 지역의 대립이었고, 풍수지리사상이 결부된 자주적 전통 사상과 사대적 유교 사상과의 충돌이었으며, 고구려 계승 이념에 대한 이견 등 여러 가지 원인이 얽혀 일어난 것이었다.

단재 신채호는 묘청의 난을 조선 역사상 '일천년래 제일대사건'이라며 높이 평가했다. 그는 국풍파와 한학파, 서경파와 개경파, 진보파와 보수파의 대결에서 묘청이 김부식의 개경파에 패함으로써 역사의 발전이 정체되었고, 결국 무신의 난과 몽고 침입을 맞는 계기가 되었다고 주장했다.

사대주의의 표본『삼국사기』의 저자
김부식

김부식은 고려 중기의 유학자로서 현존 최고(最古)의 역사책인『삼국사기』를 남긴 인물로 지금까지 높은 평가를 받아왔다. 하지만 오늘날 김부식은 철저한 사대주의자이자 권력지향주의자이며 수구주의자였다는 평가를 피하지 못한다. 그것은 그의 삶 곳곳에 자주 국가 건설보다는 자신의 권력을 유지하기 위해 앞장선 흔적이 나타나기 때문이다.

김부식은 초기에는 당시의 최고 권신인 이자겸의 잘못을 지적하는 등 유학자로서 당당하고 올곧은 자세를 보이나, 이자겸과 척준경이 제거된 이후 실권을 잡게 되면서부터는 수구화 · 사대화되어 서경 천도파의 자주 국가 건설에 적극 반대하였고, 이를 계기로 정적들을 제거함으로써 자신의 기득권을 유지하는 데 급급한 모습을 보인다.

김부식이 편찬한『삼국사기』는 우리의 고대사를 전달해준다는 의미에서 높이 평가받고 있다. 그것은『삼국사기』가 우리 고대사에 대한 현존 유일의 정사(正史)이기 때문이다. 한편으로 임진왜란과 병자호란이라는 두 차례의 국난과 일제 강점기라는 치욕의 역사를 겪으면서 우리 역사에 대한 많은 기록들이 소실되었기 때문에『삼국사기』에 대한 그러한 평가가 가능한 것인지도 모른다.

하지만 사대주의자였던 김부식은 철저하게 중국의 입장에서『삼국사기』를 편찬함으로써 우리 역사의 많은 부분을 왜곡하고 누락시켰다. 이러한 김부식의 사관은 『삼국사기』 곳곳에서 찾아볼 수 있는데, 『삼국사기』 「신라 본기 선덕여왕 조」 말미에 쓴 그의 논평을 보면 잘 알 수 있다.

> 신이 들으니 옛날에 여와씨(중국의 삼황 중 한 사람)란 이가 있었으나 천자가 아니고 복희를 도와 구주를 다스렸을 뿐이며, 여치(한나라 여태후)와 무조(측천무후) 같은 이는 유약한 임금을 만나 조정에서 정령을 발하였으나 역사서에는 이들을 공공연하게 왕이라고 일컫지 아니하고 다만 '고황후 여씨' '측천황후 무씨'라고 썼을 뿐이다. 하늘로 말하면 양은 강하고 음은 유하며, 사람으로 말하면 남자는 높고 여자는 낮거늘 어찌 노구(할멈)로 하여금 규방에서 나와 나라의 정사를 재단케 하리요. 신라는 여자를 추대하여 왕위를 잇게 하였으니 진실로 난세의 일이며, 이러고서 나라가 망하지 아니한 것은 참으로 다행이라 할 것이다…….

지난날 신라는 고구려와 백제의 침략으로 어려움에 빠지자 당나라에 구원을 청하는 사신을 보냈는데, 이때 당 태종이 신라 사신에게 "신라는 여자가 나라를 다스리기 때문에 이웃 나라의 업신여김을 당하는 것이다. 우리 왕족 중에서 남자 한 사람을 보내 다스리게 하면 더 이상 이웃 나라의 침략이 없을 것"이라고 했던 것과 김부식의 논평은 하나도 다를 게 없다. 그가 신라 왕실의 후예였다는 점을 감안하면 그의 사대의식이 얼마나 철저했는지를 알 수 있다.

유학자로서의 원리원칙을 고수하다

김부식은 문종 29년(1075), 김근의 셋째 아들로 태어났다. 그의 집안은 신라가 망할 무렵 증조부인 김위영이 왕건에게 귀의하여 경주 지방의 행정을 담당하는 주장에 임명되면서부터 대대로 경주에 기반을 두고 생활했다. 그 뒤 김부식을 비롯하여 다른 형제들, 즉 부필·부일·

부철(부의)이 모두 과거에 급제하여 중앙으로 진출하자 개경으로 올라 왔다.

김부식은 일찍 아버지를 여의고 편모 슬하에서 자랐으나, 자신과 형제들이 모두 과거에 합격함으로써 그의 어머니는 훌륭한 어머니로 인정받아 매년 정기적으로 임금이 내려주는 곡식을 받았다. 게다가 형제들 중 부식과 둘째형 부일, 동생 부철 삼형제는 관직 중에서 가장 명예로운 한림직을 맡아 주위의 부러움을 샀다.

김부식은 숙종 원년(1096) 과거에 급제한 뒤 안서대도호부 사록 참군사를 거쳐 직한림원에 올랐고, 곧 우사간으로 승진했다. 김부식이 우사간으로 있던 예종 10년(1115), 요나라가 여진을 치고자 파병을 요청해 왔다. 이때 문무백관 대부분이 파병에 찬성했으나, 김부식은 척준경 등과 함께 "정해년(예종 2년)과 무자년(예종 3년)의 전란 이후로 군사와 백성들이 겨우 어깨를 쉬게 되었는데, 지금 타국을 위해 군사를 출동한다면 스스로 말썽을 초래하는 것이니 장래가 어찌될지 두렵습니다."라며 반대했다.

김부식의 이와 같은 주장은 숙종 이후 계속된 여진 정벌로 국력을 소진한 상태에서 또다시 무리한 출병으로 백성들에게 악영향을 끼칠 것을 염려한 것이었다. 하지만 이것은 국제 정세에 어두운 그의 잘못된 판단이었다. 얼마 후 신흥강국으로 급부상한 여진은 금나라를 세웠고, 고려는 금나라가 몽골에 멸망할 때까지 사대의 예를 행해야만 했다. 만일 고려가 요나라와 힘을 합쳐 여진을 정벌했다면 이후 그들에 대한 굴욕적인 사대는 겪지 않아도 됐을지도 모른다.

그 후 예부낭중을 거쳐 기거주로 승진한 김부식은 예종 16년(1121) 경연에 나가 『서경』을 강의한 것을 시작으로 계속해서 경연에 참여하여 자신의 학문적 소양을 마음껏 발휘했으며, 이어 중서사인으로 승진했다.

예종이 세상을 떠난 1122년 4월, 인종이 열네 살의 어린 나이로 즉위하자 외조부인 이자겸이 어린 국왕을 보필한다는 명목 아래 국정을 총괄했다. 그러자 그해 7월 인종은 "이자겸은 짐에게 외조부가 되니 그 예우를 백관과 같이 할 수 없다. 여러 대신들은 이에 대해 의논하여 아뢰라."는 조서를 내렸다.

이에 정극영과 최유가 "이자겸은 마땅히 글을 올릴 때 신이라 일컫지 말고, 군신의 연회 때에도 뜰에서 하례하지 말고 바로 장막으로 나아가 절하며, 성상의 답례를 받은 뒤에야 자리에 앉아야 할 것입니다." 하고 아뢰자 모두들 그 의견에 찬성했다. 하지만 당시 보문각 대제로 있던 김부식은 중국의 고사를 예로 들며 "부모와는 높고 친함이 서로 멀거늘 어찌 임금과 예를 같이 하겠는가? 마땅히 글월을 올릴 때에는 신을 칭할 것이고, 군신간의 예절에 있어서는 여러 사람을 따라야 할 것이며, 궁중 안에서는 일가의 예를 따라야 할 것입니다. 이같이 하면 공의와 사은 두 가지가 서로 순조로울 것입니다."라며 반대하고 나섰다.

인종이 결론을 내리지 못한 채 근신 강후현을 이자겸에게 보내 의견을 묻자, 이자겸은 "신이 비록 무지하오나 김부식의 말을 들으니 실로 천하의 공론입니다. 이 사람이 아니었다면 노신이 불의를 저지를 뻔했습니다. 원컨대 그의 말을 좇으소서." 하고 대답했다. 그제야 인종은 비로소 이자겸에게 군신의 예에 따르도록 조치했다. 이때 천하의 이자겸을 상대로 김부식이 반대 의견을 개진할 수 있었던 것은 유학자로서의 원리원칙에 따라 자신의 신념을 굽히지 않았기 때문이다.

그로부터 2년 뒤인 인종 2년(1124) 5월, 김부식은 동지공거로서 지공거 김약온을 도와 과거를 관장한 데 이어 박승중·정극영과 함께 『예종 실록』을 편찬하고, 곧이어 예부시랑으로 승진했다. 이때 인종이 이자겸의 할아버지 이자연을 추증하는 제지를 내렸다. 그러자 박승중이 이자겸에게 아부하기 위해 **죽책**으로 책봉의 예를 행하고, 묘 앞에 알리는 날에는 음악을 갖출 것을 청하였다.

유교적 원칙주의자인 김부식이 이를 보고 그냥 넘어갈 리 없었다. 그는 "묘 앞에서 음악을 쓰는 것은 살아있을 때의 생활을 상징하는 것이니 어찌 음악을 쓸 수 있겠는가?"라며 반대했다. 그러자 이번에는 박승중이 이자겸의 생일을 인수절로 부르자고 했다. 이번에도 역시 김부식은 "생일을 절이라 부르는 것은 예전에는 없었던 일이다. 당나라 현종 때에 처음으로 황제의 생일을 가리켜 천추절이라 불렀으나, 신하의 생일을 절이라 불렀다는 말은 듣지 못했다."며 반대했다. 이와 같이 김부식은 유교적 원리원칙에 어긋난 일들을 보면 지나치지 않고 극구 반대하여 자신의 의지를 관철시킴으로써 차근차근 입지를 키워 나갔다.

이후 김부식은 자신의 입지 강화를 위해 개경에 뿌리를 둔 문벌귀족들과 뜻을 같이 했고, 이것은 뒷날 그로 하여금 수구 세력의 대표주자로서 묘청 등의 서경파를 누르고 개경을 사수하게 만들었다.

반란을 핑계로 문적 정지상을 제거하다

김부식은 인종 4년(1126) 어사대부 추밀원부사가 되었고, 이듬해 사신으로 송나라에 가게 됐으나 금나라가 송나라를 침략함에 따라 뜻을 이루지 못하고 명주에서 발길을 돌려야만 했다. 이어 추밀원사와 호부상서를 거쳐 인종 6년(1128)에는 한림학사승지를 역임하고 평장사로 승진했다. 그해 김부식은 묘청을 비롯해 정지상·백수한·김안 등이 중심이 되어 서경 천도를 주장하며 문무백관들의 서명을 청하자 임원애·이지저와 함께 이에 반대하며 서명하지 않았다.

이어 김부식은 판삼사사와 정당문학 수국사를 거쳐 인종 10년(1132)에는 수사공 중서시랑 동중서문하평장사에 오르는 등 승진에 승진을 거듭했다. 하지만 여전히 서경 천도에 대한 반대 의지를 굽히지 않았다. 인종은 12년(1134) 서경에 순행하고자 했는데, 그것은 서경에 행차하는 것만이 재앙을 피하는 길이라는 묘청 등의 주장에 따른 것이었다. 이때 김부식은 "올 여름에 벼락이 건룡전을 친 것은 결코 길한 징조가 아닌데, 벼락을 맞은 그곳으로 재앙을 피해 간다는 것은 말이 되지 않습니다. 더군다나 아직 추곡을 거두지 못한 지금 행차하게 되면 반드시 벼를 밟게 될 것이니, 이는 백성을 불쌍히 여기고 만물을 사랑하는 뜻에 어긋납니다."라며 극구 반대했다. 또 여러 간관들과 더불어 반대하는 상소를 올렸고, 그리하여 인종은 마침내 서경 순행을 포기했다.

그러자 이듬해 1월, 인종이 서경 천도를 포기했다고 판단한 묘청이 조광·유참 등과 더불어 서경에서 무장 봉기를 일으키기에 이르렀다. 이 소식을 전해들은 인종은 김부식·임원애 등을 불러 의논한 뒤 서경에 선유사를 파견하는 한편, 김부식을 원수로 삼아 토벌군을 급파했다.

김부식은 서경으로 출발하기에 앞서 평소 눈엣가시처럼 여기던 정지상 등 서경파를 제거했다. 그는 김안 등이 군사를 모아 반역을 꾀한다는 밀고를 듣고 이를 확인도 하지 않은 채 여러 재상들에게 "서경의 반란에 정지상·김안·백수한 등도 함께 하였으니, 먼저 이들을 제거하지 않고는 결코 서경을 평정할 수 없을 것입니다." 하고 말했다. 재상들은 진위를 알아보고자 정지상 등 세 사람을 불러들였다. 이에 무심코 궁궐로 들어서던 세 사람은 미리 대기하고 있던 무사들에게 붙잡혀 궐 밖으로 끌려나가 죽임을 당했다. 그것은 김부식의 밀명을 받은 김정순의 지시에 따른 것이었다. 이때 김부식은 뒤늦게 그 사실을 인종에게 알렸다.

만약 정지상과 김안 등이 김부식의 주장대로 역모를 계획했다면 이미 토벌군이 꾸려진 마당에 군사들의 호위도 받지 않은 채 궁궐에 들어서지는 않았을 것이다. 그들은 서경 봉기와 무관했기 때문에 아무런 거리낌 없이 재상들의 부름에 응했던 것이다. 게다가 백수한은 아들 백청을 통해 "서경에서 봉기가 일어났으니 빨리 몸을 빼어 오라."는 친구의 서신을 인종에게 바치기까지 했다.

죽책(竹册)
책봉문을 새긴 간책으로, 평평하게 깎은 여러 개의 대쪽을 한데 꿰매어 썼다.

김부식이 서둘러 정지상 등을 죽인 것은 두 가지 입장에서 생각해 볼 수 있다. 첫 번째는 인종이 변심할 것에 대한 우려에서였다. 즉, 김부식은 자신이 토벌군을 이끌고 떠난 뒤 인종이 김안·정지상·백수한에게 설득당해 마음을 바꾸어 토벌 대신 서경 천도를 감행할까 염려했던 것이다.

두 번째는 당시 최대의 라이벌이었던 자신의 문적, 정지상을 제거함으로써 당대 최고의 문장가가 되고자 했던 개인적인 욕심 때문이었다. 김부식에 의해 정지상이 목숨을 잃은 뒤 "김부식은 본래 정지상에 대하여 문자 관계로 불만을 품고 있던 바 반역을 핑계로 정지상을 죽인 것"이라는 사람들의 얘기가 그것을 증명한다. 김부식이 정지상에 대해 가졌던 열등감은 다음의 일화들이 잘 말해준다.

어느 날 시회에 참석한 정지상이 특유의 문장으로 주위의 이목을 사로잡고 있었다. 당대 최고의 문장가라는 자부심을 가지고 있던 김부식 또한 그 자리에 빠질 리 없었다. 정지상이 그 날 자신이 지은 시를 읊자 그 자리에 있던 김부식이 말했다.

"그 시가 참으로 절묘하니 나에게 주지 않겠나. 한번 대구를 맞춰보고 싶은데."

"그러면 봄날의 흐드러진 산천경개를 한번 읊어보시지요. 제 맘에 들면 대감께 이 시를 드리겠습니다."

정지상은 김부식에게 이와 같이 제의하며 "푸를 녹(綠)" 하고 운을 뗐다. 그러자 김부식은 "버들은 천 개의 가지로 푸르고"(柳色千綠綠) 하고 읊었다. 이번에는 정지상이 "붉을 홍(紅)" 하고 운을 떼자, 김부식은 "도화는 만 개의 꽃으로 붉다"(桃花萬點紅)고 읊고는 의기양양한 표정으로 정지상을 쳐다보았다. 하지만 정지상의 입에서는 뜻밖에도 핀잔의 말이 흘러 나왔다.

"천 개의 가지와 만 개의 꽃을 대체 누가 셀 수 있단 말입니까. 차라리 이와 같이 하는 것이 어떻습니까? '버들은 가지마다 푸르고 도화는 점점이 붉다'(柳色締絲綠 桃花萬點紅)고 말입니다."

정지상은 김부식의 비위를 긁어놓고는 뒤도 돌아보지 않고 그 자리를 떠났다. 이미 다섯 살 때 시를 지어 사람들을 깜짝 놀라게 했고, 과거에 급제하기 전에 지은 「송인」(送人)은 오늘날에도 찬탄 속에 회자될 만큼 뛰어난 시적 재능을 타고난 정지상의 눈에 김부식의 시는 한낱 말장난에 불과했을지 모른다. 하지만 이 일로 인해 김부식은 정지상에 대해 마음 한구석에 원한을 품게 되었다. 자신의 관직과 비교하면 말단이나 다름없는 정지상이 많은 사람들 앞에서 그 같은 수모를 안겨주었으니, 김부식으로서는 그 날 겪었던 일이 두고두고 잊혀지지 않았을 것이다.

또 이런 얘기도 있다. 김부식과 정지상은 한때 뛰어난 문장으로 어깨를 나란히 했는데, 두 사람은 사이가 몹시 나빠 만나기만 하면 싸웠다. 그러던 어느 날 정지상이 "숲 속 절간의 독경 소리 끝나고, 하늘은 유리처럼 맑도다."(琳宮梵語罷 天色淨琉璃)라는 시구를 지었다. 우연히 그 시구를 보고 감탄한 김부식이 그 시구를 자신의 것으로 삼고자 지은 이를 찾고 보니 바로 정지상이었다. 김부식은 정지상을 찾아가 자존심까지 버려가며 그 시구를 달라고 사정했으나 정지상은 끝까지 허락하지 않았다. 이에 김부식은 정지상에게 원한을 품게 되었다는 것이다.

이러한 일화들은 정지상이 억울한 죽음을 당한 뒤 그것을 안타까워한 사람들이 그의 천재적 문재를 화재 삼아 얘기했고, 그것이 입에서 입으로 전승되는 과정 속에서 과장되고 부풀려진 것으로 보인다. 하지만 정지상은 정치에 있어서 문장에 있어서나 김부식의 최고 라이벌이었다. 관직에 있어서는 개경에 기반을 둔 김부식이 서경 출신의 정지상보다 한발 앞서 나갔으나, 문장에 있어서는 천재적인 문재를 가진 정지상이 김부식보다 한발 앞섰다. 두 사람은 정치적 입장을 달리하며 끝까지 대립했고, 이것은 결국 정지상을 죽음으로 몰아넣는 불행한 결과를 초래하고 말았다.

서경의 봉기를 진압하여 권세를 쥐다

마침내 김부식은 천보전에서 인종의 명과 함께 부월을 하사받고 서경을 향해 출발했다. 김부식이 금교역에 이르렀을 때 병사들이 서경의 첩자 전원직을 붙잡아왔다. 김부식은 그의 결박을 풀어주며 "돌아가서 사람들에게 이미 대군이 출발했으니 스스로 죄를 뉘우치고 귀순하는 자는 생명을 보전할 것이라고 고하라."며 돌려보냈다. 그러는 한편 반군들이 방비를 튼튼히 하기 전에 속전속결할 것을 주장하는 막료들의 의견을 물리치고, 천천히 진군하며 모든 성에 격문을 돌려 사람들을 회유하고 군리를 보내 서경의 백성들을 타일렀다.

이때 서경성 안에서는 뜻밖의 변고가 일어났다. 평주판관 김순부가 가지고 온 조서를 보고 배반을 결심한 조광이 심복들을 시켜 묘청을 비롯해 유참 등의 머리를 벤 뒤, 윤첨 등을 시켜 김순부와 함께 조정에 항복을 알리게 했다. 이에 김부식은 녹사 백록진을 개경에 보내 인종에게 그 사실을 아뢰고, 양부에 글을 보내 윤첨 등을 너그럽게 대해 줄 것을 당부했다.

그러나 재상 문공인·최유·한유충은 백록진에게 "너의 원수(김부식)는 바로 서경으로 나아가지 않고 우회하여 안북부로 나아갔으므로 우리가 사람을 시켜 조서를 보내 회유하자 이에 반군이 항복해 온 것이다. 너희 원수의 공이 아니거늘 네가 오는 것은 무엇 때문이냐?" 하고 말했다. 또한 양부가 김부식의 의견에 따르지 않고 윤첨 등에게 칼을 씌워 하옥시키기를 청하고, 대간 또한 이들을 극형에 처하기를 청했다.

무장을 해제하지 않은 채 초조하게 조정의 조치를 기다리고 있던 조광은 윤첨 등이 하옥된 사실을 전해 듣고는 자신의 목숨 또한 부지하기 어렵다고 판단하여 다시 조정에 반기를 들었다. 인종은 황문상 등을 윤첨과 함께 보내 이를 무마하고자 했다. 그러나 이미 반역을 결심한 서경 세력은 조서를 가지고 온 황문상과 윤첨 등을 죽이고는 성문을 닫아걸고 나오지 않았다.

이에 김부식은 토벌군을 이끌고 서경을 향해 진격했다. 하지만 서경의 지세로 보아 쉽게 함락시키기가 어렵다고 판단한 김부식은 서경을 포위한 채 기회를 엿보았다. 막료들이 속전속결을 주장하고 나섰지만, 김부식은 "성 중에 군량이 남아 있고 인심이 굳으니 쳐도 이기기가 어렵다. 어찌 싸움을 재촉하여 많은 목숨들을 희생하기를 바라는가?"라며 막료들의 주장을 물리치고 싸움을 장기전으로 이끌었다.

이듬해 인종 14년(1136) 2월, 드디어 성을 함락시킬 때가 되었다고 판단한 김부식은 일제히 돌격을 명하여 간신히 서경성을 함락시킬 수 있었다. 그리하여 인종 13년(1135) 1월 무장 봉기로 시작하여 반란으로 이어진 묘청의 서경 천도 운동은 1년 2개월 만에 진압되었고, 그 결과 김부식을 비롯한 개경 세력이 득세하게 되었다.

서경의 반란군을 진압했다는 소식을 들은 인종은 김부식에게 의복·안마·금띠·금잔·그릇·은약합을 하사하고, 이어 수충정난정국공신 검교태보 수태위 문하시중 판상서이부사 감수국사 상주국 겸 태자태보에 제수하였다. 이어 김부식이 개경으로 돌아오자 아주 좋은 집 한 채를 하사했다.

이로써 인종의 신임을 한몸에 받게 된 김부식은 이를 계기로 반대파 제거에 나섰다. 김부식은 먼저 한유충과 윤언이를 탄핵했다.

"추밀원부사 한유충은 국가의 안위를 돌아보지 않고 군사에 관한 일을 번번이 막았으며, 보문각직학사 윤언이는 정지상과 깊은 정을 맺었으니 그 죄를 용서할 수 없습니다."

이 일로 한유충은 충주목사로, 윤언이는 양주방어사로 좌천되고 말았다. 이때 김부식이 서경 토벌군에 참가하여 공을 세운 윤언이를 정지상과 친하게 지냈다는 이유를 들어 탄핵한 것은, 그가 서경파와 같이 금나라 정벌을 주장했기 때문이다. 지난날 여진을 정벌하고 9성을 쌓았던 윤관의 아들인 윤언이가 금나라 정벌을 주장하고 나선 것은 어찌 보면 당연한 일이었다. 그런데 공교롭게도 서경 천도, 칭제건원과 함께 금나라 정벌을 주장한 서경파의 주장과 일치했던 것이다.

　김부식이 이렇듯 윤언이를 탄핵한 데에는 단순히 정지상과의 친분 관계를 떠나 두 사람간의 사적인 원한이 크게 작용했다. 예전에 김부식은 윤관이 왕명을 받아 쓴 대각국사 의천의 비문을 사전에 양해도 구하지 않고 고친 적이 있었다. 이에 김부식에 대한 복수를 단단히 벼르고 있던 윤언이에게 기회가 찾아왔다. 국자감에 행차한 인종이 김부식에게 『주역』을 강의하게 하고, 윤언이로 하여금 질문하도록 명했던 것이다. 주역에 관한 한 최고 권위를 자랑하고 있던 윤언이는 김부식이 대답하기가 어려워 땀을 흘렸을 정도로 날카로운 질문을 퍼부어 김부식을 곤경에 몰아넣었다. 이로 인해 두 사람 사이의 원한은 더욱 깊어졌고 결국 윤언이는 김부식의 탄핵을 받기에 이르렀던 것이다. 이렇듯 김부식은 자신과 뜻이 맞지 않거나 사적인 원한이 있으면 가차없이 탄핵하여 좌천시켰다.

　인종 16년(1138), 검교태사 집현전대학사 태자태사에 오른 김부식은 4년 뒤 세 번이나 표문을 올려 사직을 청한 끝에 마침내 허락을 받았다. 이때 인종은 "경은 비록 늙었으나 크게 의논할 바가 있으면 마땅히 불러들여 의견을 물을 것"이라는 조서와 함께 동덕찬화공신호를 더해주었다. 사임하고 나서도 김부식은 여전히 공신으로서 영향력을 행사했다.

『삼국사기』를 편찬하다

　인종 23년(1145) 12월, 김부식은 마침내 『삼국사기』를 완성했다. 오늘날 『삼국사기』는 현존하는 우리나라 최고의 역사책으로 높이 평가되고 있지만, 그에 따른 비판 또한 만만치 않다. 그것은 『삼국사기』 곳곳에 드러난 김부식의 편협한 사고방식과 중국 중심의 세계관을 바탕으로 한 사대주의적 입장 때문이다.

　삼국을 처음으로 하나의 완성된 국가로 본 점, 역사 서술을 현실 비판의 도구로 사용한 점, 지도층의 내분과 백성들을 억압하는 자들의 최후를 역사의 필연으로 기술한 점, 각국의 기사에서 그 나라를 1인칭으로 표현했다는 점 등등 긍정적인 면이 많음에도『삼국사기』가 비판을 받는 이유는 무엇일까?

첫째, 사대주의적 관점에서 우리 역사를 기록했다는 점이다. 김부식의 사대주의적 사관은『삼국사기』곳곳에 나타나는데, 그는 신라가 사대를 하는 나라로서 독자적인 연호를 제정하여 사용한 것은 옳지 않고, 고구려가 멸망한 원인은 수ㆍ당에 대한 불손한 태도 때문이며, 백제 또한 전쟁을 일삼아 대국에 거짓말을 하는 죄를 지었다고 평함으로써 사대주의적 입장에 입각하여 역사를 서술하고 있다.

둘째, 중국 중심의 세계관에 의해 우리 고유의 전통 문화를 배제하고 있다. 철저하게 유교적 사관에 입각하여 쓰여진『삼국사기』는 우리의 전통 문화를 빈곤하게 만들고 축소시켰다. 예를 들면『삼국사기』는『삼대목』이라는 향가집 명칭만 언급하고 있을 뿐 향가들은 수록하지 않고 있다. 즉, 우리 고대 문화의 주류인 불교 문화에 대해서는 일체 고려하지 않고, 다만 중국의 고전과 고사를 인용함으로써 자신의 박학을 과시하고 있을 뿐이다. 특히 화랑의 경우에는 이를 유교적 성격에 맞게 바꾸어 놓기까지 했다.

셋째, 삼국에 대한 역사 기록의 형평성이다.『삼국사기』의 구성을 살펴보면 **본기**의 경우 신라가 12권, 고구려가 10권, 백제가 6권으로 삼국에 대한 기사가 엇비슷하다 할 수 있다. 하지만 **지**에 있어서는 신라의 것이 월등하고, **열전** 또한 신라에 편중되어 있다. 물론 김부식이 신라

본기(本紀)
제왕의 사적에 대해 적은 것.

지(志)
제사와 악(樂)ㆍ의복ㆍ관직ㆍ지리 등에 대해 적은 것.

열전(列傳)
여러 인물들의 개별적인 전기를 차례로 이어 적은 것.

왕실의 후예이고, 신라가 고구려와 백제를 통합함으로써 좀더 긴 역사를 지니고 있으며, 신라의 문적이 가장 많이 남아 있었기 때문으로 볼 수도 있지만, 다른 국가들에 대해서도 어느 정도 배려해야 했다.

이렇듯 『삼국사기』에 나타난 김부식의 사대주의적 입장은 훗날 신채호 등의 민족 사학자들로부터 민족의 주체성을 손상시켰다는 비판을 받기도 했고, 이후 『삼국사기』로부터 시작된 이와 같은 중국 중심의 유교적 사관이 역사학을 주름잡게 되었다.

하지만 김부식은 『삼국사기』를 편찬한 공으로 인종의 치하와 함께 꽃과 술을 후하게 하사받았다. 그 뒤 김부식은 인종의 뒤를 이어 즉위한 의종으로부터 낙랑군 개국후에 책봉되어 식읍 1천 호 등을 하사받았으며, 왕명을 받아 『인종 실록』을 편찬하기도 했다.

이렇듯 묘청의 난을 계기로 권력을 한손에 쥐고 부귀영화를 누리던 김부식은 의종 5년(1151) 일흔일곱 살의 나이로 세상을 떠났다. 『고려사』 「열전」은 김부식에 대해 다음과 같이 기록하고 있다.

"용모가 풍만하고 체구가 컸으며, 안색은 검고 눈은 빛났다. 문장으로 세상에 이름을 크게 떨쳤다. 송나라 사신 노윤적이 왔을 때에 김부식이 접대관으로 나갔는데, 사신 중 한 사람인 서긍이 김부식이 글을 잘 짓고 고금에 통달함을 보고 그 사람됨을 좋아하여 『고려도경』에 김부식에 대한 소개를 싣고 돌아가서 황제에게 아뢰었다. 이로 말미암아 그 이름이 천하에 알려졌다. 뒤에 송나라에 사신으로 가니 이르는 곳마다 예로써 대하였고, 세 번 예부시를 주관하여 인재를 얻었다는 칭송을 받았다."

하지만 김부식이 자신의 권력 유지를 위해 서경 세력의 자주 국가 건설 주장을 묵살했으며, 우리의 고대사 또한 시대주의적 입장에서 크게 축소시켰다는 비난을 면할 수는 없다. 김부식은 죽은 후 중서령을 추증받고 '문열'(文烈)이라는 시호와 함께 인종의 묘정에 배향되었다.

쿠데타로 무인시대의 문을 열다
정중부

정중부는 고려 중기의 무신으로 의종의 지나친 문신 우대정책으로 인한 문관들의 무신 홀대에 반발, 이의방·이고 등과 함께 무신의 난을 일으켰다. 이후 이의방을 제거하고 최고 집권자로 군림하며 국권을 전횡하다 정변을 일으킨 지 9년 만인 1179년, 청년 장군 경대승에게 목숨을 잃고 말았다.

역사에 정중부의 난, 또는 무신의 난으로 기록된 무신정변은 사실상 이미 예고된 것이었다. 태조 왕건을 도와 후삼국 통일에 앞장섰던 무신들은 광종 대의 과거제 실시로 인해 그 세력이 크게 약화되었다. 이후 여러 왕들이 왕권 강화의 일환으로 문신을 숭상하고 무신을 천시하는 정책을 펼침으로써 '숭문천무'(崇文賤武) 의식은 더욱 가속화되었다. 특히 성종 이후 무신은 군 최고 지휘관에 오르지 못하고 대신 문신이 등용되었으며, 목종 원년(998)에는 개정전시과를 제정하면서 무관의 품계를 낮추기도 했다.

현종 5년(1014)에는 문신 황보유의가 문신에게 줄 녹봉이 부족하다는 이유로 경군에게 지급되던 영업전을 박탈하자, 이에 격분한 무신 최질과 김훈 등이 난을 일으킴에 따라 황보유의와 장연우 등을 귀양보내는 사건이 일어났다. 그러나 왕가도가 이들을 피살함으로써 일시적인 반란에 그치고 말았다. 그 후 인종은 무신들의 교육기관인 무학재마저 폐지했고, 묘청의 난 이후에는 무신을 멸시하는 풍조가 더욱 극심해져 무신들은 역부(役夫)와 같은 대우를 받기에 이르렀다. 특히 향락에 빠져 정사에 소홀했던 의종 대에 와서는 무신 멸시 풍조와 함께 문신의 교만은 극으로 치달았다.

이러한 상황 속에서 그동안 계속해서 멸시받아 온 무신들의 불만은 점점 커지기 시작했고, 결국 무신의 난이라는 한 차례의 피바람을 몰고 오게 된 것이다. 무신의 난을 계기로 이의방 · 정중부 · 경대승 · 이의민 · 최씨 정권으로 이어지는 약 80여 년 동안의 '무인시대'가 열리게 되었다.

출구 없는 분노

정중부는 해주 출신으로 예종 원년(1106)에 태어났는데, 그의 정확한 가계에 대해서는 알려져 있지 않다. 『고려사』에 의하면 그는 "눈동자가 예리하고 이마가 넓었으며, 피부는 희고 수염이 아름다웠고, 키가 7척이 넘었다."고 한다. 출신 성분이 명확하지 않은 그가 중앙에 진출할 수 있었던 것은 당시 재상으로 있던 최홍재 덕분이었다. 고을에서 중앙으로 **군적**을 올릴 때 그것을 정중부에게 들려서 보냈는데, 이때 정중부를 눈여겨본 최홍재가 공학금군에 넣어주어 인종을 호위하게 된 것이다.

정중부는 견룡대정을 거쳐 교위에 올라 인종의 곁에서 호위하는 임무를 맡았다. 정중부는 임무를 성실히 수행하여 곧 신임을 받았다. 의종 원년(1147), "일찍이 조서를 받들어 수창궁 북문을 봉쇄했는데, 교위 정중부 등이 독단으로 열고서 임의로 출입하고 있으니 그 죄를 물으소서."라는 어사대의 탄핵을 받았으나, 오히려 의종이 이를 해명하고 위로해 줄 정도였다.

정중부는 이후 대장군을 거쳐 상장군에 올랐다. 그러나 여전히 왕을 호위하는 임무를 계속했다. 당시는 전쟁이 없는 평화로운 시기로 무신들에게는 왕을 호위하는 임무가 가장 중했다. 특히 음탕하고 놀기 좋아했던 의종은 문사들과 함께 아름다운 경치를 찾아다니며 풍류를 즐기기 일쑤였다. 의종은 자주 궁궐을 떠나 옮겨 다녔고, 그때마다 무신들은 의종을 호위해야 했다. 의종은 길을 가다가도 경치가 좋은 곳에 이르면 행렬을 멈추고 놀다가곤 했다. 문신들은 왕과 더불어 술을 마시며 즐길 수 있었지만, 언제나 왕의 곁을 지키며 한순간도 긴장을 늦추지 못하는 무신들은 굶주림과 피로로 지쳐갔다.

1164년, 의종이 인지재라는 곳으로 행차했을 때의 일이다. 법천사의 승려 각예가 술과 음식을 마련해 달령원이라는 곳에서 어가를 맞이했다. 의종이 여러 학사들과 더불어 시를 읊으며 부르고 화답하기를 그치지 않으므로 정중부를 비롯한 장수들은 이에 격분하여 한탄하기 시작했고, 이때부터 이들의 마음속에 불만이 싹트게 되었다. 또한 우부승선 임종식과 기거주 한뢰 등은 왕의 총애를 믿고 거만하게 굴었을 뿐 아니라 드러내놓고 무신들을 멸시했다. 이와 같은 이들의 행태는 그렇지 않아도 불만으로 가득 차 있던 무신들의 마음을 자극했다.

의종 24년(1170) 4월 어느 날, 정중부는 화평재에 행차한 의종을 호종하느라 여념이 없었다. 이날도 의종은 여느 때와 다름없이 문신들과 어울려 술을 마시고 노느라 좀처럼 궁궐로 돌아갈 생각을 하지 않았고, 문신들이 좋은 술과 음식들을 배불리 먹으며 즐기는 것과 달리 의종을 호위하는 장수와 군졸들은 하루종일 굶주려야만 했다.

이때 정중부가 한적한 곳에서 볼일을 보고 있는데, 산원 이의방과 이고가 다가와 이렇게 말했다.

"오늘날 문신들은 득의하여 언제나 좋은 술과 음식들을 배불리 먹는데, 우리 무신들은 모두 굶주림과 피로로 지쳐 있습니다. 장군, 이러한 부당한 대우를 언제까지 참고 지내야 한단 말씀입니까? 차라리 거사를

군적(軍籍)
군인들의 신상 명세를 기록해 놓은 문서. 군역을 부과하는 기준이 되었다.

일으켜 문신들을 싹 쓸어버리는 것이 어떻겠습니까?"

이미 반란을 계획하고 있었던 이의방과 이고는 당시 상장군으로 있던 정중부 또한 자신들의 계획에 동참하기를 원했다. 두 사람은 먼저 우학유를 찾아가 군대의 지휘를 부탁하였으나 거절당하자 정중부를 주동자로 선택한 것이다. 사실 무신정변은 정중부가 아닌 이의방·이고의 계획과 주도로 이루어졌고, 이것이 정변 이후 이고와 이의방이 제거될 때까지 정중부가 실권을 잡지 못한 이유이다.

이의방·이고의 제안에 정중부는 "나도 그대들과 같은 생각이지만 오늘은 때가 아니니 적당한 기회를 보아 거사를 하도록 하세."라고 대답했다. 이때 정중부가 두 사람의 계획에 흔쾌히 동의한 것은 무엇보다도 지난날 김돈중에게 당했던 수모 때문이었다.

당시에는 해마다 섣달 그믐날이면 역귀를 쫓는 의식인 나례가 열려 여러 가지 잡기를 펼치는 행사가 벌어졌다. 그해 역시 인종이 참석한 가운데 관원들이 서로 어울려 잡기를 펼쳤는데, 이때 정중부도 참여했다. 한참 어울려 잡기를 펼치고 있을 때였다. 갑자기 나이 어린 내시 김돈중이 촛불로 정중부의 수염을 태웠다. 화가 머리끝까지 치솟은 정중부는 김돈중의 멱살을 잡고 욕설을 퍼부으며 마구 때렸다. 이것을 듣고 크게 노한 김부식은 정중부를 결박하고 곤장을 칠 수 있도록 허락해 달라고 인종에게 아뢰었다. 김돈중은 바로 김부식의 아들이었던 것이다. 인종은 김부식의 청을 허락했으나 몰래 정중부를 피신시켜 위기를 모면하게 해주었다. 그 날 이후 정중부의 가슴속에는 김돈중에게 당한 수모와 함께 문신들에 대한 반감이 쌓이기 시작했던 것이다.

더 이상은 참을 수 없다

정중부 등이 정변을 계획하고 있다는 사실을 전혀 눈치채지 못한 의종은 여전히 사찰과 경승지를 찾아다니며 문신들과 어울려 술을 마시고 연회를 베풀며 향락에 빠져 지냈다. 또한 의종의 총애를 받고 있던 허홍재·이복기·한뢰 등은 날마다 의종과 밤늦게까지 어울리며 의종에게 아부하여 직언을 하는 관리들을 한직으로 좌천시키는 등 자신들의 세력을 키워 나갔다. 이때 눈치 빠른 김돈중은 뭔가 이상한 낌새를 느꼈는지 "수행하는 군졸들은 아침부터 밤까지 굶주림과 피곤으로 지쳐 있는데 성상께서는 어찌 즐기기만 하십니까? 게다가 밤도 어두운데 무엇을 더 보시려고 이곳에 계속 머무르는 것입니까?"라며 의종에게 환궁할 것을 진언하기도 했다. 하지만 의종과 문신들의 향락은 그칠 줄을 몰랐다.

드디어 운명의 날이 다가왔다. 의종 24년(1170) 8월 29일, 연복정에서 흥왕사로 행차하는 의종을 호종하던 정중부는 이의방과 이고를 불러 다음과 같이 말했다.

"지금이 우리가 거사할 좋은 기회다. 성상이 만약 곧바로 환궁한다면 거사를 다음 기회로 미룰 것이나, 만약 보현원으로 옮겨간다면 이 기회를 절대로 놓쳐서는 안 될 것이다."

그러나 이러한 거사 계획을 알지 못한 의종은 이튿날 행선지를 보현원으로 잡았다.

이때 정중부 등이 거사 결의를 더욱 다지게 되는 사건이 발생했다. 보현원으로 향하던 의종이 오문 앞에 이르러 시중을 불러 술을 따르게 하고는, 술에 취하자 좌우를 돌아보며 장졸들에게 오병수박희를 펼칠 것을 명한 것이다.

오병수박희란 다섯 명의 병사가 서로 짝을 이루어 손으로 상대방을 잡고 힘을 써서 쓰러뜨리는 놀이로 일종의 씨름이었다. 의종이 갑자기 오병수박희를 벌이도록 시킨 것은 이를 구실로 후한 상을 내려 무신들의 마음을 위로해 주고자 하는 마음에서였다. 그러나 사건은 의종의 의도와는 전혀 다른 방향으로 흘러가고 말았다. 그것은 무신들이 왕의 총애를 입을까 두려워한 한뢰의 시기심에서 비롯되었다.

이때 젊은 군졸을 상대로 오병수박희를 벌이던 대장군 이소응이 이기지 못하고 달아났다. 이소응이 비록 장수이긴 했지만 예순에 가까운 나이로 새파란 나이의 젊은 군졸을 당해낼 수 없었던 것이다. 이를 본 한뢰가 기다렸다는 듯이 연회장에서 뛰어 내려와 "이 한심한 늙은 무인 놈아! 그래, 대장군이 되어 가지고 창피하게 일개 군졸에게 진단 말이냐? 할 일 없이 나라의 녹만 받아먹는 좀도둑 같으니라고." 하고 욕하며 이소응의 뺨을 때렸다. 이소응은 한뢰의 갑작스런 공격에 그만 뜰 아래로 떨어지고 말았다. 이 모습을 본 의종을 비롯한 문신들은 손뼉을 치며 크게 웃었고, 임종식과 이복기도 합세하여 이소응을 욕하며 꾸짖었다.

정중부는 김광미·양숙·진준 등 무신들과 서로 눈짓을 나눈 뒤 "이 놈! 이소응이 비록 무신이라고 하지만 품계로 보아 3품 대장군이 아니냐? 그런데 네 따위 6품짜리 젊은 놈이 어찌 손찌검을 하여 욕을 보일 수가 있느냐!"며 큰소리로 한뢰를 꾸짖었다. 더 이상 끓어오르는 분노를 참을 수 없었던 것이다.

분위기가 갑자기 험악해지자 의종은 정중부의 손을 잡고 그의 마음을 달랬다. 이때 성격 급한 이고가 칼을 빼어 들고 정중부에게 눈짓을 보냈으나 정중부는 그런 이고를 말렸다. 그러나 이 일은 거사를 준비하고 있던 무신들의 마음에 불을 지피고 말았다.

예고된 쿠데타

의종이 보현원으로 옮겨감에 따라 정변은 계획대로 진행되었다. 그 날 날이 저물 무렵 어가가 보현원 가까이에 이르자, 이의방과 이고는 먼저 보현원으로 달려가 거짓 왕명으로 순검군을 불러모았다. 잠시 후 의종이 보현원 문에 들어서고 군신들이 물러가려 할 때, 이고 등이 임종식과 이복기를 죽였다. 드디어 정변의 신호탄이 오른 것이다.

이때 정변을 눈치 챈 김돈중은 보현원으로 오던 중 술에 취한 척 말에서 떨어져 도망치고, 한뢰는 몰래 의종의 침상 아래로 숨었다. 크게 놀란 의종은 환관 왕광취를 보내 살육을 멈출 것을 명했다. 그러자 정중부는 "오늘 일의 화근인 한뢰가 아직도 성상 곁에 있사오니 바라건대 그를 벨 수 있도록 내어주소서." 하고 청했다.

그러나 한뢰는 의종의 옷을 붙잡고 나오지 않았다. 이고가 칼을 뽑아 들고 위협하자 결국 밖으로 나왔으나 그 자리에서 목이 베이고 말았다. 이 모습을 본 지유 김석재가 이의방에게 "어찌 성상 앞에서 칼을 뽑아 들 수 있단 말인가?" 하고 말했으나, 이의방은 오히려 눈을 부릅뜨고 김석재를 꾸짖었다. 이미 문신들을 모두 없애기로 마음먹은 그들로서는 왕 앞에서의 살인도 감수할 수밖에 없었던 것이다.

이날 의종을 호종한 문신과 대소 신료 및 환관들이 모두 죽어 나갔고, 그 시체가 산을 이룰 정도였다. 이때 상당수의 무신들 또한 목숨을 잃었는데, 그것은 정변에 앞서 서로 구별하기 위해 오른쪽 어깨는 내어 놓고, 복두를 벗기로 한 약속을 미처 알지 못했기 때문이었다.

의종은 두려움으로 몸을 떨며 무신들을 위안하기 위해 장수들에게 칼을 하사했다. 그러나 수십 년 동안 무신들이 받아온 수모와 차별 대우를 생각하면 이러한 대우는 늦어도 한참 늦은 것이었다. 정변은 예고된 것이었고, 이미 "어느 곳이 보현찰이냐? 그 획 수만큼 도살될 것이다."라는 동요가 민간에 떠돌고 있을 정도였다.

이때 김돈중이 정변을 눈치 채고 미리 도망쳤다는 사실이 알려졌다. 이에 정중부는 이고와 이의방을 불러 대책을 의논했다. 정중부와 이고가 "만약 김돈중이 개경에 들어가 태자의 영을 받들어 성문을 굳게 닫고 반란의 주모자를 잡아들이자고 아뢰면 일이 매우 위급하게 되는데, 그때에는 어떻게 하면 좋겠는가?" 하고 묻자, 이의방은 "만약 그리 되면 남쪽으로 도망하거나, 그래도 숨지 못할 것 같으면 북쪽으로 가 거란이나 몽골에 투항하면 됩니다." 하고 대답했다.

정중부 등은 우선 개경 김돈중의 집으로 사람을 보내 상황을 살펴본 후 행동하는 것이 좋겠다는 결론을 내리고, 그 날 밤 걸음이 빠른 자를 개경으로 보내 상황을 염탐하게 했다. 그러나 첩자가 개경에 도착해 김돈중의 집을 살펴보니 집 안이 너무도 조용했다.

"승선께서는 어디에 계시는가?"

"왕을 호종해 간 뒤 아직 돌아오지 않았습니다."

이 소식을 전해들은 정중부 등은 "일이 이미 성사되었다"고 크게 기뻐하며 곧 무리의 일부를 남겨 **행궁**을 지키게 하는 한편, 이고 · 이의방 · 이소응은 날래고 용감한 자들을 뽑아 개경으로 달려가 가구소에 이르러 별감 김수장 등을 죽였다. 이어 궁궐에 들어가 추밀원부사 양순정, 내시지후 김광 등과 궐 안에서 숙직하고 있던 관리들을 모두 죽였다. 또한 순검군을 거느리고 태자궁에 이르러 김거실 · 이인보 등을 죽이고는 사람들을 시켜 거리에 나가 "문관의 관을 쓴 자는 비록 서리라 할지라도 모두 죽여서 그 씨를 말릴 것"이라고 외치게 했다. 이에 군졸들이 벌떼처럼 일어나 최유칭 · 허홍재 · 서순 · 최온 · 김돈시(김부식의 둘째아들) 등 문신 50여 명을 찾아 죽였다.

의종은 정중부를 불러 이제 군사를 거두고 살생을 금할 것을 부탁했다. 그러나 정중부는 묵묵부답이었다. 그러자 의종은 이고와 이의방을 응양용호군 중랑장에 임명하고, 그 밖의 무신들 또한 관직을 올려줌으로써 애써 정변을 무마하고자 했다.

그러자 정중부 등 정변 주도 세력들은 의종을 궁궐로 돌려보냈다. 의종이 개경으로 돌아오자 환관 왕광취가 무리를 모아 정중부 등을 치려 했으나 사전에 발각되고 말았다. 정중부는 이를 빌미로 의종을 수행했던 내시 10여 명과 환관 10명을 더 죽였다. 하지만 의종은 수문전에 앉아 술을 마시고 태연자약하게 악관으로 하여금 음악을 연주하게 하고 밤늦게야 침소로 드는 등 이전과 달라진 것이 하나도 없었다. 이때 이고와 채원이 의종마저 죽이고자 했으나 양숙이 이를 말렸다.

그 뒤 정중부 등은 의종을 군기감으로 옮겼다가 거제현으로 추방하고, 태자는 영은관으로 옮겼다가 곧이어 진도현으로 추방했으며, 태손은 죽였다. 정중부 등은 청교역에 숨어 있던 의종의 애첩 무비를 붙잡아 죽이려 했으나, 공예태후 임씨의 간청으로 죽이지 않고 의종이 있는 거제현으로 보냈다.

정변 주도 세력들은 문신들을 죽인 것으로 만족하지 않고 그들의 집마저 철거하려 했다. 그러자 진준이 "우리가 미워하고 원망했던 자는 이복기와 한뢰 등인데, 지금 우리가 죽인 사람들 중에는 죄없는 자가 헤아릴 수 없이 많습니다. 만약 집마저 다 철거한다면 그 처자들은 어디에 의탁해 살아갈 수 있겠습니까?" 하고 만류했다. 하지만 이의방 등은 이를 듣지 않고 군사를 풀어 문신들의 집을 헐어버렸다. 그 뒤로 무신들의 눈밖에 난 사람이 있으면 그의 집을 헐어버리는 관습이 생겨났다.

그 후 정중부가 이고·이의방 등과 함께 의종의 동생 익양공 왕호를 왕으로 옹립하니 그가 바로 고려 제19대 왕 명종이다. 명종 즉위 후 의종의 총애를 받았던 환관 왕광취와 백자단, 총신 영의와 유방의는 저잣거리에 효시되었으며, 그 외 의종의 총애를 믿고 방자하게 행동했던 사람들 대부분이 목숨을 잃었다.

이로써 정변은 일단락되었고, 이때부터 고려 조정은 정중부·이고·이의방 등의 무인들에 의해 좌지우지되어 최씨 집권까지 80여 년 동안 무인들에 의해 국정이 운영되었다.

이의방을 제거하고 실권을 잡다

정중부를 비롯한 무신들은 그동안 당했던 수모와 맺힌 한을 만회하려는 듯 모든 일을 자신들의 뜻대로 결정하고 처리했다. 명종 즉위와 함께 참지정사에 오른 정중부는 곧이어 중서시랑평장사·문하시랑평장사에 올랐으며, 일등공신으로 벽상공신에 올라 초상화가 공신각에

행궁(行宮)
임금이 다른 곳으로 행차할 때 묵던 별궁.

걸리는 영광을 누렸다. 하지만 사실상 정중부는 정변에 앞장섰을 뿐 이고와 이의방이 모든 정변을 계획하고 주도했으며 실권은 바로 이들에게 있었다.

무신들은 살아남은 문신들을 모두 **중방**으로 불러들였다. 이고는 중방에 모인 문신들을 죽이려고 했으나 정중부가 이를 만류함으로써 문신들은 겨우 목숨을 부지할 수 있었는데, 이때 정중부가 문신들을 살려둔 것은 조정 내에서 자신의 세력을 확보하기 위해서였다. 정변 직후 무신들 사이에서는 권력을 독점하기 위한 암투가 벌어졌는데, 특히 이고와 이의방의 세력 다툼이 가장 치열했다. 정중부는 그 사이 두 사람을 꺾고 실권을 잡기 위해 문신들을 옹호하여 자신의 세력을 확보하려 했던 것이다.

그러한 가운데 명종 원년(1171) 1월, 이의방이 이고를 제거하는 사건이 일어났다. 이고 쪽에서 먼저 이의방을 제거하려다 오히려 이의방에게 목숨을 잃고 만 것이다. 이후 조정은 이의방에 의해 좌우되었는데, 이의방은 먼저 중방을 강화하여 고위층의 무신들을 끌어들이는 한편 원래 문신들만 임명했던 지방관에 하급 무신들을 임명하여 그들을 회유하는 정책을 실시했다.

이때 무신들의 지나친 횡포에 맞서 이들을 몰아내고 의종을 복위시키려는 움직임이 서서히 나타나기 시작했다. 그 선두에 선 사람이 간의대부 동북면병마사 김보당이었다. 김보당은 대담하고 용기가 있어 서슴지 않고 직언을 함으로써 정중부와 이의방도 꺼려왔던 인물이었다. 그래서 외직인 동북면병마사로 내보냈는데, 무도한 무신들을 토벌하고 의종을 복위시킨다는 명분으로 군사를 일으킨 것이다.

명종 3년(1173), 김보당은 장순석과 유인준을 남로병마사로, 배윤재를 서도병마사로 삼고, 동북면지병마사 한언국의 호응을 얻어 군사를 일으켰다. 그는 우선 장순석과 유인준을 거제로 보내 그곳에 추방되어 있던 의종을 데리고 나와 경주에 머물도록 지시했다. 정중부와 이의방은 즉시 장군 이의민과 산원 박존위에게 군사를 주어 남쪽으로 내려가도록 하고, 서해도에도 군사를 급파하였다. 결국 반란군은 토벌되었고 김보당 등은 사로잡혀 개경으로 압송되었다.

이의방이 함께 난을 일으킨 자들을 모두 대라며 김보당을 국문하자, 김보당은 "이 땅의 문신으로 어느 누가 너희들의 무례하고 방자한 행동에 맞서지 않겠느냐?"고 대답했다. 사실 거사에 참여한 문신은 내시 진의광과 배윤재밖에 없었지만, 김보당은 문신들의 각성을 촉구하기 위해 일부러 거짓말을 한 것이다. 이로써 개경의 문신들을 또 한 차례 피바람에 휩쓸려 목숨을 잃었다. 정중부와 이의방은 김보당을 비롯한 수많은 문신들의 목을 베고 강물에 던져 죽였다. 또한 열흘 간에 걸친 보복 조치로 개경은 순식간에 흉흉해졌다. 한편 경주로 내려간 이의민은 김보당의 거사에 빌미를 제공한 의종을 시해했다.

이에 문신들에 대한 무차별적인 학살이 스스로 생각해도 너무 가혹하다고 생각한 승선 이준의와 진준은 이의방에게 더 이상의 살육은 멈추는 것이 좋겠다고 건의했다. 이어 낭장 김부 역시 "하늘의 뜻을 알 수 없고 인심을 측량치 못하거늘 힘만 믿고 의를 생각지 않으며, 관리를 사냥하여 풀 베듯 목을 베면 세상에 어찌 김보당 같은 사람이 없겠습니까? 우리들 가운데 자녀가 있는 사람으로 문관과 통혼하게 하여 인심을 편안케 하여야 오늘의 이 영광을 오래도록 유지할 수 있을 것입니다." 하고 건의했다. 이때 정중부가 그 의견을 받아들임으로써 문신들에 대한 학살은 점차 사그라들었다.

이듬해 1월, 귀법사 승려 100여 명이 북문에 쳐들어와 선유승록 언선

중방(重房)
2군 6위의 상장군과 대장군으로 구성된 회의기구로 무인집권 초기에는 최고의 정치·군사기구로 작용했으며, 무인정치는 곧 중방정치라 할 만큼 권력의 핵심체가 되었다. 최충헌 대에 이르러서는 교정도감이 중방의 역할을 대신하게 되었고, 중방은 명목상으로만 고려 말까지 존속하였다.

을 죽이자 이의방이 군사를 이끌고 나가 이를 무마했다. 그러자 이번에는 귀법사·중광사·홍호사·홍화사 등 여러 사찰의 승려 2천여 명이 숭인문을 불태우고 쳐들어와 이의방 형제를 죽이려 했다. 이의방은 다시 군사를 소집해 승려들을 죽이고, 사찰들을 파괴했다. 이때 이의방의 지나친 살육을 보다 못한 그의 형 이준의가 "너에게 세 가지 큰 죄악이 있으니 임금을 죽이고 그 집(천동택)과 계집(무비)을 취함이 하나요, 태후(공예태후)의 여동생을 위협하여 간통하였음이 둘이요, 국정을 마음대로 함이 그 셋이라." 하고 꾸짖었을 정도였다.

그러한 가운데 이번에는 서경유수 조위총이 절령 이북 40여 성의 호응을 얻어 군사를 일으켰다. 조위총은 이의방과 정중부 등 무인 세력들을 몰아내자는 기치를 내세워 큰 호응을 얻을 수 있었다. 이때 이의방은 상서 윤인미 등 서경 출신을 함부로 살해하여 인심을 잃었으며, 반란군 토벌에도 실패하고 말았다. 이에 이의방은 자신의 딸을 태자비로 삼아 세력을 강화하려 했으나 오히려 그로 인해 정치적으로 더욱 고립되고 말았다.

정중부가 이 기회를 놓칠 리 없었다. 그동안 정중부는 이의방의 권세에 눌려 사직을 청하고 집 안에 틀어박혀 있었다. 이의방이 이고와 채원마저 제거해 버리자 자신에게도 화가 미칠까 두려웠기 때문이다. 이의방이 부자의 연을 맺자고 제의하여 마음을 조금 놓긴 했지만, 정중부는 언제나 이의방을 제거하고 권력을 움켜쥘 기회만을 노리고 있었다. 그리하여 조위총의 난을 토벌하기 위해 출동한 이의방이 그의 아들 정균이 사주한 승려 종참 등에게 살해되자, 이준의와 고득원 등을 죽이고 태자비인 이의방의 딸을 폐출하여 조정의 실권을 잡았다.

자신 또한 정변으로 목숨을 잃다

정중부는 윤인첨을 보내 조위총을 격파하여 세력을 크게 약화시키고, 서경성에 의지한 채 항거하던 조위총을 3년 만에 붙잡아 죽임으로써 명실상부 최고의 권력자로 군림했다. 자신의 권력에 맞설 만한 세력을 모두 제거하는 데 성공한 것이다.

권력의 달콤한 맛에 빠진 정중부는 일흔이 되었지만 관직에서 물러날 뜻이 전혀 없었다. 이때 눈치 빠른 낭중 최충의가 정중부에게 "임금으로부터 **궤장**을 하사받으면 비록 나이가 일흔이 되어도 사직할 필요가 없다."고 알려주었다. 정중부는 크게 기뻐하며 예부 관리로 하여금 명종에게 그와 같이 건의하게 했다. 그리하여 정중부는 명종으로부터 궤장을 하사받고 계속해서 조정에 남아 국사를 총괄했다.

그러나 정중부도 흐르는 세월 앞에는 무릎을 꿇을 수밖에 없었다. 명종 6년(1176), 정중부는 병을 이유로 사직을 청했다. 그러자 기다렸다는 듯이 곳곳에서 그의 몰락을 예고하는 조짐이 나타나기 시작했다. "시중 정중부 및 그의 아들 승선 정균과 사위 송유인은 권세를 믿고 방자하게 행동한다. **남적**이 일어남은 모두 이들의 행동에서 비롯된 것이다. 만약 군사를 내어 남적을 치려한다면 먼저 정중부 무리를 죽인 뒤에야 가능할 것이다."라는 익명의 방이 곳곳에 나붙은 것이다.

이 소식을 들은 정균은 두려워한 나머지 사직을 청하고 며칠 동안 집 밖으로 나가지도 못할 정도였다. 그러나 정중부는 여전히 문하시중으로 국사를 처리하다 2년 뒤인 명종 8년(1178) 관직에서 물러났다. 이때 그의 나이 일흔세 살이었다.

정중부가 사직한 후 고려 조정은 그의 아들 정균과 사위 송유인 부자, 그리고 경주에서 의종을 시해했던 이의민에 의해 좌우되었다. 이들

궤장(几杖)
임금이 나라에 공이 많은 늙은 대신에게 하사하던 안석과 지팡이.

남적(南賊)
고려 무인정권 시대에 남부 지방에서 일어난 민란을 통틀어서 일컫는 말이다. 무인집권 초기, 정권이 수시로 교체되는 혼란 속에서 중앙의 통제력이 크게 약화되자 전국 각지에서 민란이 빈번하게 일어났는데, 명종 5년(1175) 석령사의 난을 비롯하여 1176년 망이·망소이의 난, 1193년 김사미·효심의 난 등이 대표적 예이다.

은 자신들의 권세를 앞세워 전횡을 일삼았다. 심지어 정균은 화재로 소실된 태후의 별궁을 자신의 집으로 삼기까지 했고, 그의 집은 날마다 그에게 아부하는 사람들로 문전성시를 이루었다. 그뿐 아니라 공주에게도 눈독을 들이기 시작했는데, 정균은 지난날 조강지처를 버리고 상서 김이영에게 위협을 가해 그 딸을 처로 삼았던 전적이 있었다. 그러나 명종에게는 이를 막을 대책이 없었고, 정균을 두려워한 나머지 그의 잘못을 지적하는 사람 또한 없었다.

그러나 이들에게도 운명의 날은 다가왔다. 평소 이들의 전횡에 큰 불만을 품고 있던 스물다섯의 청년 장군 경대승이 칼을 뽑아든 것이다. 명종 9년(1179), 경대승은 먼저 정균을 급습하여 살해하고, 금군을 풀어 정중부·송유인 등의 체포에 나섰다. 이 소식을 들은 정중부는 민가로 숨었으나 곧 붙잡혀 목숨을 잃었고, 그의 목은 거리에 효시되었다. 1170년 무신들에 대한 차별대우와 멸시에 불만을 품고 정변을 일으킨 지 9년 만이었고, 이의방을 제거하고 실권을 잡은 지 5년 만이었다.

최충헌

최충헌은 고려 왕조 475년 가운데 3대에 걸쳐 60년 동안 나랏일을 좌
지우지했던 최씨 무인정권의 문을 연 인물이다. 그는 당시 최고 권력자
로 군림하던 이의민을 제거하고 권력을 장악한 이후, 명종과 희종 두
명의 왕을 폐위하고 신종·희종·강종·고종 등 네 명의 왕을 옹립하
는 등 자신의 권력 유지에 방해가 되면 왕조차도 밥먹듯 갈아치웠다.
그뿐 아니라 자신의 혈족들까지도 죽음으로 내몰거나 유배를 보내는
등 권력을 지키기 위해서는 무슨 짓이든 서슴지 않았다.

무인정권 사상 최장기간 동안 집권했던 최충헌은 권력 독점이 단기
간으로 그쳤던 다른 무인집권자들과는 달리 제도적인 치밀함을 보여준
다. 그는 권력을 유지하기 위해 중방을 적극 활용하였고, 도방을 설치
하여 신변의 안전을 기했다. 도방은 최씨 정권을 유지하는 기반이 되었
고, 이후 야별초, 좌·우별초로 이어지다 삼별초로 흡수되어 대몽 항쟁
의 주역이 되었다.

연이어 불어닥친 피바람
최충헌은 의종 3년(1149) 상장군 최원호의 아들로 태어났다. 처음 음
서로 양온령에 제수되면서 관직에 발을 들여놓았으나, 이는 이름뿐인
관직으로 이때에는 별다른 활동을 보이지 않았다. 그가 비로소 두각을

나타내기 시작한 것은 명종 4년(1174) 조위총의 난에 이르러서였다. 이때 토벌군 원수 기탁성에게 발탁된 최충헌은 정8품 별초도령이 되어 반란군을 진압한 공로로 섭장군에 올랐다.

무신정변 이후 고려에는 끊임없이 피바람이 불어 닥쳤다. 김보당·조위총을 비롯한 여러 무리들이 무인정권을 타도하기 위해 끊임없이 군사를 일으킴으로써 그때마다 살육이 벌어졌고, 정변 세력 내부에서도 권력을 차지하기 위한 세력 다툼이 계속되었기 때문이다. 특히 정중부 부자와 사위 송유인은 이의방을 제거한 후 권력을 독점하며 전횡을 일삼았다. 심지어 정균은 공주에게 장가들고자 꾀하기까지 했다.

경대승은 평소 이러한 정중부 부자의 전횡을 못마땅하게 여겨왔지만 군권을 쥐고 있는 송유인 때문에 행동으로 옮기지 못하고 있었다. 그러던 중 송유인이 중신 문극겸과 한문준을 배척함으로써 조정의 인심을 크게 잃고 말았다. 경대승은 그 기회를 놓치지 않고 견룡 허승을 시켜 정균을 죽이게 한 후, 자신은 결사대를 이끌고 들어가 대장군 이경백과 정중부·송유인 등을 제거하였다. 이로써 정중부의 시대는 끝나고 경대승의 시대가 열렸다. 이후 허승과 김광립이 자신들의 공을 믿고 폐단을 야기하자 경대승은 이들마저 제거해 버렸다. 경대승은 자신의 신변을 보호하기 위해 도방을 설치하고 중방제를 실시했으나, 끊임없는 암살 위협에 시달리다 서른 살의 나이로 갑작스레 병사하였다.

그 뒤를 이은 사람이 바로 이의민이다. 이의민은 경주 사람으로 원래 천민 출신이었으나, 기골이 장대하여 안찰사 김자양에게 발탁되어 경군이 되었다. 이의민은 뛰어난 **수박** 실력으로 의종의 총애를 받아 별장이 되었고, 이때 이의방의 수하로 들어갔다. 그 후 무신의 난에 가담하여 세운 공으로 중랑장에 올랐고 곧이어 장군으로 승진했다. 명종 3년(1173)에 일어난 김보당의 난 당시 의종을 시해하고 난을 진압한 공으로 대장군이 되었고, 이듬해 조위총의 난을 평정하여 상장군에 올랐다.

그러나 명종 9년(1179), 정중부를 제거한 경대승이 축하하는 관료들에게 "임금을 시해한 자가 아직 이곳에 있는데 어찌 축하할 수 있는 가?"라고 말하자, 화를 입을까 두려워 병을 핑계로 고향인 경주로 돌아가 은거했다. 그로부터 4년 후인 명종 13년(1183), 경대승이 병사하자 명종에 의해 불려 올려져 공부상서에 임명되었고, 이후 중서문화평장사를 거쳐 판병부사에 올랐다. 정적들을 제거하고 권력을 장악한 이의민은 세 아들과 함께 조정을 좌지우지하며 역모를 품고 김사미·효심 등과 내통하는 한편, 벼슬을 팔고 백성들의 재물을 빼앗는 등 갖가지 전횡을 일삼았다.

비둘기 한 마리에게서 비롯된 권력

최충헌은 이의민이 권력을 장악하고 있던 20여 년 동안 별다른 활약도, 출세도 하지 못한 채 한직에 머무르며 허송세월을 보내야만 했다. 그런 최충헌에게 권력을 장악하고 60년 최씨 정권을 탄생시킬 수 있는 계기를 마련해 준 것은 바로 한 마리의 비둘기였다.

최충헌에게는 최충수라는 아우가 있었는데, 그는 용맹스러웠으나 성격이 사납고 음험할 뿐만 아니라 시기심이 많은 인물로 하급무관인 동부녹사로 있었다. 명종 26년(1196) 4월 어느 날, 최충수가 집에서 기르던 비둘기를 장군 이지영이 빼앗아간 사건이 발생했다. 최충수는 이지영을 찾아가 거칠게 항의하며 자신의 비둘기를 돌려줄 것을 요구했다.

이지영은 당시 최고 실력자로 군림하고 있던 이의민의 아들이었다. 그러다 보니 사람들은 이지영에게 값진 물건을 빼앗겨도 항의는커녕 군소리 한 마디 못했다. 그런데 일개 하급무관에 불과한 최충수가 이지영을 찾아와 거칠게 항의한 것이다. 화가 난 이지영은 종복들에게 큰소

수박(手搏)
두 사람이 맞붙어 손으로 쳐서 상대방을 넘어뜨리는 경기로 무술 훈련의 기본기로 삼았다.

리로 지시했다.

"여봐라! 당장 저자를 꽁꽁 묶어버려라."

하지만 최충수는 조금도 위축되지 않고 "장군 외에는 아무도 나를 감히 묶을 수 없습니다." 하고 대답했다. 최충수의 용기를 가상하게 여긴 이지영은 더 이상 죄를 묻지 않고 풀어주었다. 무사히 이지영의 집에서 풀려 나오기는 했지만 그에 대한 최충수의 마음이 풀린 것은 아니었다. 오히려 이지영에게 원한을 품은 최충수는 이의민 등을 제거하기로 결심했다.

최충수는 그 길로 형 최충헌을 찾아가 "형님, 이의민 부자는 사실 역적이 아닙니까? 제가 나서서 그들의 목을 베고자 하는데 형님 생각은 어떻습니까?" 하고 자신의 결심을 밝혔다. 이에 최충헌이 "지금 그들의 기세가 하늘을 찌를 듯한데 어렵지 않겠는가?"라고 하자, 최충수는 "제 뜻은 이미 정해졌고, 이제 와서 그것을 포기할 마음은 전혀 없습니다"며 자신의 확고한 결심을 밝혔다.

그리하여 이의민 부자를 제거하기로 결정한 최충헌 형제에게 기회는 의외로 빨리 다가왔다. 석가 탄신일에 명종이 보제사에 행차를 했는데, 이의민이 병을 핑계로 따라가지 않고 오히려 미타산에 있는 자신의 별장으로 놀러 간 것이다. 이것은 의종 시해 사건과 더불어 그를 죽일 명분으로 삼기에 충분했다.

최충헌 형제가 이 기회를 놓칠 리 없었다. 최충헌 형제는 조카 박진재와 친척 노석숭 등과 함께 옷소매 속에 칼을 감춘 채 미타산으로 향했다. 그리고 이의민의 별장 앞 숲 속에 몸을 숨긴 채 그가 나오기만을 기다렸다. 마침내 이의민이 밖으로 나와 말에 오르려고 할 때였다. 최충수가 이의민 앞으로 뛰어들며 칼을 휘둘렀다. 그러나 서두른 나머지 그만 칼이 빗나가고 말았다. 최충헌 등은 순간 몹시 당황했다. 만약 이의민을 제거하는 데 실패한다면 자신들은 물론 가족들까지 역적으로 몰려 목이 달아날 상황이었기 때문이다.

이때 최충헌이 재빨리 앞으로 뛰어나가 갑작스러운 상황에 어리둥절해 있는 이의민의 목을 단칼에 베어버렸다. 그러자 이의민을 따르던 종복들은 무서워 벌벌 떨며 도망쳐버렸다. 이로써 최고의 권력을 누려왔던 이의민은 변변한 저항 한 번 못 해보고 너무도 허망한 최후를 맞았다.

최충헌은 곧 노석숭에게 이의민의 머리를 내어주며 개경으로 달려가 저잣거리에 효수하도록 지시했다. 명종을 호종하여 보제사에 가 있다가 이 소식을 들은 사람들은 겁을 잔뜩 집어먹고 도망치기에 바빴다. 지난날 무신의 난 때 수많은 사람들이 죽어 나갔던 사실을 똑똑히 기억하고 있었기 때문이다. 명종 또한 서둘러 궁궐로 돌아왔다.

개경으로 돌아온 최충헌 형제는 명종에게 "역신 이의민은 일찍이 왕을 시해하는 죄를 범했고, 백성들에게 갖은 횡포를 부리고 잔학을 일삼았습니다. 그뿐 아니라 왕위까지 넘보고 있으므로 신들이 이를 경계한 지가 이미 오래 되었습니다. 이제 이 나라의 종묘사직을 위하여 그들 무리를 토벌했사오나, 미리 왕께 아뢰어 허락을 구하지 못한 까닭은 혹시라도 계획이 누설될까 두려웠기 때문입니다. 그러나 이 죄는 분명 죽어 마땅한 죄이옵니다."라며 사건의 경과를 보고했다.

명종은 최충헌 형제를 안으로 불러들인 뒤 그들의 공로를 치하했다. 유약한 명종으로서는 어쩔 수 없는 일이었다. 그도 그럴 것이 최고 권력자 이의민을 단칼에 죽였을 뿐만 아니라 군사들까지 이끌고 나타난 최충헌 형제는 두려움의 대상일 수밖에 없었다.

명종의 인정으로 명분을 얻은 최충헌 형제는 본격적으로 이의민의 아들들을 비롯한 잔당과 반대파 제거에 나섰다. 이의민 한 사람을 죽인 것으로는 안심할 수 없었다. 그의 세 아들을 비롯해 그를 따르는 무리들이 언제 또다시 들고일어나 자신들을 제거할지 알 수 없었기 때문이다.

최충헌은 먼저 대장군 이경유·최문청 등과 더불어 명종에게 잔당을 토벌할 수 있도록 허락해 달라고 청했다.

"이 나라에는 아직 이의민을 따르는 수많은 무리들이 있습니다. 그들을 제거하지 않으면 언제 또다시 이 나라 종묘사직에 위해를 가할지 모릅니다. 부디 그들의 죄를 물을 수 있도록 허락해 주십시오."

명종의 허락을 얻은 최충헌 등은 이의민의 아들들을 비롯한 심복들을 모두 잡아들여 죽이거나 귀양보냈다. 그 뒤 최충헌이 이경유 · 최문청과 더불어 앞으로의 대책을 의논하고 있을 때였다. 한 사람이 찾아와 "평장사 권절평과 손석, 상장군 길인 등이 군사를 일으킬 준비를 서두르고 있습니다. 또한 이경유 등도 딴마음을 품고 있다."고 밀고했다.

최충헌은 자신을 따르는 무리들에게 비밀리에 지시를 내려 좌우에 세워 둔 뒤, 사람을 시켜 권절평의 아들 권준과 손석의 아들 손홍윤을 불러들였다. 두 사람이 오자 최충헌은 그들과 더불어 술을 마시면서 웃고 떠들다가 좌우를 돌아보며 눈짓을 했다. 그러자 좌우에 서 있던 사람들이 기다렸다는 듯이 두 사람의 목을 베었다. 함께 있던 이경유 역시 앉은자리에서 죽임을 당했다. 최문청만 늙고 정직하다는 이유로 간신히 목숨을 부지할 수 있었다.

이어 최충헌은 군사를 풀어 권절평과 손석을 비롯하여 장군 권윤과 유삼백, 어사중승 최혁윤 등을 잡아들인 뒤 모두 목을 베었다. 이때 수창궁에 있던 길인은 장군 유광 · 박공습 등과 의논 끝에 궐 안의 군사들과 환관, 노예 등을 끌어들여 1천여 명의 무리들을 모았다. 그리고 무기고를 열어 이들을 무장시킨 뒤 "지금 최충헌이 난을 일으켜 죄없는 사람들을 죽이니, 장차 화가 너희들에게도 미칠 것이 불 보듯 뻔하다. 마땅히 힘을 합쳐 그들을 몰아내도록 하자."며 설득했다.

이 소식을 들은 최충헌 형제는 즉시 길인 무리의 진압에 나섰다. 최충헌 형제는 먼저 결사대 10여 명을 선봉으로 삼아 크게 함성을 지르며 공격했다. 그 기세에 놀란 길인의 무리들은 사방으로 흩어져 버렸고, 이에 길인 · 박공습 · 유광은 수창궁으로 들어가 문을 굳게 닫고 나오지 않았다. 최충헌 등이 수창궁을 포위하고, 백존유가 불을 지르려고 하자 몰래 성을 빠져나가 도망친 길인은 북산에 이르러 머리를 깎고 승복으로 갈아입은 뒤 바위에서 떨어져 죽었다.

명종은 사람을 시켜 궁문을 열고 최충헌 형제를 맞아들이게 했다. 그러나 최충헌 형제는 길인의 무리들이 잠복하고 있을 것을 염려하여 먼저 최윤광을 안으로 들여보내 명종에게 다음과 같이 아뢰게 했다.

"이의민이 제멋대로 날뛰었기 때문에 신들이 군사를 일으켜 목을 베었습니다. 그런데 그 무리들이 신을 꺼려하여 도리어 해치고자 했으나 하늘이 돕지 않아 저절로 무너졌습니다. 남은 무리들이 궁궐 안에 아직 숨어 있사오니, 궁 안으로 들어가 수색하여 그들을 잡기를 청하옵니다."

명종은 최충헌 형제의 요구를 받아들였고, 그들은 곧 군사를 풀어 길인 무리를 찾아내어 죽일 것을 지시했다. 군사들은 닥치는 대로 사람을 죽였고, 궁 안 곳곳에 시체가 즐비했다. 이것을 본 유광과 박공습은 목을 찔러 자살해 버렸다. 명종의 곁에 있던 신하들은 모두 놀라 달아나고 오직 **소군**과 후궁 두서너 명만이 주저앉아 울고 있을 뿐이었다.

최충헌 등은 참지정사 이인성, 상장군 강제, 문득려 등 36명을 잡아 인은관에 가두었다. 이어 최충헌은 상장군 주광미, 대장군 김유신과 권연 등을 죽이고, 판위위사 최광원, 소경 권신, 장군 권식, 두응용, 낭장 최비를 변방으로 귀양보냈다. 그리고 이의민의 아들 이지순과 이지광이 스스로 인은관으로 나오자 최충헌은 "이들은 화란의 근본이니 용서할 수 없다."며 이들의 목을 베었다.

이렇듯 최충헌은 자신의 권세에 도전하거나 방해가 될 만한 세력들을 철저하게 죽이거나 귀양을 보냄으로써 자신의 입지를 확고히 했다.

권력 앞에서는 왕도 핏줄도 없다

최충헌은 자신의 심복들을 관직에 등용하는 한편, 그해 5월 「봉사 10

소군(小君)
후궁 소생의 왕자로서 출가하여 궁중에 머무르던 승려를 말한다.

조」를 올려 다음과 같이 건의했다.

"역신 이의민은 성품이 사납고 잔인하여 위로는 임금을 두렵게 하고 아래로는 신하를 업신여겨 왕위를 위협하니, 이와 같은 일은 조정이 생긴 이래로 단 한 번도 없었습니다. 어찌 한두 가지로 그 죄를 논할 수 있겠습니까? 신들이 폐하의 명령에 힘입어 이들 무리를 모두 제거하였사오니, 원컨대 폐하께서는 옛 정치를 개혁하고 새로운 정치를 도모하시어 나라를 중흥하옵소서."

이때 최충헌 형제가 올린 「봉사 10조」는 신축한 궁궐을 사용할 것, 관원들을 감축할 것, 권신들의 토지를 환원시킬 것, 궁궐에 출입하는 승려들의 폐단을 금지할 것, 근검절약을 장려하고 사치를 금지시킬 것 등에 관한 것이었다. 명종은 최충헌 형제의 봉사를 받아들였다. 그러나 결국 이 「봉사 10조」로 인해 명종은 재위 28년 만에 폐위되고 만다.

「봉사 10조」를 올린 후 최충헌은 본격적으로 국정 쇄신에 나섰다. 먼저 권세를 등에 업고 부당하게 내시로 승진한 이상돈 · 이분 · 원춘 등 50명을 내쳤다. 이어 궐 안에 있으면서 나랏일에 간여하던 소군 홍기 · 홍추 · 홍규 · 홍구 · 홍각 · 홍이 등을 모두 절로 돌려보냈다. 승려 운미와 존도 역시 내쳤는데, 이들이 수시로 궁궐을 출입하며 명종의 총애를 받자 조신들이 그들에게 아부하는 폐해가 발생했기 때문이다.

최충헌은 좌승선에 임명되었고, 얼마 지나지 않아 지어사대사가 되었다. 1197년, 명종은 "좌승선 최충헌과 대장군 최충수는 악인을 미워하기를 원수같이 하고 손수 이의민을 베어 나라의 사직을 편안케 하였다. 최충헌에게는 충성좌리공신을, 최충수에게는 수충찬화공신을 하사하고, 그의 부인 원호에게는 봉의찬덕공신 수태위 문하시랑을 증직하며, 전각에 이들의 형상을 그리도록 하라."는 교서를 내려 최충헌 형제를 치하했다. 최충헌 형제는 명종으로부터 최고 공신으로 인정받고 아울러 아버지까지 관직을 추증받는 영광을 누렸다.

하지만 어느 정도 정적을 제거하고 기반이 닦이자 최충헌 형제는 명종을 폐위할 뜻을 품었다. 그것은 명종이 자신들이 올린 「봉사 10조」를 제대로 시행하지 않았기 때문이었다. 최충헌 형제는 먼저 제사를 지내 새 왕을 내려주기를 하늘에 빌었다. 그러나 이들의 잘못을 깨우쳐주기 라도 하려는 듯 괴이한 일들이 여기저기서 일어났다. 그 날 저녁, 천둥 번개와 함께 우박이 내리고 회오리바람이 갑자기 일어나더니 길가의 나무가 안으로 쓰러져 흥국사의 담이 모두 무너지고 새로 지은 건물이 한꺼번에 넘어졌다. 또 바람으로 인해 길거리의 많은 나무들이 쓰러졌다. 그러나 최충헌 형제의 결심은 확고했다.

얼마 후 박진재와 함께 최충헌을 찾은 최충수는 "지금 임금은 제위에 오른 지 이미 28년이나 되다보니 나이가 들어 정사를 제대로 돌보지 못하고 있습니다. 또한 소인배들을 총애하여 황금과 비단을 마구 내리니 나라의 창고가 텅 비어버렸습니다. 이런데도 어찌 임금을 폐하지 않을 수 있겠습니까? 태자 또한 성품이 우매하고 유약하여 왕위를 계승하기에 마땅치 않습니다. 종친들 중에 사공 왕진이 유교 경전과 역사서에 통달하고 총명하며 도량이 있으니, 만약 그를 임금으로 세운다면 나라가 중흥할 것입니다."며 왕진을 새 임금으로 추대했다. 그러나 이때 최충수가 왕진을 추대한 데에는 다른 이유가 있었다. 그것은 그가 왕진의 여종을 사랑했기 때문이었다.

이러한 내막을 이미 알고 있던 최충헌은 "평양공 왕민은 임금의 동복 아우로서 제왕의 도량이 있을 뿐 아니라 그의 아들 연은 총명하고 학문을 좋아하니 마땅히 태자가 될 만하다."며 왕민을 추천했다. 각자 다른 사람을 새 임금으로 내세울 것을 주장하는 두 사람의 논쟁은 좀처럼 결론이 나지 않았다.

그러자 박진재가 나서서 "왕진과 왕민 모두 임금이 될 만한 자질을 갖추고 있으나, 금나라에서는 왕진의 존재를 모르고 있으니 만약 왕진을 세운다면 저들은 반드시 제위를 찬탈했다고 의심할 것입니다. 하지만 그들이 익히 알고 있는 왕민을 세우고 예전 의종 때처럼 아우에게 양위했다고 금나라에 알린다면 별다른 후환이 없을 것입니다."라며 두 사람을 중재했다. 박진재의 말이 옳다고 생각한 최충헌 형제는 왕민을 새 임금으로 세우기로 결정했다. 하지만 이날의 의견 대립은 앞으로 벌어질 이들 형제의 골육상쟁을 예고하는 것이었다.

최충헌 형제는 명종을 폐위하기 위한 사전 조치로 자신들의 일족인 김약진·노석숭 등을 시켜 거리에 군사들을 배치하고 성문을 닫았다. 이어 명종 폐위에 반대할 만한 인물들의 제거에 나섰는데, 두경승·유득의 등 12명과 정치에 관여하던 승려들 20여 명에게 죄를 씌워 모두 귀양보냈다. 그리고 명종을 창락궁에 감금하고, 태자와 태자비는 강화도로 귀양보냈다. 얼마 후 평양공 왕민을 맞아들여 왕위에 올리니 그가 바로 고려 제20대 왕 신종이다. 이때가 명종 27년(1197) 9월이었다. 그러나 이것은 왕도 자신들의 마음에 들지 않거나 뜻에 따르지 않으면 바꿀 수 있다는 것을 보여준 첫 번째 예에 불과했다.

최충헌은 자신의 권력을 지키기 위해서라면 핏줄을 제거하는 일도 서슴지 않았다. 그해 10월 최충헌은 동생 최충수를 제거했는데, 그것은 최충수가 자신의 권력을 공고히 하기 위해 신종을 위협하여 자신의 딸을 태자비로 삼으려고 했기 때문이다. 그 소식을 전해들은 최충헌은 술을 가지고 최충수를 찾아가 조용히 타일렀다.

"지금 우리 형제의 권세가 비록 한 나라를 움직이고 있다고는 하지만 본래 가문이 낮고 미천하니, 만약 아우의 딸을 동궁에 시집보낸다면 사람들의 비난이 쏟아지지 않겠는가? 또한 부부 사이의 의리는 하늘에 정해져 있는 법인데, 수년 동안 태자비와 부부로 지내온 태자가 하루아침에 서로 헤어지게 되면 그 마음이 어떻겠는가? 옛 사람이 말하기를 '앞 수레가 넘어지면 그것을 보고 뒷수레를 경계한다'고 했다. 지난날 이의방이 그의 딸을 태자에게 시집보냈다가 결국은 남의 손에 죽었지 않은가? 그런데도 아우는 앞사람이 실패한 자취를 그대로 따르려 하는가?"

처음 최충수는 이 말에 순순히 따르는 것처럼 보였으나 최충헌이 돌아간 뒤 금세 마음을 바꾸었다. 심지어 최충수는 이를 말리는 어머니를 손으로 밀쳐 땅바닥에 넘어뜨리기까지 했다. 최충수의 이러한 행동을 전해들은 최충헌은 "불효보다 더 큰 죄가 없는데 어머니를 욕보임이 이와 같으니 하물며 형인 내게는 어떻게 대하겠는가? 말로는 그를 타이를 수 없으니 내일 아침 일찍 무리들을 시켜 광화문에서 기다리고 있다가 그의 딸이 오면 길을 막아 궐 안으로 들여보내지 못하게 하리라"며 최충수를 저지할 것을 결심했다. 최충수 또한 자신을 따르는 무리들을 모아 이에 대비했다. 이로써 두 사람은 물리적인 충돌을 피할 수 없게 되었다.

이때 발빠른 행동으로 먼저 궐 안을 장악하고 기선을 제압한 최충헌은 박진재·김약진·노석숭의 도움을 받아 최충수를 비롯해 장군 오숙비·준존심·박정부 등을 죽임으로써 자신의 권력을 더욱 공고히 했다. 그러나 최충헌에게도 한 가닥 양심은 남아 있었던지, 부하들이 가지고 온 최충수의 잘린 머리를 보자 울면서 "나는 산 채로 잡으려 했는데, 어찌 경솔히 그를 죽였느냐?"며 시체를 거두어 장례를 치러주었다.

그로부터 9년 후인 희종 2년(1206) 5월, '장군 박진재가 외숙인 최충헌을 제거하려 한다'는 익명의 방이 도성에 나붙은 사건이 일어났다. 박진재가 대장군에 오르자 그를 찾는 문객이 최충헌과 거의 같았으며 하나같이 모두 용감하고 사나웠다. 그런데 자신의 문객들 가운데 벼슬에 오른 사람이 적자 박진재는 불평을 일삼기 시작했고, 술에 취하면 아예 드러내놓고 최충헌에 대한 불만을 토로하곤 했던 것이다. 이에 최충헌은 쿠데타 동지이자 그동안 심복처럼 자신을 도와온 박진재를 붙잡아 다리의 힘줄을 끊은 뒤 백령도로 귀양보냈다. 또한 그를 따르던 무리 가운데 용감하고 사나운 자들은 모두 먼 섬으로 유배시켜 버렸다.

박진재는 귀양간 지 몇 달 만에 귀양지인 백령도에서 울화병으로 죽었다. 이와 같이 최충헌은 자신의 권세에 도전하는 사람은 비록 피붙이라 해도 용서하지 않았다.

그 후 희종 7년(1211) 12월, 최충헌은 희종마저 폐위시키고 강종을 옹립했는데, 희종이 내시낭중 왕준명 등과 함께 자신을 죽이려 했다는 이유에서였다. 어느 날 최충헌이 조정 관료들의 인사에 관한 일로 수창궁에 있는 희종을 찾았다. 그를 맞은 희종은 조금 뒤 아무 말 없이 내실로 들어가버렸다. 얼마 후 환관이 나오더니 왕명으로 음식을 내린다며 최충헌의 종자들을 궐 안 깊숙한 곳으로 안내했다. 이때 갑자기 무기를 든 승려와 시종 10여 명이 달려들더니 종자들을 쳐죽였다.

이에 크게 당황한 최충헌은 희종에게 달려가 목숨을 구해달라고 사정했지만 희종은 문을 굳게 닫은 채 아무 말이 없었다. 다급해진 최충헌은 지주사의 집무실 문지방 사이에 몸을 숨겼다. 최고 권력자로서의 체면보다는 우선 목숨이 중요했기 때문이다. 잠시 후 무기를 든 승려들이 나타나 세 번이나 최충헌이 숨어 있는 장소 앞에 왔으나 찾지 못하고 돌아갔다. 결국 중방에 있던 김약진과 정숙첨이 소식을 듣고 수창궁으로 달려와 구해줌으로써 최충헌은 간신히 목숨을 부지할 수 있었다.

한편 최충헌이 신변을 보호하기 위해 항상 거느리고 다니던 도방의 군사들은 최충헌의 생사를 알 수 없어 발만 동동 구르고 있다가, 최충헌이 무사하다는 소리에 비로소 안으로 들어가 최충헌을 구해내니 이를 본 승려 무리들은 멀리 달아나버렸다.

이로써 사건은 일단락되었다. 이때 김약진이 "제가 군사를 거느리고 궁궐로 들어가 궁 안에 있는 사람들을 모두 죽인 다음 희종을 폐위하고 새 임금을 세우겠습니다."라고 나섰으나, 최충헌은 "그와 같이 경솔히 행동하면 앞으로 이 나라가 어떻게 되겠는가? 후세에 잘못된 본보기가 될까 두렵다. 내가 마땅히 국문을 할 것이니 너는 나서지 말라."며 이를 제지했다.

그렇다고 자신의 목숨을 노린 자들을 용서해 줄 최충헌이 아니었다. 그는 곧 상장군 정방보를 시켜 연경궁의 관리로 있는 정윤시를 비롯한 환관들을 잡아 인은관에 가두게 했다. 이어 그들을 심문을 하자 그들은 곧 모든 사실을 털어놓았다.

이번 일은 내시낭중 왕준명이 꾸민 일이며 우승경·사홍적·왕익 등도 그 음모를 알고 있었다는 사실이 밝혀졌다. 최충헌은 이들을 모두 멀리 귀양보낸 후, 희종 또한 이 일과 무관하지 않다고 생각하여 폐위시킨 뒤 강화로 내쫓아버렸다. 이어 아들 최우와 평장사 임유를 보내 한남공 왕정을 맞아들여 강안전에서 옹립하니, 그가 바로 고려 제22대 왕 강종이다.

이로써 최충헌은 명종 26년(1196), 이의민을 죽이고 권력을 잡은 이후 죽을 때까지 명종과 희종 두 명의 왕을 폐위하고, 신종·희종·강종·고종 등 네 명의 왕을 옹립하였다. 이는 우리 역사상 유래를 찾아볼 수 없는 일이다. 이와 같이 최충헌은 자신에게 걸림돌이 되는 사람은 핏줄은 물론 왕까지도 서슴없이 제거함으로써 자신의 권력을 확고히 하고 나아가 60년 최씨 정권을 탄생시켰다.

무너진 질서

최충헌은 권력을 잡고 있는 동안 끊임없는 반란과 암살 음모에 시달려야 했다. 최충헌이 최충수를 제거한 이듬해인 신종 원년(1198) 5월 어느 날, 율학박사 한충유가 찾아와 개경에서 반란 모의가 진행되고 있으며 그 주모자가 바로 최충헌의 사노비 만적이라는 놀라운 사실을 전해주었다.

최충헌은 곧 군사를 풀어 거사에 가담한 노비들을 모두 잡아들였다. 그는 만적을 비롯하여 반란에 적극적으로 참여한 100여 명의 노비들을 강물에 던져 죽이고, 단순 가담자들은 그 죄를 묻지 않고 모두 풀어주었다. 또한 만적의 난을 쉽게 진압할 수 있도록 사전에 알린 한충유를 합문지후에 임명하고, 처음 그 사실을 밀고한 한충유의 사노비 순정은 백금 80냥의 상과 함께 노비에서 해방시켜 주었다.

만적의 난은 최충헌의 권력에 맞서려는 사람들이 무수히 많았음을 보여주는 일례에 불과하다. 이듬해인 신종 2년(1199) 2월, 명주에 도적이 일어나 삼척과 울진 두 현을 함락시켰고, 또 동경(경주)에서 일어난 도적은 명주의 도적과 연합하여 여러 주와 군을 침범하며 약탈을 일삼았다. 그해 8월에는 황주목사 김준거 등이 반란을 일으켜 최충헌을 제거할 음모를 꾸미다 사전에 발각되었다. 최충헌은 장졸들을 풀어 김준거를 잡아 목을 베고, 사건에 가담한 자들을 잡아들여 죽이거나 멀리 귀양보냈다.

이어 신종 3년(1200) 4월에는 진주에서 노비들이 관리들의 집을 불태우는 난리가 일어난 데 이어 그곳의 관리로 있던 정방의가 불량배들을 이끌고 관청을 장악하기도 했다. 그 후 탐라(제주도)에서 반란이 일어났으며, 영주에서는 승려들이 반란을 일으키려다 붙잡혔다. 홍왕사 · 홍원사 · 경복사 · 왕륜사 · 안양사 · 수리사 등 여러 사찰의 승려들이 함께 모의하여 최충헌을 죽이려다 실패한 적도 있었다.

이렇듯 자신을 죽이려는 음모와 반란이 끊이지 않자, 최충헌은 **도방**을 설치하고 용맹한 사람들을 선발하여 6개의 번(番)으로 나누어 교대로 자신의 집에 숙식하며 신변을 보호하게 했다. 그리고 외부에 나갈 때에는 6개 번 모두 자신을 따르며 지키게 했다.

하지만 최충헌에 대한 살해 음모는 그칠 줄을 몰랐다. 희종 5년(1209)에는 청교역의 관리 세 명이 최충헌 부자를 살해하려 했다. 최충헌은 이 사건을 계기로 영은관에 **교정도감**을 설치하고 스스로 교정별감에 올라 그 일당을 숙청하였다. 또한 최충헌은 관작을 주거나 향 · 소 · 부곡 등을 해방시켜 현으로 승격시키는 방법으로 반란군을 달래 이를 무마하기도 했다.

이렇듯 끊임없는 반란은 무신들의 집권 이후 고려 조정이 얼마나 혼란했는지를 보여준다. 그뿐 아니라 당시 신분에 관계없이 누구든지 공만 세우면 부귀영화를 누릴 수 있다는 생각이 팽배해 있었다는 사실을 뒷받침하기도 한다.

천하를 호령한 권세도 죽음 앞에서는 무용지물

신종 2년(1199), 병부상서 지이부사에 오른 최충헌은 문무 관리의 인사권을 장악했다. 그리고 신종 5년(1202)부터는 자신의 집에서 관리들의 인사 행정을 처리했다. 이때 왕은 그가 결정한 내용을 아뢰면 그저 고개만 끄덕일 뿐이었고, 이부와 병부의 판사들은 관청에 앉아 검열만 했다.

희종은 그를 특별한 예로써 대했고, 항상 은문상국이라 불렀으며, 고려 최고 관직인 문하시중에 임명했다. 희종 2년(1206), 진강후에 봉해진 최충헌은 이때부터 궁궐에 출입할 때에도 평상시 복장을 하고, 볕을 가리기 위한 의장의 일종인 일산을 받치고 다닐 수 있게 되었으며, 그를 따르는 문객이 무려 3천 명이나 되었다. 이것은 왕과 다름없는 예우였다.

자신의 뜻에 거슬리면 왕도 갈아치우고, 자신의 뜻에 반대한 것은 물론이고 의심만 가도 마음대로 죽이거나 귀양을 보냈던 최충헌도 흐르는 세월 앞에서는 두 손을 들 수밖에 없었다. 최충헌은 죽음을 예감했던지 병이 들자마자 사직을 청하고 궤장을 반납했다. 또한 고종이 그해 자신에게 하사한 왕씨 성을 반납했을 뿐 아니라 죄수들을 풀어주는 등 선행을 베풀었다.

그 즈음 달이 화성을 범했다. 그것은 나라에 전쟁이나 큰 재앙이 닥쳐올 징조였다. 일관은 최충헌에게 곧 귀인이 죽을 것이라고 말했다.

도방(都房)
맨 처음 경대승이 자신의 신변을 보호하기 위해 결사대 수백 명을 모아 침식과 행동을 함께 했는데, 이때 사병들의 숙소를 도방이라고 부른 데에서 비롯되었다. 경대승이 병사한 뒤 해체되었으나 최충헌이 신종 3년(1200)에 다시 부활시켰다. 이후 도방은 최씨 정권을 유지하는 밑바탕이 되었다.

교정도감(敎定都監)
고려 무신집권기의 최고 권력기관으로, 최충헌 부자 살해기도사건을 처리하기 위한 임시기구였으나, 이후 계속 존속되며 인사·감찰·세금징수 등 국정 전반을 장악하는 최씨 정권의 최고 기관이 되었다. 최씨 정권을 무너뜨린 김준·임연의 무인정권 아래에서도 존속하다가, 원종 11년(1270) 임연의 뒤를 이은 임유무가 피살됨으로써 무인정권과 함께 소멸되었다.

이것은 곧 최충헌 자신의 죽음을 의미했다. 최충헌은 목숨을 연장하려 악공 수십 명을 집으로 불러 쉬지 않고 연주를 하게 했으나 그 날 밤 삼경(밤11시~새벽1시), 미처 연주가 끝나기도 전에 최충헌은 숨을 거두고 말았다. 이때가 고종 6년(1219) 9월로 그의 나이 일흔하나였다.

고려의 문예부흥을 일으킨 대문장가
이규보

이규보는 고려 중기의 대문장가로, 우리나라 최초의 서사시인 「동명
왕편」을 통해 역사 의식을 고취시켜 몽골의 침입으로 위기에 처한 나라
를 구하고자 했다.

무신정변 이후 이의방 · 정중부 · 경대승 · 이의민 · 최충헌으로 이어
지는 정치적 소용돌이 속에서 사회는 혼탁해지고 전국 각지에서는 크
고 작은 반란이 끊일 날이 없었다. 명종 3년(1173) 김보당의 난을 시작
으로, 조위총의 난, 망이 · 망소이의 난, 김사미 · 효심의 난, 만적의 난
등이 그 대표적 예이다. 이와 같은 상황 속에서 국력이 크게 약화된 고
려는 고종 18년(1231) 몽골의 침입을 받아 강화로 천도하였으며, 끝내
몽골에 항복하여 그들의 통제를 받기에 이르렀다.

이규보는 최우 · 최항 · 최의로 이어지는 최씨 무인정권기에 활동하
며『백운소설』,『동국이상국집』등 많은 작품들을 저술하여 고려의 문
예부흥을 일으켰다.

불우했던 젊은 시절

이규보는 무신정변이 일어나기 2년 전인 의종 22년(1168), 황려현에
서 호부낭중을 지낸 이윤수의 아들로 태어났다. 어려서부터 총명하고
영특했던 이규보는 아홉 살에 글을 지어 주위를 놀라게 해 '기동'(奇

童)이라는 칭호를 얻을 정도였다. 그는 어떤 책이든 한 번 보면 모두 기억하는 신동이었다.

이규보는 명종 19년(1189) 5월, 국자감시에 응시하여 시로써 장원급제했다. 이때 과거를 보기 전 꿈속에 한 노인이 나타나 그가 이번 과거에서 장원급제할 것이라고 했는데, 그 노인은 자신이 28개의 별자리 중 문운(文運)을 담당하는 '규성'(奎星)이라고 했다. 과연 노인의 말대로 그해 과거에서 장원급제하자 이규보는 크게 기뻐하며 이름을 인저(仁氐)에서 '규보'(奎報)로 고쳤다.

이규보는 젊어서부터 자신의 시와 문장에 대해 대단한 자부심을 가지고 있었다. 당시 내로라 하는 문장가이자 시인들인 이인로·오세재·임춘·조통·황보항·함순·이담지는 매일같이 함께 어울렸는데, 이들은 술마시고 시를 지으며 스스로를 '칠현'(七賢)이라 불렀다. 그러던 중 오세재가 죽자 이규보의 글재주를 높이 평가한 이담지가 "자네가 오세재의 자리를 대신하지 않겠는가?" 하고 이규보에게 제의했다. 그러나 이규보는 "칠현이 무슨 조정의 관작이라고 그 결원을 보충하겠습니까?"라며 단호하게 거절했다.

그 뒤 한 시연에서 이규보는 "칠현 중에 누가 가장 탁월한지 나는 알지 못하겠도다." 하고 읊어 그들을 화나게 만들기도 했다. 이와 같이 사람들과 쉽게 어울리지 못하는 성격으로 인해 이규보는 늘 미관말직에 머물렀다. 재상 조영인·임유·최선·최당 등이 그를 추천했으나 그에게 불만을 가진 사람들이 워낙 많아 관직에 오랫동안 머물지 못했으며, 그 후 신종 2년(1199) 비로소 전주사록에 제수되었으나 동료들의 지탄을 받고 곧 물러났다.

한번은 경주에서 모반이 일어났는데, 이때 조정에서는 과거에 급제하고도 아직 벼슬을 하지 못한 사람들 중에서 토벌군의 문서 작성을 담당할 관리들을 충당하고자 했다. 사람들은 모두 핑계를 대고 이를 피했으나, 이규보는 "내가 비록 겁이 많지만 국난을 피하는 것은 대장부의 행동이 아니다."라며 지원하여 병마녹사 겸 수제가 되었다. 하지만 막상 모반을 진압하고 개선했을 때 이규보만 논공행상에서 빠짐으로써 이때에도 역시 벼슬을 얻지 못했다.

과거에 급제한 지 10년이 지나도록 변변한 벼슬 하나 얻지 못하자, 이규보는 한동안 호를 '백운거사'(白雲居士)라 짓고 시와 술로써 자신의 불우한 처지를 달래며 지내기도 했다.

문장으로 몽골군을 물리치다

이규보는 최충헌에게 글재주를 인정받음으로써 비로소 관직다운 관직에 진출할 수 있었다. 최충헌이 자신의 집 옆에 '모정'(茅亭)이란 정자를 하나 짓고는 당대의 시인들을 불러 정자에 걸 정기(亭記)를 짓게 했는데, 이때 이규보가 지은 「모정기」(茅亭記)가 최충헌의 눈에 띈 것이다. 이규보는 희종 3년(1207) 12월, 권보직한림에 오른 데 이어 이듬해 6월에는 직한림에 올랐다.

그 후로 이규보는 자주 최충헌에게 불려가 시와 **부**를 지었고, 곧 사재승에 임명되었다. 최충헌은 이규보의 시를 측근인 송순에게 보이고는 "이 사람은 뜻이 고상하여 남에게 굴하지 아니하니 벼슬이 지금의 자리에 그치지 않을 것이다. 그러니 그에게 참상관을 제수하면 이것이 사람의 바라던 바가 아니고 무엇이겠는가?"라며 추천했고, 얼마 후 이규보는 우정언 지제고에 올랐다.

고종 2년(1215) 11월, 이규보는 진화와 함께 최충헌에게 불려가 시 40여 수를 지었다. 한림승지 금의가 평가에 나섰는데, 이규보는 진화를 제치고 1등에 뽑히는 영광을 누렸으며 이후 좌·우사간을 역임하였다.

얼마 후 예부낭중 기거주에 오른 이규보는 고종 12년(1225)에는 고

부(賦)
한문 문체의 한 가지로 대구 형식의 각운을 사용한다.

시관이 되어 국자감시를 주관했고, 이어 좌간의대부·한림학사를 거쳐 고종 14년(1227)에는 판위위사 지제고에 올랐다. 이듬해 동지공거가 되어 지공거 최보순을 도와 과거를 관장했으며, 이후 지공거가 되어 여러 차례 과거를 관장하며 나라의 동량이 될 인재들을 선발했다.

한때 이규보는 팔관회 행사 때의 잘못으로 고종 17년(1230) 11월 위도에 유배되기도 했다. 그러나 이듬해 판비서성사로 다시 관직에 복귀했다.

호탕하고 활달한 이규보의 시풍은 당대를 풍미했는데, 특히 벼슬에 임명될 때마다 그때의 감상을 읊은 즉흥시가 유명하다. 그의 뛰어난 문장은 고려에 쳐들어온 몽골군을 물리치는 데에도 큰 역할을 했다.

당시 금나라를 누르고 중국 대륙의 새로운 강자로 군림하게 된 몽골은 차츰 고려의 국경을 압박하기 시작했다. 이때 한림학사 지제고로 있던 이규보가 나라의 사정을 아뢰는 표문을 지어 올렸는데, 이를 읽고 감동한 몽골 황제가 즉시 군대를 철수시켰던 것이다.

이 공로로 이규보는 추밀부사 우산기상시에 제수되었다가 곧 지문하성사 호부상서 집현전대학사로 승진했고, 다시 정당문학 수태위 참지정사에 임명되었다.

이규보는 예순아홉 살 되던 해인 고종 23년(1236) 사직을 청했다. 고종은 처음에는 그의 사직을 허락하지 않았으나 이규보가 세 번째로 청하자 비로소 허락했다. 그러나 외교 문서에 관한 일은 여전히 그에게 맡겼고, 녹봉 또한 전과 다름없이 지급했다.

사직한 지 5년 만인 고종 28년(1241) 9월, 이규보는 일흔네 살을 일기로 세상을 떠났다. 생전에 고종이 그가 남긴 문집들을 조각할 것을 명하였으나 애석하게도 그 완성을 보지 못한 채 눈을 감고 만 것이다. 기록에 따르면 이규보는 "성품이 활달하고 호탕하며, 시문을 짓되 고인의 길을 답습하지 않고 자유로이 독보하여 더 넓고 깊은 경지에 이르니, 한때 식견이 높은 문장과 책문이 모두 그의 손에서 나왔다. 여러 번 과거를 주관하여 얻은 명사가 많았다."고 한다.

문예부흥을 일으키다

이규보는 살아생전에 『동국이상국집』·『백운소설』 등의 저서와 「천마산시」·「모중서회」·「고시십팔운」·「초입한림시」·「공작」·「재입옥당시」·「초배정언시」·「동명왕편」·「모정기」·「대장경각판군신기고문」 등 많은 작품들을 남김으로써 고려의 문예부흥을 이끌었다.

고구려의 시조 동명왕의 전설을 **오언시**로 엮은 「동명왕편」은, 동명왕의 영웅적인 행위와 고구려인의 긍지를 통해 민족 의식을 고취함으로써 몽골 침입이라는 국가적 위기를 극복하고자 했다. 무려 282구에 이르는 장편 서사시인 「동명왕편」은 역사적 사실을 반영한 문학 작품으로서 국문학사상 높은 평가를 받고 있다.

시문집인 『동국이상국집』은 전집과 후집으로 나뉘어져 있는데, 전집은 시·부 등을 비롯한 문학 작품들이 주를 이루고, 나머지는 공문 및 사적인 편지, 임금을 대신하여 작성한 조서와 교서, 묘비명, 제축 등 장례나 제사, 불교 행사에 쓰인 글들로 구성되어 있다. 후집은 시가 대부분을 차지하며, **서·표·잡저** 등이 실려 있다. 『동국이상국집』에는 「동명왕편」을 비롯하여 「국선생전」·「청강사자현부전」 등 그의 유명한 작품들이 다수 포함되어 있다. 특히 고려 초기에 편찬된 『구삼국사』의 내용 일부와 팔만대장경의 판각 연혁, 금속활자의 사용 사실 등 역사적

오언시(五言詩)
한 구가 다섯 자로 이루어진 한시(漢詩)의 형태를 말한다.

서(序)
한문 문체의 한 가지로, 시문이나 책의 머리에 그 취지를 적은 것을 말한다.

표(表)
임금에게 올리는 글. 또는 과거에서 짓게 하던 여섯 가지 문체 중 하나를 말한다.

잡저(雜著)
서·표·부 등 외에 한문으로 된 갖가지 저술을 말한다.

기록 또한 풍부하다.

특히 이규보의 시문은 옛글을 답습하지 않고 자유분방한 기풍을 지 녔다는 평가와 함께, 당시 사회의 실제상을 반영하고 민족 정신을 고취 하였다는 점에서 매우 긍정적인 평가를 받고 있다.

『백운소설』은 처음으로 소설이라는 명칭을 쓰고 있으나, 소설보다는 작품 해설 내지 수필에 가까운 시평집이라 할 수 있다. 삼국시대부터 고려시대에 이르기까지의 여러 시화들을 모아 놓은『백운소설』은 김부 식과 정지상의 이야기를 비롯해 우리나라 고대소설의 전신이라 할 수 있는 **패관문학** 작품들을 수록하고 있다.

비록 초기에는 불운을 겪으며 절치부심하기도 했지만, 이규보는 고 려 중기의 대문장가로 활동하며 이와 같이 문학사적 의의를 지닌 많은 작품들을 저술함으로써 고려의 문예부흥을 이끌었다.

패관문학(稗官文學)

패관이란 옛날 중국에서 임금이 민간의 풍속이나 정사를 살피기 위해 거리에 떠도는 소 문들을 모아 기록시키던 벼슬의 이름을 말하는데, 이것이 발전하여 이야기를 짓는 사람 또한 패관이라 일컫게 되었다. 이들은 이야기에 나름대로의 창의력을 가미하고 윤색하 였는데, 이것이 하나의 문학 형태로 등장하게 된 것이 바로 패관문학이다. 우리나라의 대표적 패관문학으로는 이규보의『백운소설』을 비롯하여 이인로의『파한집』· 최자의 『보한집』· 이제현의『역옹패설』등이 있다.

조계종을 개창하여 불교 통합에 기여하다
지눌

지눌은 무신정변 이후 무신들의 후원을 받아 선종의 입장에서 교종을 통합하여 조계종을 개창한 승려이다. 건국 이래 숭불정책을 표방해 온 고려는 광종 때 균여 등의 도움으로 처음 불교 통합을 시도한 데 이어, 숙종 때 의천의 천태종 개창과 함께 다시 한 번 불교 통합을 시도했다. 그러나 왕실과 문벌귀족의 후원 속에 불교 통합과 국정 개혁에 주도적 역할을 해온 교종은 중기에 와서 크게 타락하기 시작했다.

이러한 상황 속에서 무신정변으로 권력을 잡은 무신들은 자신들의 정권을 뒷받침해 줄 새로운 사상을 찾게 되었다. 이들은 기존의 집권층을 비호해 온 교종이 아닌 선종을 후원하였고, 이로써 선종과 교종은 또다시 극한 대립을 보이게 되었다.

이때 선종계 승려인 지눌이 조계종을 개창하여 당시 구산선문으로 나뉘어 있던 선종을 통합하는 한편, 선종을 중심으로 교종을 통합했다. 이것은 지눌이 당시 무인 세력의 지지를 받았기 때문에 가능했다. 지눌이 교종의 타락을 신랄하게 비판한 것은 무인정권이 기존의 정치 질서에 반발하여 일어섰다는 점과 그 궤를 같이 하였으며, 이러한 이유로 무인정권과 긴밀하게 엮일 수밖에 없었던 것이다.

조계종은 이후 고려 후기의 불교계를 이끌었으며, 의천의 천태종과 함께 불교 통합에 크게 기여하였다.

불법에 정진하다

지눌은 의종 12년(1158) 황해도 서흥에서 국학의 학정을 지낸 정광우와 개흥군 출신 조씨 사이에서 태어났다. 그는 여덟 살 나던 해인 의종 19년(1165), 부모의 뜻에 따라 선종의 구산선문 가운데 사굴산파에 출가하여 승려가 되었다. 지눌은 날 때부터 허약하고 병치레가 잦았는데, 부모가 백방으로 수소문하여 구해온 약도 그에게는 아무 소용이 없었다. 그런데 그의 아버지가 "병만 낳게 해주시면 아들을 부처에게 바치겠습니다." 하고 기도하자마자 희한하게도 병이 씻은 듯이 나았다. 그리하여 약속대로 출가하게 된 것이다.

지눌이 활동했던 고려 중기는 나라 안팎으로 무척 혼란했던 시기였다. 대외적으로는 중국 대륙의 새 주인으로 등장한 몽골, 즉 원나라가 끊임없이 압박을 가해왔으며, 대내적으로는 왕과 문벌귀족에 의해 주도되어 왔던 정권이 의종 24년(1170)의 무신란을 계기로 무너지고 무인들이 새로운 집권 세력으로 등장했으며, 최충헌에 의해 최씨 무인정권이 시작된 시기였다.

새롭게 등장한 무인 세력은 자신들의 권력을 뒷받침해 줄 새로운 사상을 필요로 했고, 그때까지 왕실과 문벌귀족의 비호 속에 성장해 온 교종과는 다른 새로운 불교를 원하게 되었다. 게다가 급변하는 국내외적 상황과는 달리 기성의 불교 교단은 그 본분을 망각한 채 부정부패를 일삼고 있었다. 이러한 상황 속에서 참선과 수행을 통한 불교 개혁을 주장하는 선종이 새롭게 각광받기 시작했다.

이러한 상황에서 지눌은 여러 사찰을 떠돌며 학문에 전념했다. 그는 자신에게 새로운 사실을 알려주는 모든 사람을 스승으로 삼았는데, 그리하여 한 종파의 입장에서 다른 종파를 비판하고 배격하는 당시의 종파 대립적인 교육으로부터 자유로울 수 있었다. 지눌은 교종과 선종의 조화를 꾸준히 모색했고, 이것은 뒷날 불교를 통합하여 조계종을 개창하는 밑바탕이 되었다.

228

지눌은 명종 12년(1182) 승과에 급제했다. 그러나 관직으로의 진출은 단념하고 여러 사찰을 다니며 불교 법회에 참여하는 등 수도에만 정진했다. 이때 청량사에서 『**육조단경**』을 읽던 지눌은 "진여자성(眞如自性)이 생각을 일으키매 육근이 보고 듣고 깨달아 알지만, 그 진여자성은 바깥 경계 때문에 물들어 더럽혀지는 것이 아니라 항상 자유롭고 자재하다."는 구절에서 문득 큰 깨달음을 얻었다. 지눌은 평생 동안 육조 혜능을 정신적인 스승으로 모셨으며, 만년에는 송광산 길상사를 중창한 뒤 송광산을 혜능이 머물렀던 조계 보림사의 이름을 따 조계산으로 고치기까지 했다.

선종과 교종은 둘이 아니라 하나

자신의 깨달음이 미진하다고 생각한 지눌은 더욱더 용맹정진하기 위해 명종 15년(1185) 예천에 있는 하가산 보문사에 들어갔다. 그는 그 곳에서 '마음이 곧 부처'(卽心卽佛)라는 선종의 가르침에 의지해 수행하는 한편, 교종의 해탈 방법을 알기 위해 노력을 기울였다. 당시 선종과 교종은 심각하게 대립하고 있었는데, 선종은 **교외별전**의 심법(心法)을 주장하면서 교종이 내세우는 경전을 무시했고, 교종은 경전의 법문만이 부처님의 참된 가르침이라고 주장하며 선종을 정통 불교로 인정하지 않았다.

선종과 교종 모두 근본적으로는 부처의 가르침으로부터 비롯된 것이므로 지눌로서는 그러한 현실이 무척 안타까울 수밖에 없었다. 지눌은 선종과 교종의 근원이 하나라는 것을 밝히기 위해 화엄종의 고승들

『육조단경』(六祖壇經)
당(唐)나라 혜능에 의해 성립된 선종의 일파인 남종선의 근본이 되는 책이다. 혜능을 등장인물로 하여 그의 설법을 전하고 있다.

교외별전(敎外別傳)
석가가 말이나 문자를 쓰지 않고 마음으로 뜻을 전하여 준 것을 말한다.

을 찾아가 교종의 수행 방법에 대해 물었다. 그러나 교종의 승려들은 모두 엉뚱한 대답만 해줄 뿐이었다.

이에 크게 실망한 지눌은 자신이 직접 교종과 선종의 합일점을 찾아 내기로 마음먹었다. 지눌은 대장경을 열심히 읽은 지 3년 만에 『화엄경』의 "여래의 지혜가 중생의 몸 가운데 있건만 어리석은 범부는 알지 못하도다."와 『신화엄경론』의 "보살은 십신위(十信位)에서 자기 성품 중에 있는 근본부동지(根本不動智) · 보광명지(普光明智)를 깨달아 십주초위(十住初位)에 들어간다."는 구절에서 큰 깨달음을 얻었다.

그는 또 "몸은 지혜의 그림자요, 국토 또한 그러하다. 지혜가 깨끗하면 그림자도 맑아 크고 작은 것이 서로 용납됨이 인타라망(因陀羅網)과 같다."는 구절을 읽다가 책을 덮고 탄식하기를, "부처의 말씀이 교가되고 조사께서 마음으로 전한 것이 선이 되었으니, 부처나 조사의 뜻이 서로 어긋나지 않거늘 어찌 근원을 추구하지 않고 각자의 것에 집착하여 부질없이 쟁론을 일으키며 헛되이 세월만 허비할 것인가?"라고 했다. 이것은 선교일치, 즉 불교를 통합할 수 있는 이치를 발견한 것으로 그의 두 번째 큰 깨달음이었다.

지눌은 명종 20년(1190) 몽선화상과 함께 거조사로 갔다. 그곳에서 그는 승려들을 모아 더욱 불도에 정진하기로 결사를 맺고, 그 취지를 밝힌 「권수정혜결사문」을 발표했다.

우리들이 아침저녁으로 하는 행적을 돌이켜 본즉, 불법을 빙자하여 자기를 꾸며 남과 구별하고는 구차하게 이익을 탐하고 속세의 것에 골몰하여 도덕을 닦지 않고 의식만 허비하니, 비록 출가하였다 하나 무슨 덕이 있겠는가. 위로는 도를 넓히는 데 어긋나고 아래로는 중생을 이롭게 하는 데 어긋나며, 사은(四恩)을 져버렸으니 실로 부끄러울 따름이다. 이 모임이 파한 후에는 마땅히 명예와 이익을 버리고 산림에 은둔하여, 동사(同社)를 결성하고 항상 선정을 익히고 지

혜를 연마하기에 힘쓰며, 예불과 독경에 정진하고 나아가서는 노동
에도 힘을 쏟자. 각기 소임에 따라 경영하고 인연에 따라 심성을 수
양하여 한평생을 자유롭게 지내며……

　위와 같이 시작하는 「권수정혜결사문」은 마음을 바로 닦음으로써 미
혹한 중생이 부처가 될 수 있음을 밝히고, 그 방법으로 선정(禪定)과 교
학(敎學)을 같이 닦아야 한다는 '정혜쌍수'(定慧雙修)를 제시하고 있
다. 즉, 정과 혜는 한마음에 통일되어 항상 균형을 지녀야 한다고 본 것
이다.
　지눌은 교단 내의 부패와 선종·교종의 대립을 불식하고, 새로운 불
교를 건설하고자 정혜결사운동을 전개했다. 당시 무인 세력들의 끊임
없는 권력 쟁탈전으로 인한 사회 전체의 혼란으로 곳곳에서 반란과 봉
기가 그치지 않자 불자들의 각성을 촉구하기 위해서였다. 이러한 지눌
의 결사운동은 정법 불교로 복귀하기 위한 작업이었고, 결사문은 부패
하고 타락한 당시 불교계를 이념적, 또는 형태적으로 혁신하고 재건하
기 위한 선언서였다.

고려 후기 불교계를 이끌다
　지눌의 정혜결사운동은 큰 호응을 얻어 결사를 시작한 지 8년째인
명종 27년(1197)에는 왕족 및 조정 관리를 비롯해 수백 명의 승려가 참
여하기도 했다. 그러나 엄격하게 절제하는 생활을 기피하여 운동에 반
대하는 무리들도 있었다. 지눌은 그들을 교화하여 끌어들이려 했으나
실패하고 말았다. 이에 자신의 덕과 법력이 부족하다고 생각한 지눌은
모든 보살행을 멈추고 은거하여 선정을 닦기로 결심했다.
　지눌은 지리산 상무주암에 은거하며 그곳에서 사람들과의 만남을 피
한 채 오직 생각도 없고 집착도 없는 해탈의 경지에 안주하여 마음의 근
원을 연구했다. 이때 『대혜어록』의 "선은 고요한 곳에 있지 않고 시끄러

운 곳에도 있지 않으며 날마다 객관과 상응하는 곳에도 있지 않고 생각하고 분별하는 곳에도 있지 않다. 그러니 고요한 곳, 시끄러운 곳, 일상의 인연이 따르는 곳, 생각하고 분별하는 곳에 여의치 않고 오로지 참선을 통해 연구해야만 한다."는 문구에 이르러 세 번째 큰 깨달음을 얻었다. 지눌은 훗날 "내가 보문사 이래로 10여 년 동안 일찍이 방심하지 않고 수행을 해왔건만 오히려 정견을 놓지 못한 채 한 물건이 가슴에 걸려 원수와 함께 있는 것 같았다. 지리산에서 대혜어록을 보다 홀연히 눈이 열리니 즉시 편안해졌다."며 이때의 깨달음에 대해 회고했다.

3년 동안의 참선 끝에 큰 깨달음을 얻은 지눌은 은둔 생활을 벗어나 예전보다 더 적극적인 보살행을 통해 현실에 참여하기로 마음먹었다. 그리하여 신종 3년(1200) 송광산 길상사로 들어가 "중생을 떠나서는 부처가 존재할 수 없다."고 설파하며, 깨달음에 이르기까지는 반드시 점진적인 수행이 필요하다는 '돈오점수'(頓悟漸修)를 주장했다.

또한 선(禪)으로써 체(體)를 삼고 교(敎)로써 용(用)을 삼아 선종과 교종의 합일점을 추구했다. 이때 지눌은 종래의 구산선문을 통합하여 조계종을 개창하였는데, 의천이 교종을 중심으로 선·교의 합일점을 모색했다면 지눌은 선종을 중심으로 선·교의 합일점을 모색했다.

지눌이 주로 머물며 불법을 강설한 곳이 바로 송광산 길상사로, 희종 원년(1205)에 송광산은 조계산, 길상사는 수선사로 고쳐졌다. 이후 수선사는 고려 말에 이르기까지 모두 16명의 국사를 배출하며 동방 제일의 도량으로서 위치를 확고히 하였으며, 고려 후기 불교계에 큰 영향을 끼쳤다.

수선사는 원래 지눌이 명종 20년(1190) 팔공산 거조사에서 법회를 갖고 「권수정혜결사문」을 발표하며 정혜결사를 결성하고 개칭한 정혜사에서 비롯되었다. 당시에는 무인세력과 직접적인 관계를 갖지는 않았지만, 지눌의 뒤를 이은 혜심 대에 이르러 왕실과 무신 귀족, 유학자 관료 등이 입사함으로써 중앙의 정치 세력과 긴밀히 연결되었다. 이로써 교단은 크게 발전하였고 이후 중앙 세력과 더욱 밀착되어 갔다. 이후 무인정권이 붕괴되고 원나라의 간섭을 받게 되면서부터는 새로운 정치 세력으로 등장한 재추들의 후원을 받았다.

지눌은 조정의 뜻에 따라 120일 동안 대법회를 베풀며 불경을 강설하고 대중을 지도했다. 그 후 10여 년 동안 계속해서 활동하다가 희종 6년(1210) 3월 27일, 선법당에서 문답을 끝낸 뒤 "천 가지 만 가지가 모두 이 속에 있다"는 법어를 남긴 후 입적하였다. '불일보조'(佛日普照)라는 시호가 내려졌으며, 죽은 뒤 국사로 추증되었다. 『진심직설』·『목우자수심결』·『계초심학입문』·『원돈성불론』·『간화결의론』·『염불요문』·『상당록』·『법어』·『법집별행록절요병입사기』 등 많은 저서를 남겼다.

4장 몽골의 침입과
중흥을 위한 최후의 몸부림

김윤후
배중손
일연
안향
이제현
공민왕
최영
정몽주

김윤후
승려의 신분으로 상장군에 오르다

김윤후는 승려의 신분으로 몽골군 원수 살리타이를 죽이는 등 몽골의 침략을 물리치는 데 큰 공을 세움으로써 상장군에 이어 수사공 상서우복야에 오른 인물이다. 그의 가계와 생몰년도는 분명치 않으며, 다만 일찍부터 출가하여 승려가 되었고 몽골 침입 당시 백현원에 머물고 있었다고 한다.

당시 고려는 이자겸의 난 이후 묘청의 서경 봉기와 이를 진압하는 과정에서 김부식 등 개경파의 득세, 그 반대급부로 벌어진 무신정변 등으로 급격한 사회적 혼란을 겪고 있었다. 특히 무인정권기의 치열한 권력 쟁탈전과 60년 최씨 무인정권으로 인해 국력이 크게 쇠퇴하였다.

이러한 내부의 혼란으로 외부에 눈길을 돌리지 못하고 있는 동안 중국 대륙에서는 큰 변화가 일어났다. 몽골족이 세운 원나라가 중국의 새 강자로 급부상한 것이다. 원나라는 중국 통일은 물론 유럽까지 정벌하는 등 대제국으로 성장했다.

적장 살리타이를 죽이다

고려가 몽골을 처음으로 접하게 된 것은 고종 3년(1216), 100여 년 만에 다시 침략해 온 거란(요) 때문이었다. 당시 금나라와 몽골에 쫓기고 있던 거란은 자신들의 거점을 마련하기 위해 필사적으로 고려를 공격해 왔다. 거란이 개경 근처까지 밀려들어오자 고려는 금나라, 몽골과 연합하여 고종 6년(1219) 거란의 항복을 받아냈다. 이 와중에 집권자 최충헌이 죽고 그의 아들 최우가 권력을 잡았다.

그 후 고종 12년(1225), 몽골의 사신 착고여가 고려에 왔다가 돌아가는 길에 도적들에게 살해당하는 사건이 일어났는데, 이로 인해 몽골과의 평화적 관계가 깨지고 말았다. 몽골은 착고여의 원수를 갚는다는 이유로 고종 18년(1231) 8월 고려를 침입했는데, 이것이 바로 몽골의 제1차 침입이다.

철주를 함락시킨 몽골 장수 살리타이는 누차·대포차·운제 등 갖가지 무기로 귀주를 공격했으나, 서북면병마사 박서와 삭주분도장군 김중온, 정주분도장군 김경손 등이 한 달여에 걸친 격전 끝에 물리쳤다. 그러나 살리타이는 진격을 계속하여 그해 12월 개성을 포위하고 화의를 요청해 왔다. 고려는 착고여를 죽인 것은 고려가 아니고 금나라의 소행이라는 주장과 함께 황금 등을 주며 몽골을 달랬고, 결국 화의가 이루어졌다.

이때 몽골은 고려의 40여 개의 성에 다루가치(몽골의 지방관)를 남겨두고 철군했는데, 이것은 계속해서 고려에 간섭하겠다는 것을 뜻했다. 이후 몽골은 막대한 물품과 사람들을 조공으로 바칠 것을 요구하며 고려를 괴롭혔다. 그러자 집권자 최우는 몽골과 싸울 것을 결심하고 강화로 천도했다. 이 사실을 알게 된 몽골은 고종 19년(1232) 또다시 살리타이를 원수로 하여 고려를 침략했는데, 이것이 몽골의 제2차 침입이다.

몽골은 "너희는 교묘한 말로 우리를 설득하여 돌려보낸 뒤에 문득 마음이 변해 해중(강화)으로 들어갔으며, 불충한 송입장과 허공재 두 사람이 와서 황당한 말을 하였는데, 너희는 그런 사람의 말을 믿은 것이니 어서 해중에서 나오라."며 개경으로 돌아올 것을 요구했다.

살리타이가 이끄는 몽골군은 이미 고려 조정에 압력을 가해 박서 등 1차 침입 때 강력하게 저항했던 장군들을 제거한 뒤였기 때문에 두려울 것이 없었다. 군사를 이끌고 개경과 남경을 지나 수원 쪽으로 진군하던 살리타이는 흙으로 쌓은 성을 하나 발견했다. 그 성은 처인성(용인)으로 주변의 백성들이 몽골군을 피해 들어가 있었다. 이 사실을 안 살리타이는 즉시 공격을 명했다.

백현원의 승려로 당시 처인성으로 피난 와 있던 김윤후는 백성들을 지휘하여 몽골군에게 화살 세례를 퍼붓기 시작했다. 이때 김윤후가 쏜 화살에 맞아 살리타이가 전사하고 말았다. 원수를 잃은 몽골군이 철수함으로써 몽골의 2차 침입은 일단락되었다.

이 사실을 전해들은 고종은 김윤후의 공을 높이 평가하여 그에게 상장군을 제수했다. 승려에서 일약 무반 최고 품계인 정3품을 제수한 이러한 조치는 기존의 절차를 뛰어넘은 파격적인 조치였다. 하지만 김윤후는 "한창 싸울 때에 나는 활과 화살조차 없었는데 어찌 감히 이 같은 상을 받을 수 있겠습니까?"라며 사양했다. 그뿐 아니라 자신의 공을 다른 사람에게 양보하기까지 했다. 고종은 할 수 없이 그를 섭랑장으로 임명했다.

몽골의 남진을 막다

몽골은 이후에도 다섯 차례에 걸쳐 고려를 침입하여 국토를 유린했다. 몽골의 침략이 계속되자 집권자 최우는 불력으로 몽골의 침략을 막기 위해 고종 23년(1236), 대장도감을 설치하여 대장경을 조판하기 시작했다. 이것이 바로 오늘날 해인사에 보관되어 있는 『팔만대장경』이다. 고려는 이전에도 대장경을 조판한 적이 있는데, 현종 때 거란의 침략 당시 만들었던 『초조대장경』과 선종 때 의천이 만든 『속장경』이 몽골의 침략으로 모두 불에 타버려 다시 만들어야 했던 것이다.

운제(雲梯)
성을 공격할 때 쓰던 높은 사다리.

하지만 강화에 들어간 귀족들은 나라가 위기에 처했음에도 날마다 잔치를 열어 향락을 벌였다. 그러한 가운데 고종 36년(1249), 최우가 죽고 그의 아들 최항이 새 집권자가 되었다. 최항이 집권하는 동안에도 몽골의 침략은 계속되었다. 몽골의 계속된 개경 환도 요구에 고려 조정은 약속만 하고 이 핑계 저 핑계를 대며 이행하지 않았기 때문이다. 그러는 동안 국토는 점점 황폐해져 갔다.

고종 40년(1253), 해전에 익숙하지 못해 강화를 공략할 수 없었던 몽골군은 대대적인 내륙 공략에 나섰다. 국토를 짓밟고 백성들을 유린하며 남진을 계속하던 몽골군은 삼남 지방으로 통하는 길목인 충주성에 이르렀다. 이때 김윤후는 충주성 방호별감으로 있었는데, 성 안의 모든 사람들과 힘을 합쳐 몽골군에게 맞섰다. 몽골군은 충주성을 포위한 지 70여 일이 지나도록 이를 함락시키지 못했다.

그러나 오랫동안 몽골군에게 포위당해 있다 보니 군량이 보급되지 않아 식량이 바닥나고 말았다. 격렬하게 저항하던 사람들의 사기는 저하되었고 성이 함락되는 것은 이제 시간 문제였다. 다급한 상황에 놓이자 김윤후는 사람들을 설득하고 독려했다.

"힘을 다해 싸운다면 훗날 귀천을 가리지 않고 모두에게 벼슬을 내릴 것이다."

또한 김윤후는 관청에 보관된 노비 문서를 끄집어내어 불사르고, 노획한 소와 말을 사람들에게 나누어주었다. 말에만 그치지 않고 직접 행동으로 보여준 것이다. 이에 용기를 얻은 사람들이 죽음을 무릅쓰고 저항하자 몽골군의 사기는 차츰 저하되었고, 마침내 더 이상 진격하지 못하고 물러갔다.

이 공으로 김윤후는 이듬해 고종 41년(1254) 2월, 감문위 상장군에 올랐고, 그와 함께 끝까지 충주성을 지켜낸 사람들은 관노와 백정에 이르기까지 모두 벼슬을 제수받았다. 김윤후는 자신의 약속을 잊지 않고 지켰던 것이다.

이어 김윤후는 고종 46년(1259) 동북면병마사에 임명되었으나, 이미 동북면이 몽골군에게 함락된 뒤였기 때문에 부임하지 못했다. 그 뒤 원종 3년(1262) 추밀원부사 예부상서에 올랐고, 이듬해 수사공 상서우복야로 관직에서 물러났다.

김윤후는 승려의 신분으로 위기에 처한 나라를 구함으로써 재상의 반열에까지 올랐다. 몽골에 투항하거나 그들의 앞잡이가 되어 우리 국토를 유린하는 데 앞장섰던 인물들에 비해 나라를 위해 온몸을 바친 그의 행적에 대한 기록이 거의 없다는 것이 못내 아쉽다.

김윤후가 사임한 지 7년 만인 원종 11년(1270), 고려 조정은 개경으로 돌아와 몽골에게 항복함으로써 뒷날 공민왕이 철령위를 회복할 때까지 약 100여 년 동안 원나라의 지배를 받아야 했다.

고려의 빨치산, 삼별초를 이끌며 몽골에 대항하다

배중손

배중손은 삼별초를 이끌고 끝까지 몽골에 항거하다 장렬하게 전사한 인물이다. 비록 역사에는 역신으로 기록되었지만, 몽골에 투항한 대부분의 조정 관리들과는 달리 끝까지 대몽항쟁을 벌이다 죽은 인물로 높이 평가받아 마땅하다.

고종 18년(1231)의 1차 침입을 시작으로 모두 일곱 차례에 걸친 몽골의 침략에 40여 년에 걸쳐 대항해 왔던 고려는 원종 11년(1270), 개경으로 환도함으로써 몽골에 굴복하고 말았다. 대몽항쟁을 이끌던 최씨 정권이 무너지고 마지막 무인집권자인 임연 부자마저 제거됨으로써 무인시대가 막을 내리자, 왕권을 회복한 원종이 서둘러 개경 환도를 명했기 때문이다. 이때 삼별초를 이끌던 배중손은 이에 반대하여 승화후 왕온을 옹립함으로써 몽골과 고려 조정에 대한 지난한 항쟁을 시작했다.

이대로 개경으로 돌아갈 수는 없다

최씨 무인정권은 최우가 죽고 난 후 차츰 힘을 잃고 몰락의 길을 걷다가, 고종 44년(1257)에 최항이 죽고 그의 아들 최의마저 이듬해 유경과 김준 등에게 제거됨으로써 자그마치 4대 60여 년 간 계속되어 온 일가 독재 또한 막을 내리고 말았다.

오랫동안 몽골과 전쟁을 치르는 동안 조정의 관리들 중에는 개경으로 환도하여 그만 전쟁을 끝내야 한다고 생각하는 사람들이 늘어나기 시작했다. 무신들 사이에서도 집권자 최의에 대한 불만이 터져 나오고 있었다. 몽골 역시 그동안 화의 조건으로 내세워왔던 고려 국왕의 친조와 군신관계를 맺는 것에서 한 발짝 물러나 국왕 대신 태자가 몽골에 와서 항복하는 것으로 요구 조건을 낮췄다.

이때 유경 · 김준 등이 최의를 제거하는 사건이 일어났다. 그러나 김준 등이 정국을 주도하는 동안에도 미약하나마 대몽항쟁은 계속되었다. 그 후 원종 9년(1268), 환관 최은 · 김경 등이 김준을 제거한 데 이어 다시 임연이 최은 · 김경 등을 제거하고 권력을 잡았다.

임연은 원종을 폐하고 안경공 왕창을 즉위시킨 뒤 교정별감에 올라 정치 · 군사의 실권을 장악했으나, 결국 몽골의 위협에 못 이겨 안경공을 폐위시키고 원종을 복위시켰다. 그 후 몽골에 간 원종이 개경 환도와 권신의 제거를 약속하고 몽골군과 함께 귀국하자, 임연은 야별초를 각 지방에 보내 백성들에게 섬에 들어가 살며 몽골에 끝까지 저항할 것을 명했다. 그러나 몽골이 원종의 폐위 경위를 알아보기 위해 부르자 응하지 않고 버티다가 계속해서 재촉하자 울화병으로 죽고 말았다.

임연이 죽은 뒤 그의 아들 임유무가 정권을 잡자, 몽골에 있던 원종은 먼저 상장군 정자여와 대장군 이분희를 보내 "황제께서 조평장 등으로 하여금 과인을 호위하여 귀국하게 하고, 이어서 이르기를 '왕이 돌아가 사람들을 회유하여 다시 옛 서울로 도읍하면 우리 군사가 곧 돌아오겠고, 만일 명령을 거역하는 자가 있으면 그 자신뿐 아니라 처자까지 포로로 삼겠다.'고 하였으니, 문무양반에서부터 동네 사람들까지 모두 처자식을 거느리고 개경으로 나올 것이며, 신흥창 쌀 1만 석을 운송하여 이를 지원할 것이다. 혹 백성들이 대국의 군사들을 보면 놀랄까 염려되니 속히 이 뜻을 전하여 모든 백성들로 하여금 안심하고 가업을 즐기며 대국의 군사를 영접케 하라."며 개경으로 환도할 것을 명했다.

이에 관리들이 원종의 명에 따르려 하자 임유무는 수로방호사와 산성별감 등을 보내 이를 막았다. 또 장군 김문비에게 야별초를 주어 교동에 주둔시키며 몽골군의 공격에 대비했다. 이때 앞서 그의 아버지 임연이 경상도에 보냈던 야별초가 그곳 수령에 의해 구금되는 사건이 벌어졌다. 이와 같은 혼란 속에서 임유무가 원종의 밀명을 받은 홍규와 송송례에게 살해되었고, 임유무의 추종 세력 또한 죽거나 유배되었으며, 어머니와 형제들 또한 몽골로 압송됨으로써 마침내 무인정권이 몰락하고 왕정이 복구되었으며 개경 환도가 이루어졌다.

이때 배중손이 이끌던 삼별초는 개경 환도에 적극적으로 반대하고 나섰다. 삼별초는 최씨 정권의 사병으로, 개경을 수비하며 치안을 유지할 목적으로 만들어진 야별초가 그 모태이다. 그 후 야별초의 숫자가 늘어나자 좌 · 우별초로 나뉘게 되었고, 여기에 몽골에 잡혀갔다가 도망친 사람들을 모아 만든 신의군을 합쳐 삼별초라고 부르게 된 것이다.

임연 부자의 죽음과 함께 왕권을 되찾은 원종은 방을 써 붙여 시일 내에 모두 개경으로 돌아올 것을 지시했다. 원종은 상장군 정자여를 강화로 보내 삼별초를 회유한 데 이어, 다시 장군 김지저를 보내 삼별초를 해산시키고 이들의 명부를 가져오게 했다. 이는 항몽 세력의 근거를 없애기 위한 조치였다.

이에 배중손은 야별초 지유 노영희 등과 함께 조정과 몽골에 대항하기로 결심했다. 몽골에 굴복한 원종을 비롯한 개경 세력이 못마땅한데다가 그동안 대몽항쟁에 앞장서왔던 삼별초로서는 자신들의 명부가 몽골에 알려지게 된 이상 어쩔 수 없는 선택이기도 했다.

배중손은 먼저 사람들을 시켜 "오랑캐가 크게 이르러 백성들을 살육하니, 무릇 나라를 돕고자 하는 자는 모두 모이라."고 외치게 했다. 이것은 개경으로 환도하지 못하고 아직 강화에 남아 있는 조정 관리들의 호응을 이끌어내기 위한 조치였다. 그러자 많은 사람들이 모여들었으나 이내 사방으로 흩어져서 배를 타고 강을 건너 뭍으로 달아나려 했다.

이에 배중손이 "배에서 내리지 않는 자는 모두 목을 베겠다."고 포고

하자 사람들은 두려워하며 배에서 내렸다. 하지만 엄중한 경고에도 여전히 배를 타고 도망하는 자들이 생겨났고 할 수 없이 군사들을 보내 사살해야 했다. 이때 미처 탈출하지 못한 사람들은 놀라 흩어져 수풀에 숨었고, 어린아이와 부녀자의 우는 소리가 길에 가득했다고 한다.

배중손은 군사들로 하여금 사람들의 출입을 금지시키고 바닷가 순시를 강화함으로써 고관 귀족들의 가족들을 비롯해 섬사람들과 군사들이 뭍으로 탈출하는 것을 강력하게 통제했다. 또한 강화 안에 남아 있던 몽골인들의 목을 베어 결연한 항몽 의지를 나타내는 한편, 강화의 국고를 접수하고 귀족과 고위 관료의 가족들을 인질로 삼았다. 이어 원종을 폐위하고 승화후 왕온을 새 국왕으로 옹립한 뒤, 대장군 유존혁과 상서좌승 이신손을 좌·우승선에 임명하여 관제를 갖추는 등 강력한 저항 의지를 표명했다.

항몽의 깃발을 드날리며 진도로

새 왕과 조정을 세운 배중손은 협의 끝에 근거지를 옮기기로 결정했다. 그것은 두 가지 이유에서였다. 첫째, 강력히 통제했음에도 불구하고 여전히 육지로 탈출하는 무리가 생겨났기 때문이다. 한번은 장군 현문혁이 그의 처자식과 함께 배를 타고 도망쳤는데, 군사를 시켜 활을 쏘며 뒤쫓은 끝에 가까스로 사로잡을 수 있었다. 하지만 그 와중에 현문혁의 아내는 두 딸과 바다에 몸을 던져 목숨을 끊고 말았다. 평소 현문혁의 용맹을 아깝게 여겨왔던 배중손이 목숨을 살려주었지만, 얼마 지나지 않아 현문혁은 기어코 육지로 도망치고 말았다.

또한 승선으로 임명한 직학 정문감은 "삼별초에 붙어 부귀를 누리느니 차라리 깨끗이 죽겠다."며 그의 아내와 함께 바다에 몸을 던졌다. 이 밖에도 참지정사 채정, 추밀원부사 김련, 도병마녹사 강지소를 비롯하여 많은 사람들이 탈출을 감행했고, 강화를 지키던 군졸들 중에도 육지로 도망치는 이들이 많았다. 강화가 개경과 가까웠기 때문에 가능한 일이었다. 이렇듯 육지로 탈출하는 사람이 늘어나자 배중손을 비롯한 삼별초의 지도층은 새 조정의 존립 여부에 위협을 느꼈고, 그래서 개경으로부터 멀리 떨어진 곳으로 근거지를 옮기고자 한 것이다.

둘째, 여몽 연합군의 공격 위험으로부터 가능한 멀리 벗어나기 위한 전략이었다. 강화는 개경은 물론 육지와 매우 가까웠기 때문에 뭍으로부터의 공격으로부터 자유로울 수 없었다. 물론 해전에 익숙하지 못한 몽골군뿐이라면 별 위협이 되지 않았겠지만, 해전에 익숙한 고려 수군이 합세한다면 큰 위협이 될 수밖에 없었던 것이다. 아직 새 조정의 기틀을 확립하지 못한데다 이탈자가 속출하고 있는 상황에서 그것은 매우 위험한 일이었다.

배중손을 비롯한 삼별초의 지도부는 개경에서 멀고 뭍으로부터도 멀리 떨어진 곳으로 옮겨가기로 결정했다. 삼별초는 배중손의 지휘 아래 일사불란하게 움직이기 시작했고, 먼저 군사들을 시켜 인근에 있는 모든 배들을 끌어 모았다. 이어 강화 왕궁과 관청에 있는 재화는 물론 개인의 재산까지 모두 배에 실었다. 그리고 삼별초의 가족과 인질로 잡은 귀족 관료들의 가족까지 모두 배에 태웠다.

준비가 끝나자 배중손은 승화후 왕온을 비롯해 뜻을 같이 하는 사람들과 함께 1천여 척의 대규모 선단을 이끌고 남쪽을 향해 출발했다. 새 조정을 출범시킨 지 겨우 3일 만인 1270년 6월 3일의 일이었다.

삼별초 선단이 강화를 떠난 뒤 강화의 민심은 극도로 흉흉해졌다. 삼별초가 떠난 지 이틀 뒤인 6월 5일, 타랄태가 이끄는 몽골군 2천 명이 강화에 상륙하여 사람들을 마구 죽이고 재물을 노략질했으며, 몽골의 두배가는 군사들을 시켜 강화성 안의 민가를 비롯하여 미곡과 재물들을 모두 불태워버렸다.

삼별초가 인근 해안의 섬들을 아우르며 남하하자, 원종은 김방경을 **추토사**로 삼아 삼별초를 진압하도록 했다. 서남해 영흥도에서 김방경이 이끄는 토벌군과 맞닥뜨린 삼별초는 몽골군과 공동 작전을 벌이던 송

만호가 겁을 먹고 피함으로써 첫 싸움에서 쉽게 승리를 거둘 수 있었다.

진도에 도착한 배중손은 연합군이 쳐들어올 것에 대비해 장기적인 항전 태세를 갖추기 시작했다. 먼저 섬 둘레에 튼튼한 성곽을 쌓고 새 조정의 위엄을 나타내기 위해 궁궐을 세웠다. 또한 해상을 통해 개경으로 운반되는 세공을 노획하여 재정을 충당하는 한편, 남해현에 별장 유존혁을 주둔시켜 남해 연안을 지배했다. 이에 개경에서는 신사전을 전라도 **토적사**로 임명해 삼별초를 토벌하게 했으나 삼별초의 강력한 저항에 막혀 뜻을 이루지 못했다. 도저히 단독으로는 삼별초를 진압할 수 없다고 판단한 개경 조정은 몽골군을 끌어들여 연합 작전을 펼쳤으나 번번이 실패할 따름이었다.

삼별초는 여러 고을을 침략하여 거짓으로 왕명을 꾸며 전라도 안찰사로 하여금 백성들을 독촉하여 곡식을 거두어들이고 섬으로 옮겨 살게 했다. 이때 개경 조정은 육지로 나온 삼별초를 칠 생각도 하지 않고 도망했다 하여 전라도 토적사 신사전과 전주부사 이삼을 파면했다.

그해 9월 개경 조정은 김방경을 전라도 추토사로 삼아 몽골 원수 아해와 함께 진도의 삼별초를 토벌할 것을 지시했다. 그러나 여러 고을의 항복을 잇달아 받아내고, 나주와 전주를 동시에 공략하는 등 삼별초의 기세는 하늘을 찌를 듯 했다. 이러한 삼별초의 항전 소식이 본토 곳곳에 전해지자 전라도와 경상도의 백성들은 물론 개경에 있는 관노들까지 삼별초의 진도 조정에 호응해 왔다. 그동안 개경 관리들의 착취에 시달려온데다 몽골군의 살육과 잔학 행위를 목격했기 때문이다.

이와 같은 백성들의 호응 속에 삼별초는 그해 11월 제주도를 함락시켰다. 당시 개경 조정은 삼별초가 제주도로 들어가는 것을 막기 위해 9월에 영암부사 김수와 고여림에게 군사를 주어 제주도를 수비하도록

추토사(追討使) · 토적사(討賊使)
말 그대로 반란군을 진압하기 위해 조직된 토벌군의 책임자.

했다. 이 소식을 들은 배중손은 즉시 별장 이문경을 보내 제주도를 점령하도록 지시했다.

개경군보다 2개월 늦게 명월포에 상륙한 이문경은 김수가 이끄는 수비군을 물리친 뒤 대촌(제주시)에 접근해 성주 고인단에게 "우리는 단지 송경(개경)군을 잡기 위해 이 섬에 들어왔으므로 이곳에는 전혀 피해를 입히지 않을 것이다. 다만, 백성들이 다치지 않도록 송경군과 구별해야 할 것이니 어서 관문을 열라."고 했다. 그러나 고인단은 성문을 굳게 걸고 삼별초가 들어오지 못하게 막았다.

이에 대촌성을 우회하여 동제원에 이른 이문경은 군사를 매복시킨 채 고여림의 개경군을 송담천으로 유인하여 전멸시킴으로써 명월포에서 조천포에 이르는 교두보를 확보했다. 이로써 삼별초는 전라도·경상도·제주도를 아우르는 해상왕국을 이룩하여 세력을 크게 떨쳤다.

그러자 12월, 김방경과 아해가 이끄는 대규모 토벌군이 진도를 공격하기 시작했다. 배중손은 전선에 수많은 군기를 드리운 채 징과 북을 울리며 군사들을 독려했다. 또한 진도성 안의 군사와 백성들로 하여금 북을 치고 큰소리로 외치게 했다. 이러한 삼별초의 기세에 놀라 겁을 먹은 아해는 나주로 도망쳤다. 당시 아해는 얼마나 겁을 먹었던지, 김방경의 "원수가 물러나는 것은 적에게 약함을 보이는 것이다. 적이 이긴 기세를 몰아 공격해 온다면 누가 감히 그 칼날을 당해낼 수 있겠는가. 황제께서 만일 문책을 하신다면 뭐라고 대답하겠는가?"라는 호통을 듣고서야 후퇴를 멈추었다고 한다.

이어 김방경이 단독으로 군사를 몰아 삼별초를 공격했으나 이미 승세를 탄 삼별초를 꺾기에는 역부족이었다. 그리하여 삼별초의 함대가 반격에 나서자 모두 뿔뿔이 흩어져 달아나버렸다. 김방경은 적진 한가운데로 뛰어들어 끝까지 싸웠으나 삼별초 함대에 포위되고 말았다. 가까스로 도망쳐 나온 김방경은 자신을 구원하지 않았다는 죄목으로 장군 안세정과 공유 등을 참수했다.

이때 토벌군이 삼별초 앞에서 전혀 맥을 추지 못한 것은 내부에 삼별초의 호응 세력이 상당수 존재했거나, 아니면 삼별초의 기세에 눌린 나머지 싸울 엄두를 내지 못했기 때문으로 판단된다. 몽골은 아해를 파면시키고 원종 12년(1271) 흔도를 새 원수로 임명하여 삼별초를 치게 했다.

장렬한 최후와 함께 대몽항쟁의 막을 내리다

몽골은 삼별초의 항전으로 일본 정벌 계획에 차질을 가져오게 되자 주전파의 의견을 받아들여 진도 총공격을 감행하였다. 이에 김방경과 흔도는 증원군 6천 명과 전함 400척이 도착한 것을 계기로 5월 15일, 세 부대로 나뉘어 총공격에 나섰다. 김방경과 흔도는 중군을 거느리고 벽파정으로 들어가고, 왕희·왕옹·홍다구는 좌군을 거느리고 장항을 공격하였으며, 김석과 고을마는 우군을 거느리고 동면을 공격했다. 100여 척의 함대를 이용한 대규모 공세였다.

배중손은 토벌군의 수뇌가 있는 벽파정을 공격하기 위해 군사들을 그곳으로 집결시켰다. 하지만 이를 눈치 챈 좌군의 홍다구가 불을 지르며 공격해 왔다. 배중손은 갑작스러운 협공에 당황하여 뿔뿔이 흩어지는 군사들을 가까스로 달랜 후 우군을 공격했다. 그리하여 중군 쪽으로 달아나는 우군 함선 두 척을 부수는 전과를 올렸다. 하지만 수적으로 열세인데다 삼면에서 공격하는 여몽 연합군을 도저히 막을 수 없었다.

배중손은 군사를 이끌고 끝까지 토벌군에 맞서 싸우다가 결국 장렬하게 전사하고 말았다. 그의 죽음으로 삼별초는 세력이 크게 위축되었다. 이때 승화후 왕온과 그의 아들 왕환 역시 홍다구에게 목숨을 잃었다. 김방경은 진도를 함락시킨 뒤 남녀 1만 명과 전함 수십 척을 노획하고, 양곡 4천석과 수많은 재화들을 거두어 개경으로 돌아갔다.

배중손과 승화후 왕온을 잃은 삼별초는 곧 김통정의 지휘 아래 제주도로 들어가 이문경과 합세했다. 남해현에 가 있던 별장 유존혁도 병선

80척을 이끌고와 합세했다. 이에 큰 힘을 얻은 김통정은 한라산 북쪽 귀일촌에 다시 근거지를 구축했다.

진용을 가다듬은 김통정 등은 또다시 본토 공격에 나섰다. 이들의 첫 번째 공격 목표는 몽골의 병선을 파괴하는 것이었고, 두 번째는 개경으로 가는 세공미와 수송 선박을 탈취하는 것이었으며, 세 번째는 몽골인과 몽골에 협력하는 관원 및 조선공을 납치하는 것이었다. 그리하여 김통정을 중심으로 힘을 모은 삼별초는 곳곳에서 맹위를 떨치며 몽골군을 괴롭혔다.

고려 조정과 원나라는 삼별초를 회유하기 위해 원종 13년(1272) 4월, 금훈과 이정을 제주도에 파견했다. 하지만 역풍을 만나 보마도에 머물다가 삼별초 선단에 발각되어 금훈 등은 추자도에 억류되고 조정에서 보낸 문서만 김통정에게 전달되었다.

김통정은 "일찍이 너희들은 사람을 보내 우리를 유혹하여 마음을 늦추게 하고는 대군을 끌고 와 공격하였다. 우리는 부모와 처자는 물론 모든 것을 잃고 원한이 골수에 사무쳐 있다. 이제 또 우리를 멸하고자 유혹하니 모조리 죽여야 마땅하겠지만 만일 그렇게 되면 우리의 뜻을 누가 가서 전할 것이냐. 그러므로 너희를 놓아주는 것이다."라며 금훈 등을 돌려보냈다.

회유가 불가능하다고 판단한 고려 조정과 원나라는 원종 14년(1273), 김방경과 흔도가 이끄는 여몽 연합군을 제주도에 파견했다. 이때 김통정이 이끄는 삼별초는 여몽 연합군의 공격을 받고 크게 패했다. 김통정을 비롯한 삼별초 지도부 70여 명이 산 속으로 들어가 목을 매어 죽음으로써 자주의 깃발을 내걸고 3년 동안 벌였던 삼별초의 대몽항쟁은 결국 최후를 맞고 말았다. 이로써 고려의 대몽항쟁도 그 막을 내렸으며, 이후 100여 년 동안 고려는 몽골의 간섭과 지배를 받아야 했다.

정사보다 높은 평가를 받는 야사『삼국유사』의 저자

일연

　일연은 무인정권과 몽골 침입의 혼란기를 살다간 고려 후기의 승려로『삼국유사』의 저자이다. 그는 주로 산사에 은둔하며 깨달음을 얻기 위한 참선에 정진했다. 그러나 최씨 정권이 무너진 이후에는 중앙의 정치 무대에 뛰어들어 선종을 이끌며 왕정 복고운동에 참여했다. 또한 고려가 몽골에 항복한 이후에는 몽골의 침략으로 피폐해진 백성들의 삶을 보며 민족의 혼을 되살리기 위해『삼국유사』를 썼다.

　일연의『삼국유사』는 김부식의『삼국사기』와 더불어 현존하는 최고(最古)의 역사서로, 우리나라 고대 역사와 문학 연구에 귀중한 자료가 되고 있다. 충렬왕 7년(1281)에 시작하여 9년(1283)에 완성한 것으로 추정되는『삼국유사』는, 일연의 독자적인 저술로서 사관이 쓴 정사인『삼국사기』와는 달리 야사에 속한다. 하지만『삼국사기』에 빠져 있는 고조선·부여·가야 등의 역사를 비롯하여 고대 신화와 설화, 옛 승려들의 활동 및 향가를 집대성하고 있으며, 특히 국조인 '단군신화'를 기록한 최초의 책이라는 점에서 많은 의의를 갖고 있다. 육당 최남선은 "삼국사기와 삼국유사 중에서 하나를 택해야 된다면, 나는 서슴지 않고 후자를 택할 것"이라며 극찬을 아끼지 않았다.

　일연은 대몽항쟁이나 정치 개혁에 있어서는 별다른 업적을 남기지 않았지만,『삼국유사』라는 뛰어난 역사서를 저술함으로써 사적·문학사적으로 뚜렷한 족적을 남긴 인물임에 틀림없다.

선종으로 출가하여 참선에 몰두하다

일연은 희종 2년(1206) 경주의 속현인 장산군에서 추증 좌복사 김언정과 낙랑군부인 이씨 사이에서 태어났다. 그는 어려서부터 뛰어난 재주를 지녔을 뿐 아니라 몸가짐이 단정했고 사물을 보는 눈빛이 남달랐다.

일연은 아홉 살 때인 고종 원년(1214) 해양(광주)에 있는 무량사에 들어가 학문을 닦다가, 열네 살 때인 고종 6년(1219) 설악산 진전사에 출가하여 고승 대웅선사 밑에서 선학을 공부하여 구족계를 받고 승려가 되었다. 진전사는 선종 구산문의 하나인 가지산문의 개창자 도의가 은거한 곳으로 가지산문의 주요 사찰이었다. 이후 일연은 여러 선종 사찰들을 다니며 수행했는데, 이때 사람들의 추대로 구산문 사선의 으뜸이 되었다.

일연이 선종으로 출가한 것은 당시의 시대 상황과 무관하지 않은 것으로 보인다. 일연이 태어나서 구족계를 받고 불법에 정진하던 시기는 최씨 무인집권기로, 보조국사 지눌이 개창한 선종계의 조계종이 불교계를 이끌고 있었기 때문이다. 교종인 천태종이 개경을 중심으로 융성했다면 선종은 구산문, 즉 지방을 중심으로 발달해 왔다. 무인들의 적극적인 지원 속에 보조국사 지눌이 선종을 조계종으로 통합하기는 했지만 여전히 구산문의 법맥은 이어지고 있었다. 이러한 시대적 분위기 속에서 지방 출신이었던 일연은 자연스럽게 선종에 귀의하게 된 것으로 보인다.

일연은 고종 14년(1227), 승과에 응시하여 장원급제했으나, 세상의 명리를 쫓지 않고 비슬산 보당암에 들어가 수년 동안 머무르며 마음을 가다듬고 참선에 몰두했다. 그 후 고종 23년(1236) 몽골의 침입으로 그 피해가 고부 지방까지 미치자, 병화를 피하고자 문수보살의 오자주(五字呪)를 염하며 감응을 빌었다. 이때 문수보살이 나타나 "무주에 있다가 명년 여름에 이 산의 묘문암에 거처하라!"는 말을 남긴 뒤 사라졌다. 이에 일연은 곧 보당암 북쪽에 있는 무주암으로 거처를 옮겼다.

일연은 무주암에 머물면서 '생계불감 불계불증'(生界不滅 佛界不增: 현상적인 세계(생계)는 줄지 아니하고 본질적인 세계(불계)는 늘지 아니한다는 뜻)이라는 구절을 탐구하다가 어느 날 문득 마음이 확 트이며 큰 깨달음을 얻어 "오늘 곧 삼계가 꿈과 같음을 알았고, 대지가 작은 털끝만큼의 거리낌도 없음을 보았다."고 했다. 이때 그의 나이 서른두 살이었다. 이러한 깨달음과 함께 선승으로서의 명성을 얻은 일연은 고종 24년(1237) 나라로부터 '삼중대사'(三重大師), 고종 33년(1246)에는 '선사'(禪師)라는 승계를 받았다. 하지만 이때 일연은 국내외적으로 혼란한 상황에서 현실에 참여하기보다는 산사에 머물며 오직 참선에만 몰두하는 소극적인 자세를 취했다고 볼 수도 있다.

왕정 복고에 동참하다

깨달음은 얻은 후 일연은 점차 현실 참여에 눈을 뜨기 시작했다. 그것은 고종 36년(1249) 정안의 요청을 받고 남해의 정림사로 옮기면서부터였는데, 정안은 무신정변 이후 등장한 정세유의 손자이며, 당시 집권자였던 최우의 장인인 정숙첨의 아들이었다. 독실한 불교도였던 정안은 전횡을 일삼는 최우를 보며 자신에게도 화가 미칠까 두려워 은퇴하고 남해에 머물고 있던 중 그곳으로 일연을 초청한 것이다.

일연은 정림사에 머물며 대장경 판각 작업에 약 3년 동안 참여했다. 대장경 판각은 강화에 천도해 항몽 의지를 불태우고 있던 최씨 정권이 불력으로 몽골의 침입을 막고자 했던 작업의 일환이었다. 이때 정안이 자신의 사재를 털어 당시 간행 중이던 대장경의 일부를 펴냈는데, 이에 참여함으로써 일연은 최씨 정권과 연계될 수 있었고, 보조국사 지눌에서 비롯된 수선사와 사상적 교류를 할 수 있는 계기를 마련했다. 그 후 일연은 고종 43년(1256) 여름, 윤산의 길상암에 머물면서 『중편조동오위』2권을 지었다.

일연은 고종 46년(1259) 조정으로부터 '대선사'(大禪師)라는 승계를 받으면서 본격적으로 중앙 정계에 진출했다. 그것은 당시 실세였던 박송비와의 관계에서 비롯되었다. 박송비는 덕원(경북 영해) 출신으로 장군이 된 뒤, 유경·김준 등과 함께 최씨 정권의 마지막 집권자 최의를 제거하고 고위직에 오른 인물이다. 이후 일연의 활동은 박송비의 정치적 행적과 밀접한 연관을 갖는다.

일연은 몽골군이 경주 부근까지 내려와 국토를 유린하자 병화를 피해 남쪽 지방인 포산·남해·윤산 등지에서 수행하다가 원종 2년(1261)에 왕의 부름을 받고 강화에 갔다. 당시 고려 조정은 몽골에 항거하기 위해 강화로 천도한 이후 계속해서 그곳에 머물고 있었다. 1차 침략 당시 몽골은 강화 조건으로 지나친 조공을 요구했을 뿐 아니라 다루가치를 남겨 끊임없이 고려 내정에 간섭하려 했다. 이와 같은 부당한 요구에 결코 굴복할 수 없었던 고려 조정은 몽골군이 해전에 약하다는 약점을 이용하여 강화에 들어가 대몽항쟁을 계속한 것이다.

일연은 강화에 머무는 동안 그곳 선월사의 주지로 있으면서 불법을 가르쳤고, 보조국사 지눌의 법통을 이었다. 그로부터 3년 뒤인 원종 5년(1264) 가을, 일연은 왕의 허락을 얻어 경북 영일군 운제산에 있는 오어사로 옮겼다. 그해 그를 후원하던 박송비가 김준에게 밀려 잠시 권력에서 물러나 있었기 때문이다. 이때 비슬산 인홍사 주지 만회가 그에게 자리를 양보해 준 덕분에 일연은 그곳의 주지가 되어 후학들을 가르칠 수 있었다.

그 후 원종 9년(1268) 김준이 제거되고 박송비가 다시 정치 일선으로 복귀하자 일연은 왕명을 받아 개경에 있는 운해사에서 선종과 교종의 고승 100명을 모아 대장낙성회향법회를 주관하고 설법을 베풀었다. 일연은 물 흐르듯 매끄러운 강론과 설법으로 그곳에 모인 사람들을 감화시켰는데, 이때 그의 나이 예순세 살이었다.

그 즈음 무인정권이 무너지면서 원종 11년(1270), 마침내 40여년 동안 계속되었던 대몽항쟁이 끝나고 고려 조정은 몽골에 항복하여 개경으로 환도했다. 일연은 인홍사에 머물면서 참선과 강론을 하며 지냈으며, 이때 『삼국유사』를 찬술하기 위한 준비 작업으로 『역대연표』를 간행했다.

그 뒤 원종 15년(1274), 일연은 인홍사를 중수하고 비좁은 경내를 크게 넓힌 뒤 조정에 보고했다. 원종은 절 이름을 '인흥'(仁興)이라 고치고 친필로 쓴 액자를 하사했다. 또한 일연은 비슬산 동쪽 기슭에 있던 용천사를 중창한 뒤 이름을 불일사로 고쳤는데, 이때 「불일결사문」을 썼다. 그 후 왕명에 따라 충렬왕 3년(1277)부터 7년(1281)까지 4년 동안 경북 청도에 있는 운문사 주지로 머물면서 선풍을 크게 일으켰다.

이듬해 충렬왕의 간곡한 부름을 받고 입궐하여 대전에서 설법하고, 광명사에 머물면서 왕실의 극진한 대접을 받았다. 그리하여 일연은 충렬왕 9년(1283) 3월 국존으로 책봉되고, '원경충조'(圓經沖照)라는 호를 받았다. 그해 4월에는 왕의 거처인 대내에서 **구의례**를 받기도 했다.

그러나 일연은 이와 같은 극진한 예우에도 불구하고 나이 든 어머니를 봉양하기 위해 몇 차례에 걸친 충렬왕의 만류를 뿌리치고 고향으로 돌아왔다. 하지만 이듬해인 충렬왕 10년(1284) 어머니가 세상을 떠나자, 조정의 명에 따라 경북 군위에 있는 화산의 인각사를 수리하고 토지 100여 경을 주재하게 되었다. 이때 일연은 인각사에서 두 차례에 걸쳐 선문을 모두 망라하는 구산문도회를 개최했다.

충렬왕 15년(1289) 7월, 일연은 충렬왕에게 올리는 글을 남기고, 다음 날 새벽 **선상**에 앉아 평소와 다름없이 제자들과 문답을 나눈 뒤 자신

구의례(摳衣禮)
임금이 문무백관을 거느리고 옷의 뒷자락을 걷어올리고 절을 하는 의식.

선상(禪床)
선가(禪家)에서 중이 설법할 때 올라앉는 법상을 말한다.

의 방으로 돌아가서 손으로 금강인을 맺고 입적했다. 오늘날 일연의 탑과 비는 인각사에, 행적비는 운문사에 있다.

일연은 평생 『어록』·『계승잡저』·『중편조동오위』·『조도』·『대장수지록』·『제승법수』·『조정사원』·『선문점송사원』 등 100여 권이 넘는 책을 썼으나 현재 『삼국유사』만이 전해오고 있다.

고대사를 복원하여 민족혼을 일깨우다

일연이 지은 『삼국유사』는 신라 · 고구려 · 백제 삼국의 유사를 모아지은 역사서로, 정확한 편찬 연대는 알 수 없으나 그가 청도 운문사에 머물고 있던 충렬왕 7~9년(1281~1283) 사이에 쓰여진 것으로 보인다. 충렬왕 7년(1281), 일연은 일본 원정에 나서는 여몽 연합군을 격려하기 위해 행차한 왕의 부름을 받아 경주에 갔다가 뇌물을 주고 승직을 구하는 불교계의 타락상과 몽골의 침입으로 불타버린 황룡사의 황폐한 모습, 그리고 몽골의 과대한 물품 요구로 인한 백성들의 궁핍한 생활상을 목격했다. 이러한 경험들이 일연으로 하여금 『삼국유사』를 집필하게 한 것이다.

삼별초가 여몽 연합군에 의해 진압됨으로써 대몽항쟁이 막을 내린 이후 몽골은 그동안 숨겨왔던 본심을 드러내기 시작했다. 몽골은 일본 정벌을 위해 여몽 연합군을 조직하고, 이에 필요한 물자와 군사를 고려로부터 징발했다. 몽골과의 오랜 전쟁으로 전국이 피폐해지고 나라의 재정이 고갈된 상태에서 이러한 요구는 고려에 큰 부담이 되었고, 백성들의 생활은 궁핍할 대로 궁핍해질 수밖에 없었다.

일연은 『삼국유사』에서 불교 신앙적 측면을 강조하고 있다. 그는 참선과 수행을 강조하는 선종의 승려였지만, 당시의 시대적 상황에 따라 선 사상을 기본 축으로 하여 불교 신앙적 측면을 강조했던 것이다. 이것은 팔만대장경을 조판하여 불력으로 몽골의 침략으로부터 벗어나려 했던 것과 일맥상통한다고 볼 수 있다. 일연 또한 불교를 통해 위기에 처한 나라를 구하고자 하는 마음에서 『삼국유사』를 집필했던 것이다.

또한 일연은 『삼국유사』에 단군신화와 함께 우리의 상고사를 수록하고 있는데, 이 점에서 김부식의 『삼국사기』와 구별된다. 일연은 우리의 고대사를 복원하여 후세에 남김으로써 민족혼을 불러일으키려 했던 것으로 생각된다. 『삼국사기』가 여러 사관들에 의해 쓰여진 정사로서 그 체재나 문장이 정제된 것에 비하여, 『삼국유사』는 일연 한 사람의 손으로 쓰여진 야사로서 체제나 문장이 그에 미치지 못한다. 하지만 『삼국사기』에서 볼 수 없는 많은 고대 사료들을 수록하고 있어 귀중한 가치를 지니고 있다.

특히 고조선에 관한 기록은 우리나라가 반만년의 유구한 역사를 가진 국가라는 근거를 마련해 주었고, 단군신화는 단군을 국조로 받드는 근거가 되었다. 그 외에도 『삼국유사』에는 많은 설화와 신화가 수록되어 있는데, 특히 향찰로 표기된 「혜성가」 등 14수의 향가가 수록되어 있어 우리나라 고대 문학사를 실증하는 데 있어 없어서는 안 될 절대적인 가치를 지니고 있다.

『삼국유사』는 총 다섯 권으로 구성되어 있는데, 권1은 「왕력」 · 「기이」, 권2는 권1 「기이」의 후속편이며, 권3은 「흥법」 · 「탑상」, 권4는 「의해」, 권5는 「신주」 · 「감통」 · 「피은」 · 「효선」을 수록하고 있다.

「왕력」은 연표로서, 중국의 연표와 함께 신라 · 고구려 · 백제 · 가락국 · 후고구려 · 후백제 등의 순서로 연대를 표시하고 있다. 『삼국사기』와는 달리 역대 왕의 출생 및 즉위와 치세를 비롯하여 중요한 역사적 사실 등을 간단히 기록하고, 일연 자신의 의견도 간간이 덧붙여 놓고 있다.

「기이」는 고조선 이하 삼한 · 부여 · 고구려와 통일 이전의 신라 등 여러 고대 국가의 흥망성쇠 및 신화 · 전설 · 신앙 등에 관한 유사 36편(권1), 문무왕부터 통일신라 마지막 임금인 경순왕까지의 기사와 백제 · 후백제 · 가락국에 관한 유사 등 25편(권2)을 다루고 있다.

「흥법」과 「탑상」은 신라를 중심으로 하는 불교의 전래 과정과 고승들의 행적에 대한 이야기 7편과 사기(寺記)·탑·불상 등의 유래에 관한 기록 30편을 싣고 있다.

「의해」는 신라 때 고승들의 행적에 대한 14편의 설화, 「신주」는 밀교의 이적과 이승(異僧)들의 전기 3편, 「감통」은 부처와의 영적 감응을 이룬 일반 신도들의 영험 등을 다룬 10편의 설화, 「피은」은 숨어사는 승려들의 이적 10편, 「효선」은 뛰어난 효행 및 선행에 대한 미담 5편을 수록하고 있다.

또한 『삼국유사』는 당시의 민속이나 옛 어휘·성씨록·지명의 기원·사상·신앙 및 일화 등을 대부분 금석 및 옛 기록에서 인용하거나 직접 현장을 돌아보고 확인한 것을 집대성해 놓아 고대의 정치·사회·문화·생활 상들을 생생하게 보여주고 있다.

그러나 『삼국유사』는 저자인 일연이 일개 승려에 불과했고, 그의 주요 활동지가 영남 지방이었다는 한계 때문에 불교와 신라 중심적인 서술에서 벗어나지 못한다. 북쪽 지방에 대한 기록이 소홀하고, 간혹 인용이 사실과 일치하지 않는 부분이 있으며, 잘못된 사적을 확인이나 여과 없이 그대로 수록한 점도 눈에 거슬린다. '유사'(遺事)라는 책명이 말해주듯 일상적으로 전해 내려오는 이야기에 대한 기록으로서 어쩌면 불가피한 일인지도 모른다.

이처럼 일연의 『삼국유사』는 김부식의 『삼국사기』에 비해 야사라는 점에서는 밀릴 수밖에 없지만, 김부식이 유교적 사관과 사대주의 사상에 의해 누락시킨 고대의 기록들을 온전히 수록하고 있다는 점에서 오히려 가치를 지니며, 그런 의미에서는 정사인 『삼국사기』 이상의 가치를 지닌 민족사의 보고라 일컬을 수 있다.

고려를 성리학으로 재무장하고자 했던 동방의 주자
안향

안향은 고려 후기의 명신이자 학자로, 성리학을 들여와 우리나라에 널리 보급함으로써 '동방의 주자'로까지 불린 인물이다. 이것은 안향이 그만큼 우리나라의 유학, 특히 성리학의 발달에 큰 공헌을 했다는 것을 의미한다.

안향이 활동할 당시 고려는 원나라, 즉 몽골의 지배를 받고 있었는데, 원나라에는 주자학이 보편화되어 있었고 주자서 또한 널리 보급되어 있었다. 여러 차례에 걸쳐 왕을 호종하여 원나라에 다녀온 안향은 그러한 학풍들을 쉽게 접할 수 있었다. 안향은 새롭게 접한 주자학에 관심을 갖고 직접 주자서를 베껴와 고려에 전했으며, 주자학의 국내 보급을 위하여 **섬학전**을 설치하는 등 갖은 노력을 기울였다. 이로써 고려에 유학이 크게 일어날 수 있는 기반이 마련되었다.

한번은 원나라에 간 안향이 문묘를 배향하는데, 그곳 학관이 "동국 (고려)에도 성묘(문묘)가 있소?"라고 물었다. 이에 안향은 "우리나라에도 중국과 똑같은 성묘가 있소." 하고 당당하게 대답했다. 문답을 나눈

섬학전(贍學錢)
유학생들의 학비를 보조하기 위한 장학기금으로, 이를 조달하기 위해 관리들에게 품계에 따라 포(布)를 내게 하였다.

후 안향이 주자학에 밝다는 사실을 알게 된 원나라 학관들은 안향을 가리켜 '동방의 주자'라며 칭찬을 아끼지 않았다고 한다.

당시 고려의 상황은 무인집권으로 인한 정치적 불안정, 불교의 부패와 무속의 성행, 몽골의 침략 등으로 인해 나라 안팎으로 위기가 가중되고 있을 때였다. 이러한 상황 속에서 유학자인 안향에게는 민족주의 및 춘추대의를 내세운 명분주의와 불교보다 한층 주지적인 수양론을 강조하는 주자학이 자신의 이상과 맞아떨어졌고, 따라서 이를 적극적으로 수용하려 했다. 안향은 자신의 이상, 즉 성리학을 통해 나라를 위기에서 구하고자 하는 이상을 실현하기 위해 학교를 재건하고 인재 양성을 꾀했다.

조선 중기의 학자이자 백운동서원을 세운 주세붕은 자신의 저서 「죽계지」에서, "고려의 사신은 주자학에서 말하는 '도(道)'라든가 '이(理)' 따위의 말을 몰랐기 때문에 안향의 공적은 말할 수 있어도 그의 학문을 밝혀낼 줄은 몰랐다. 그리하여 나는 고려사를 읽을 때마다 안문성공전에 이르면 탄식을 하지 않은 적이 없다. ……역사는 그가 섬학전을 설치하고 사후 문묘에 배향된 사실만을 들먹이는데, 식견의 비루함이 이와 같다."며 안타까움을 토로한 적이 있다.

고려를 성리학으로 재무장하고자 했던 안향의 노력은 신진사대부의 성장을 가져왔다. 하지만 그가 바랐던 고려의 중흥은 이루어지지 않았다. 오히려 이들 신진사대부에 의해 뒷날 고려가 멸망하고 조선이 세워졌다는 사실은 역사의 아이러니가 아닐 수 없다.

청렴한 관리로 이름을 떨치다

안향은 고종 30년(1243) 흥주(경북 영주시 풍기)의 죽계 상평리에서 밀직부사 안부와 강주 우씨 사이에서 태어났다. 아버지 안부는 원래 흥주의 아전이었으나 의술로 벼슬하여 밀직부사를 역임하였다. 어렸을 때부터 학문을 좋아했던 안향은 원종 원년(1260) 과거에 급제하여 교서랑에 제수되었으며, 곧이어 직한림에 올라 왕을 보필했다.

안향이 한림으로 있던 원종 11년(1270), 고려 조정은 몽골에 항복하고 개경으로 환도했다. 그러자 삼별초가 배중손을 중심으로 몽골에 대항하며 군사 봉기를 일으켰다. 이때 강화에 있다가 미처 빠져나오지 못한 안향은 삼별초에 붙잡혔다. 평소 안향의 인품과 학문을 높이 사고 있던 삼별초의 지도자들은 그가 자신들의 새 조정에 협력하기를 바라며, "안 한림을 놓아주는 자는 처벌한다."는 명령을 내렸다. 그러나 안향은 가까스로 탈출에 성공할 수 있었고 이 일로 인해 더욱 원종의 신임을 받았다. 이때 그가 삼별초의 새 조정에 협력하지 않은 것은 행동은 유학자로서 두 임금을 섬길 수 없다는 생각에서 비롯된 것으로 보인다.

이듬해 원종 12년(1271), 서도(황해도와 평안도)에 사신으로 나갔다가 청렴하다는 칭송을 받고 내시원으로 복귀한 안향은 내시원의 폐단을 원종에게 알리고 이를 시정했다. 이러한 올곧은 성품을 인정받아 안향은 감찰어사에 발탁되었다.

지방관으로 나간 안향은 유학자로서 미신을 타파하고 풍속을 쇄신하기 위해 노력했다. 충렬왕 원년(1275) 상주판관에 임명된 안향이 임지에 도착해 보니, 일반 백성들은 물론 고을의 수령들마저 모두 미신에 현혹되어 무당을 떠받들고 있었다. 이때 여자 무당 세 명이 요사한 귀신을 받들고 사람들을 유혹하며 여러 군·현을 지나면서 이르는 곳마다 거짓으로 공중에서 사람의 소리가 들려 꾸짖는 것처럼 꾸몄다. 그 소리를 들은 사람들은 달려가 앞다투어 제사를 지냈다.

무당들이 상주에 왔다는 소식을 들은 안향은 곧 그들을 잡아들여 곤장을 치고 칼을 씌웠다. 이에 사람들이 모두 두려워하였으나 처음부터 미신이라고 판단하고 그들을 처벌하고자 했던 안향은 전혀 동요하지 않았다. 며칠이 지나자 무당들이 잘못을 뉘우치며 사정하였다. 그 후로 고을에는 요사한 말로써 백성들을 현혹시키는 무당들이 사라졌다.

한번은 안향이 안동에 갔을 때 아전에게 자신의 발을 씻게 한 적이 있었다. 그러자 아전은 "나는 큰 고을의 아전인데 그대가 어찌 나를 욕되게 하느냐?"면서 여러 아전들과 음모를 꾸며 그를 혼내주려고 했다. 이때 한 늙은 아전이 안향의 용모를 보고는 "그동안 많은 사람을 보아 왔는데, 이 분은 뒤에 반드시 현귀하게 될 것이니 가볍게 보지 말라."고 하였다. 이로써 안향은 자칫 큰 곤욕을 치를지도 모를 위기에서 벗어날 수 있었다.

안향은 3년 동안 지방관으로 재직하며 모든 일을 청렴하게 처리하여 큰 표창을 받았고, 곧 판도좌랑으로 중앙 정계에 복귀했다. 이어 전중시사로서 독로화(禿魯花)에 뽑혔다. 독로화란 몽골어로 뚤루게, 즉 인질 · 볼모라는 뜻으로, 이때 왕자 및 왕족 3명과 고관 자제 10명이 세 차례에 걸쳐 원나라에 갔다가 돌아왔다. 특히 충렬왕 때에는 벼슬까지 내려가며 독로화로 갈 사람들을 뽑았는데, 인질을 보내면서까지 몽골과 관계를 유지해야만 했던 고려의 굴욕적 외교의 한 단면으로 볼 수 있다.

그 후 국자사업으로 승진한 안향은 우사의대부를 거쳐 충렬왕 14년 (1288)에 좌부승지로 옮기고, 다시 좌승지로서 동지공거가 되어 지공거를 도와 과거를 주관했다.

성리학 보급에 앞장서다

안향은 충렬왕 15년(1289) 정동행성 원외랑을 제수받았고, 얼마 뒤 좌우사낭중이 되어 유학제거가 되었다. 충렬왕 대에 들어와 고려는 원나라의 부마국으로 완전한 속국이 되었는데, 이때 고려를 효율적으로 지배하기 위해 원나라가 고려 안에 설치한 행정기관이 바로 정동행성이다.

그해 11월 안향은 충렬왕과 제국대장공주(원나라 세조의 딸), 세자를 호종하여 원나라에 들어갔다. 이때 안향은 성리학을 처음 접하게 되었다. 당시 고려는 장기간 계속된 무인집권으로 인해 문신들이 집권자의 문객으로 전락한데다, 이후 몽골과의 오랜 전쟁을 거쳐 그들의 지배를 받게 됨으로써 새로운 철학 체계를 갖춘 학문이 절실하게 요구되고 있었다. 이러한 상황에서 유학에 기반을 두고 정치적·종교적 사회체제의 변화에 따라 노불(老佛) 사상을 가미하여 이론적으로 심화되고 철학적인 체계를 갖춘 성리학은 당연히 신선하게 다가올 수밖에 없었다.

성리학은 송·명 대에 발달한 유학의 한 갈래로, 정호·정이 형제와 주돈이 등이 널리 펼친 여러 학설을 남송의 주희가 집대성한 것으로 정주학 또는 주자학이라고도 한다. '이'(理)와 '기'(氣)의 개념을 구사하면서 우주의 생성과 구조, 인간 심성의 구조, 사회에서의 인간의 자세 등에 관하여 깊이 사색함으로써 한·당 대의 훈고학이 다루지 못했던 형이상학적·내성적·실천철학적인 여러 분야에서 새로운 유학 사상을 수립한 것으로, 그 내용은 태극설(太極說)·이기설(理氣說)·심성론(心性論)·성경론(誠敬論)으로 크게 나눌 수 있다.

유학자인 안향으로서는 눈이 번쩍 뜨이지 않을 수 없었다. 안향은 『주자전서』를 손수 베끼고 공자와 주자의 화상을 그려 가지고 이듬해 고려로 돌아와 성리학 연구에 몰두했다. 안향에 의해 보급된 성리학은 그 후 성균관의 유학자들에게 수용되어 새로운 학풍을 이루게 되었다. 이후 성리학은 고려 후기를 대표하는 학문으로 자리하여 이색·정몽주·길재·정도전 등 많은 학자들을 배출했다.

하지만 성리학은 뒷날 고려왕조를 무너뜨리고 조선을 세우는 원동력이 되었다. 비록 조선왕조에 협력하지는 않았으나 이색·정몽주·길재 등은 불교의 폐단을 지적하고 유교를 숭상할 것을 주장하였으며, 정도전·하륜·권근 등은 불교의 폐단뿐만 아니라 교리 자체를 논리적으로 변화시키고 배척하는 동시에 태조 이성계를 도와 법전과 기본 정책들을 결정함으로써 유교를 국시로 하는 조선왕조를 성립시켰다.

충렬왕 20년(1294), 안향은 동지밀직사사로서 동남도병마사에 올라 왜구 출몰이 심한 합포(마산)에 머무르며 군민들을 위로하고 구휼하기도 했다. 그해 지공거로 과거를 주재한 안향은 지밀직사사·밀직사사를 거쳐, 충렬왕 22년(1296)에는 삼사좌사로 왕과 공주를 호종하여 원나라에 다녀왔으며, 이듬해 첨의참리세자이보가 되었다. 그해 12월 안향은 집 뒤에 정사를 짓고 지난날 그려 가지고 온 공자와 주자의 화상을 모셨는데, 이것은 성리학을 본격적으로 보급하기 위한 노력의 일환이었다.

충렬왕 24년(1298), 원나라는 고려 내정에 간섭하여 충렬왕을 폐위시키고 세자를 새 임금으로 세웠는데 그가 바로 충선왕이다. 충선왕은 즉위하자마자 관제를 개혁했는데, 이때 안향은 참지기무 행동경유수 집현전대학사 계림부윤에 제수되었고, 다시 첨의참리수문전태학사 감수국사가 되었다. 그해 8월 안향은 충선왕을 따라 또다시 원나라에 들어갔다. 충선왕이 원나라에 반하는 정책을 펼치자 원나라가 충렬왕을 복위시키고 충선왕을 다시 불러들였기 때문이었다.

원나라에 도착한 충선왕은 원나라 황제의 부름을 받자 몹시 두려워했다. 이에 원 승상이 나와 안향에게 "너희 왕이 어찌하여 공주를 가까이 하지 않느냐?"고 묻자, 안향은 "궁중의 일이란 본래 다른 나라의 신하가 알 바가 아니다. 오늘 이런 것을 물어서 무슨 아뢸 만한 내용이 있겠는가?" 하고 대답함으로써 충선왕을 위기에서 구해내기도 했다.

그 후 안향은 수국사를 거쳐 충렬왕 26년(1300)에는 찬성사에 올랐다. 이때 그를 꺼린 권신들이 충렬왕에게 간하여 사직하게 하기도 했으나, 충렬왕은 곧 다시 안향을 불러들여 광정대부찬성사에 임명했다.

이때 안향이 학교가 날로 쇠함을 근심하여 "재상의 직무는 인재를 교육하는 것보다 먼저인 것이 없거늘 지금 **양현고**가 텅 비어 인재를 양성할 재물이 없다. 청컨대 6품 이상은 각각 1근을 내게 하고 7품 이하는 베를 내도록 하여 이를 양현고로 돌려 본전은 두고 이자만 취하여 섬학전을 삼으소서."라고 건의하니, 양부가 이를 왕에게 아뢰었다.

이에 충렬왕은 궐 안 창고의 전곡을 내어 이를 도왔으나 밀직부사 고세는 무인이라며 돈 내기를 꺼려했다. 그러자 안향은 여러 재상들에게

"공자의 도는 그 법을 만세에 끼쳤다. 신하가 임금에게 충성하고, 아들이 아버지에게 효도하며, 동생이 형에게 공손하게 대하니 이것이 누구의 가르침인가? 만약에 '나는 무인인데 어찌 구태여 돈을 내어 너희 생도를 기를 것인가?' 라고 한다면 이는 공자를 무시하는 것이니 과연 옳은 것인가?" 하고 반문했다. 고세는 곧 자신의 잘못을 부끄러워하며 돈을 냈다.

안향은 남은 돈을 박사 김문정 등에게 주어 중국에 가서 공자와 70제자의 초상을 그리고, 아울러 제기 · 악기 · 육경 · 제자백가 및 역사책들을 구해오게 하였다. 또 밀직부사로 사직한 이산과 전법판서 이진을 천거하여 경사교수도감사로 삼았다. 궁궐 안에 있는 학관 · 내시 · 3도감 · 5고의 학문하기를 원하는 선비, 7관과 사학 12도의 제생으로 경전을 끼고 수업하는 자가 있자 안향이 노하여 장차 벌하려 하니 제생이 사죄했다. 그러자 안향이 서약하여 "내가 제생 보기를 마치 내 아들과 손자같이 했거늘, 제생이 어찌 노부의 뜻을 납득하여 실천하지 아니하는가?"라며, 제생을 데리고 집에 가서 술을 베푸니 제생이 서로 "공이 우리를 대함이 이와 같이 지극 정성인데, 만약 진심으로 복종하지 않으면 우리가 사람이겠는가?" 라고 하였다.

안향은 충렬왕 32년(1306), 첨의중찬으로 사직하고 세상을 떠났다. 이때 그의 나이 예순넷이었다. 장례식을 치를 때에는 7관과 12도의 생도들이 흰옷을 입고 나와 길에서 제사를 지냈다. 그의 호 '회헌' (晦軒)은 만년에 그가 추앙하던 주자의 호인 회암(晦庵)에서 따온 것이다. 『고려사』는 안향에 대해 다음과 같이 기록하고 있다.

양현고(養賢庫)
고려 예종 14년(1119)에 설치된 장학재단으로, 학생의 교육 및 국학의 재정을 뒷받침하기 위해 국학 안에 설치하였다.

안향은 사람됨이 장중하며 조용하고 침착하여 사람들이 모두 공경하였다. 재상으로 있을 때에는 정책을 잘 계획하고 판단하니, 동료들이 순순히 따르고 감히 다투지 않았다. 언제나 유학을 일으키고 선비를 양성함을 자신의 임무로 삼아 비록 사직하고 집에 있어도 늘 마음에 잊지 않았다. 빈객을 좋아하고 남에게 주기를 좋아하며, 문장은 맑고 굳센 것이 볼 만하였다. ……만년에는 주자의 초상화를 걸고 경모하였으므로 드디어 호를 회헌이라 하였다. 유금 하나를 두고 선비 중에서 배울 만한 자를 만나면 이를 권하였다. 충숙왕 6년에 문묘에 배향할 인물을 의논할 때 어떤 자가 "안향이 비록 건의하여 섬학전을 두었으나 어찌 가히 이로써 배향하리오?"라고 하였지만, 그의 문생 신천이 힘써 청하므로 마침내 배향되었다.

혼란기의 현실주의자
이제현

이제현은 고려 후기의 뛰어난 학자이자 정치가, 대문장가로 원나라 지배기에 원나라와 고려를 넘나들며 관직 생활을 유지했으며, 공민왕 집권 초기 시중으로서 개혁 정치를 이끌었던 인물이다. 그가 국내외적으로 혼란한 상황 속에서도 평탄한 생활을 할 수 있었던 것은 무엇보다 온건한 태도로 현실에 임했던 그의 성정 때문이었다.

이제현은 고려가 원나라의 부마국이라는 현실을 받아들이고, 그 테두리 안에서 나라를 존립시키고 사회의 모순을 바로잡고자 노력했다. 그러한 성향 덕분에 관직에 있는 동안 화를 당하거나 유배된 적이 없다.

또한 뒷날 성리학을 좋아하지 않았다는 비판을 받기는 했지만, 성리학을 수용하고 발전시키는 데 있어서 중요한 역할을 했다. 그것은 그가 우리나라에 성리학을 처음 들여온 백이정의 제자로 『사서집주』를 간행해 성리학 보급에 앞장섰던 권보의 문하생이며, 그의 문하생인 이곡·이색 부자로 그 학통을 전수했다는 사실과 충목왕 때 제시한 개혁안에서 그가 강조한 '격물치지'(格物致知)와 '성의정심'(誠意正心)이 성리학에 대한 깊은 이해에서 비롯되었다는 사실에서 알 수 있다.

이제현은 학문은 물론 문장, 특히 한시(漢詩)의 형식 중 하나인 사(詞)에 있어 독보적인 존재로서, 충선왕이 원나라 연경에 세운 만권당에서 원나라의 학자·문장가들과 교류하며 국위를 선양하는 등 그의 행적은 국문학사에 있어 중요한 위치를 차지한다. 또한 이제현은 뛰어난 유학 지식과 문학적 소양을 바탕으로 사학에도 많은 업적을 남겼다.

뛰어난 문재로 원나라에 명성을 떨치다

이제현은 충렬왕 12년(1286) 검교정승 이진의 아들로 태어났다. 이제현은 삼한공신 이금서의 후예였지만, 그의 가문이 명성을 얻게 된 것은 아버지 이진이 신진관료로 크게 출세하게 되면서부터였다. 그는 어려서부터 남달리 숙성해 글을 짓는 데 있어서 이미 작자의 기풍을 지니고 있었다. 안향이 그를 불러 사를 지어보게 하고는 "이제현은 반드시 귀하게 되고 또 장수할 것이다." 하고 말할 정도였다.

당시 대학자이자 권세가였던 권보의 문하에서 공부한 이제현은 충렬왕 27년(1301), 열다섯의 나이로 성균관시에 장원한 데 이어 문과에 합격하였다. 하지만 그는 그것을 하찮은 재주라 치부하며 더욱 공부에 열중했다. 그러자 아버지 이진이 "하늘이 우리 가문을 더욱 크게 할 것인가"라며 크게 기뻐했다고 한다.

이제현은 충렬왕 29년(1303) 권무봉선고판관과 연경궁녹사를 거쳐 1308년에는 예문춘추관에 선발되었고, 이듬해 충선왕 복위 원년(1309) 사헌규정에 발탁됨으로써 본격적인 관직 생활을 시작했다. 이어 선부산랑을 거쳐 충선왕 복위 3년(1311)에는 전교시승과 삼사판관에 오르고, 이듬해 서해도안렴사가 되었다. 이어 성균악정과 풍저창사, 내부부령 풍저감두곡을 거쳤는데, 이때 이제현이 말과 섬(10말)을 감찰하고 치수(治水)를 교열함에 있어 전혀 난처해하는 기색이 없자 사람들은 그를 가리켜 '**불기군자**'라며 칭송했다.

충숙왕 원년(1314), 이제현은 상왕 충선왕의 부름을 받고 원나라 연경에 갔다. 본래 정치개혁에 뜻을 두었으나 원나라의 간섭으로 이를 이루지 못한 충선왕은 원나라의 허락을 얻어 왕위를 아들 충숙왕에게 물려준 다음 연경에 머물면서 '만권당'(萬卷堂)이라는 독서당을 지어 서적들을 수집하는 한편, 원나라의 유명한 학자와 문인들과 교유했다. 이때 "연경의 문학하는 선비들은 모두 천하의 인재들인데, 우리 고려에 그런 사람이 없는 것은 수치가 아닐 수 없다."며 그들과 상대할 고려의 인물로 학문과 문장에 두루 뛰어난 이제현을 부른 것이다.

연경에 간 이제현은 만권당에서 당시 원나라의 명사인 요수 · 염복 · 원명선 · 조맹부 등 한족 출신의 문인들과 교류하며 학문과 식견을 넓혀 그들로부터 많은 칭찬을 받았다.

또 이제현은 만권당에 머무는 동안 모두 세 차례에 걸쳐 중국 대륙을 여행했다. 먼저 충숙왕 3년(1316) 성균제주에 체직되어 충선왕을 대신해 치제하기 위해 3개월 동안 서촉의 명산 아미산에 다녀왔다. 이때 그가 이르는 곳마다 읊었던 글이 사람들에 의해 널리 회자되어 서부전서로 승진하기도 했다. 두 번째는 충숙왕 6년(1319)으로 권한공과 함께 절강의 보타사에서 유람하는 충선왕을 시종했다. 이어 충숙왕 10년(1323)에는 토번(티베트)에 유배된 지 3년 만에 감숙성으로 옮긴 충선왕을 위로하기 위해 여행했다.

이렇듯 세 번에 걸친 중국 대륙 여행은 그의 견문을 넓히는 데 크게 기여했다. 이때의 경험은 훗날 원나라와 고려를 넘나들며 관직 생활을 무리없이 소화해낼 수 있는 밑바탕이 되었다.

한번은 충선왕이 이제현에게 "태조 때에 거란이 낙타를 보내오니 만부교 아래에 매어 두고 먹이를 주지 않아 굶어죽게 하였다. 사양해 버리면 그만이지 어찌 굶겨 죽이는 데까지 이르렀는가?" 하고 물었다. 이에 이제현은 "창업하여 왕업을 후세에 전한 임금은 그 시야가 넓고 사

불기군자(不器君子)
『논어』 위정편에 실려 있는 말로, 군자는 한 가지 구실밖에 못하는 기계가 아니라는 뜻이다. 즉, 이제현의 다재다능함을 놓고 한 말이다.

치제(致祭)
임금이 제물과 제문을 내려 죽은 공신을 기리며 제사지내는 일.

려가 깊음이 후세의 미칠 바가 아닙니다. 우리 태조가 이렇게 한 까닭은 장차 거란의 꾀를 꺾으려 한 것인지 또는 후세의 사치심을 막으려 한 것인지는 알 수 없지만, 여기에는 반드시 깊고 미묘한 취지가 있을 것입니다. 전하께서는 공손하고 조용히 생각하여 역행하고 체득해야 할 것입니다." 하고 대답했다.

또 충선왕이 "우리나라는 옛부터 문물이 중화와 같다고 일컫더니 이제 학자들이 다 불교를 좇아 문장과 구절을 익히는 것은 어찌된 일이냐?"라고 묻자, 이제현은 "무신의 변 이후 나라가 차츰 문치를 회복하였으나 학문에 뜻을 둔 인사들이 배울 곳이 없어 모두 불도를 좇아 강습하였습니다. 이제 전하께서 학교를 넓히고 상서를 삼가며, 6예를 높이고 5교를 밝혀서 선왕의 도를 천명하시면 누가 유학을 배반하고 불교를 추종하겠습니까?"라며 유학의 장려를 주장하기도 했다.

원나라에 간곡히 청하다

1320년은 이제현의 삶에 있어 하나의 분기점이 되는 해였다. 그동안 이제현은 주로 연경의 만권당에서 활동하며 잠깐씩 귀국해 성균좨주 · 판전교시사 · 선부전서 등의 관직 생활을 해왔다. 이제현은 지밀직사사에 오르면서 단성익찬공신의 호를 받고, 충선왕을 시종한 공으로 토지와 노비를 하사받았다. 또한 지공거로 과거를 주관하기도 했다. 이때 충선왕이 고려 출신의 환관 임파이엔토그스의 모함을 받아 토번에 유배되었는데, 그동안 충선왕을 후원해 왔던 원나라 인종이 죽자 충선왕을 배척하며 호시탐탐 고려의 왕권을 노려온 심왕 왕고와 그 일파의 음모 때문이었다. 이로써 6년여에 걸친 이제현의 만권당 생활도 마감하게 되었다.

이때 유청신과 오잠이 원나라의 상서도성에 상서를 올려 고려에 성(省)을 설치할 것을 청원하였다. 이들의 이러한 행동은 400여 년 동안 이어온 고려의 독립성을 말살하는 것이었다. 이제현은 충숙왕 10년

(1323) 원나라에 들어가 간곡하게 입성을 반대하는 상서를 도당에 올렸는데, 그 내용은 다음과 같다.

> 중용에 이르기를, "무릇 천하의 국가를 다스림에 9경이 있는데, 행하는 바는 한 가지이니 끊어진 세대를 이어주고 패망한 나라를 일으켜주며, 난을 다스리고 위태한 것을 도와서 버티게 하며, 가는 자에 후하게 하고 오는 자에 박하게 하는 것은 제후를 포용하는 것이다." 라고 하였습니다. 이를 해설하는 자는 "후사가 없는 자는 이어주고 멸한 자는 봉해주어 상하로 하여금 서로 편안하게 하고, 대소로 하여금 서로 긍휼하게 하면 천하가 모두 충성을 다하여 왕실을 수호한다."고 하였습니다. 엎드려 바라건대 집사각하께서는 중용의 말을 기억해서 나라를 나라답게 하고 사람을 사람답게 하여 그 정치와 부세를 닦아서 번리로 삼아 행복을 받들게 하면, 어찌 삼한 백성이 집집마다 서로 경하하고 위덕을 노래하고 읊을 뿐이겠습니까? 종묘와 사직의 영령도 장차 저 세상에서 감읍할 것입니다.

이로써 입성을 철회하게 만든 이제현은 이어 최성지와 함께 충선왕의 방환 운동을 벌였다. 그는 먼저 원나라의 낭중에게 그동안 고려가 해온 사대의 예와 함께 원나라의 부마국임을 강조하며 "대체로 먼 속국을 회유하고 친척에게 돈목하게 하는 것이 선왕의 도리이며, 공으로써 허물을 덮어주는 것이 춘추의 법입니다. **족하**는 왜 조용히 승상에게 말

6예(六藝)
고대 중국의 여섯 가지 교과. 곧 예(禮)·악(樂)·사(射)·어(御)·서(書)·수(數)를 이르는 말.

5교(五敎)
오륜(五倫)의 가르침을 뜻한다.

족하(足下)
비슷한 연배 사이에서 상대방을 높여 부르는 말.

하여 노심왕(충선왕)이 오늘날 회개하고 있으며, 여러 대의 충근을 저버릴 수 없고, 본국 사람들의 사모하는 마음을 막을 수 없으며, 세조의 폐부친속(肺腑親屬)도 잊어버릴 수 없다는 것을 황제께 아뢰지 않습니까? 그러면 대승상의 덕이 먼 곳에서나 가까운 곳에서나 더욱 드러날 것이며, 천하는 모두 족하를 칭송할 것입니다. 어찌 오직 우리나라 군신들만이 살에 새기고 뼈에 새겨 그 은혜의 만 분의 일이라도 갚기를 꾀하는 데에만 그치겠습니까?"라는 글을 올렸다. 그리고 승상 배주에게도 "지난날 천자께서 진노하셔서 우리 노심왕이 몸둘 바를 모르니, 집사께서 가엾게 여기어 천둥과 번개 같은 위엄 밑에서 죽은 이를 살려내기를 백골에다 살을 붙이듯 하여, 가벼운 법을 좇아 용서하여 먼 곳으로 귀양보내게 했습니다. 그곳은 매우 멀고 궁벽하여 언어가 서로 통하지 아니하며 풍토와 시후는 아주 다릅니다. 불의에 일어나는 도적 떼와 닥쳐오는 굶주림에 몸은 여위고 머리털은 모두 희어졌습니다. 그 고통은 말만 해도 눈물이 납니다. 친속 관계를 말하면 세조의 친외손이며, 공으로 말하면 선제의 공신입니다. 또한 원나라가 처음 용흥할 때부터 의를 사모하여 먼저 복종하고 대대로 충성을 바쳐온 공이 있습니다."라며 충선왕의 방환을 청하는 글을 올렸다. 이러한 이제현의 노력으로 충선왕은 토번에서 감숙성으로 옮길 수 있었다.

이때 충선왕을 알현하러 가는 이제현이 도중에 노래하고 시를 읊으니 충정이 흘러 넘쳤다. 고려 조정에서는 이제현의 공을 높이 평가하여 밀직사사를 더하고 추성양절공신호를 내렸으며, 연이어 첨의평리와 정당문학에 제수하고, 김해군에 봉했다.

충숙왕 복위 8년(1339), 이제현은 다시 한 번 나라를 위해 원나라에 다녀와야만 했다. 그것은 정승 조적의 난 때문이었다. 그해 충숙왕이 죽자 조적이 심왕 왕고를 옹립하기 위해 역모를 꾀하다가 사전에 이를 간파한 충혜왕에게 붙잡혀 죽었는데, 그때 연경에 있던 그의 무리들이 충혜왕을 폐위시키고자 원나라에 참소했다. 원나라가 그들의 참소만 믿고 사신을 보내어 충혜왕을 부르니 그에 대한 화를 예측할 수 없었다. 이에 이제현은 격분하여 몸을 돌보지 않고 "나는 우리 임금의 아들만을 알 뿐입니다."라며 충혜왕과 함께 연경에 가 일을 수습하여 충혜왕이 복위하는 데 큰 역할을 했다. 하지만 이제현은 귀국 후 조적의 당여들의 위세에 눌려 수년간 관직에 나오지 않고 은거했는데, 이때 『역옹패설』을 지었다. 그 후 이제현은 충목왕 즉위년(1344)에 판삼사사로 정계에 복귀했다.

개혁을 통해 국정을 쇄신하다

이제현은 노년기에 접어들면서 더욱 적극적으로 문란해진 정치 기강을 바로잡고 새로운 시책을 펴는 데 참여했다. 하지만 결코 급진적이지 않은, 그의 성정처럼 온건적인 개혁을 펼쳤다.

그는 먼저 충목왕에게 "이제 국왕께서 옛적의 원자가 취학하는 나이에 천자의 명령을 받들어 조종의 왕위를 계승하였으나, 전왕이 폐위된 뒤를 맡았으니 어찌 공경하는 마음으로 경건하고 근신하지 않겠습니까? 근신하는 실상은 덕을 닦는 것만 같지 못하고, 덕을 닦는 요체는 향학하는 것만 같지 못한 것입니다. 이제 제주 전숙몽이 사부가 되었으나 현명한 유신 두 사람을 택하여 전숙몽과 함께 효경·논어·맹자·대학·중용을 강론하게 하여 격물치지와 성의정심의 도를 익히도록 하며, 의관 자제 중에 정직, 근후하고 학문과 예에 밝은 자 10명을 시학으로 삼아 좌우에서 보필하게 해야 할 것입니다. 사서에 이미 능숙하면 육경을 차례로 명확하게 강의하여, 교만하고 사치하며 음란한 것, 음악과 여자, 개와 말은 듣지도 보지도 못하게 하여 습관이 성품을 이루게 되면 덕이 알지 못하는 사이에 이루어질 것이니 이것이 당장의 시급한 일입니다."며 여러 항목에 걸쳐 개정안을 제시했다.

충목왕이 재위 4년 만인 1348년에 세상을 떠나자 이제현은 원나라에 들어가 왕기(공민왕)를 추대하기 위한 운동을 벌였으나, 원나라에서 충정왕을 임명함으로써 실패하고 말았다. 하지만 원나라는 그로부터 3년 뒤인 1351년, 나이가 어린데다 외척의 전횡으로 국정을 문란하게 했다는 이유를 들어 충정왕을 폐하고 공민왕을 새 왕으로 임명했다.

이제현은 공민왕의 즉위와 함께 정승에 임명되어 국정을 총괄했는데, 이때부터 네 번에 걸쳐 수상으로 재임하며 공민왕 초기의 개혁 정치를 이끌었다. 고려 제31대 왕으로 즉위한 공민왕은 귀국 전에 이제현을 섭정승 권단정동성사로 임명해 정승을 대행하여 정동행성의 업무를 임시로 총괄하게 했다. 그러자 이제현은 "신은 재주가 없고 나이가 많아 만사가 남과 같지 못한데, 막중한 명을 받아 임시로 정동행성의 정승이 되었으니 그 중임을 이기지 못할까 두려워 몸둘 바를 모르겠습니다. 다만 바라옵건대 현명하고 유능한 자를 선발하여 백관에 대비하였사오니 조속히 새 명령을 내리소서."라며 글을 올렸다. 이어 도첨의정승에 제수된 이제현은 당시 국정을 문란케 하고 있던 배전 · 박수명 · 노영서 등의 권신들을 하옥하고, 유배하거나 좌천시키는 등 국정을 쇄신했다.

당시는 공민왕이 아직 귀국하기 전으로 자칫 나라가 혼란에 빠질 위험이 있었으나 이와 같은 이제현의 조치로 인해 사람들은 안정된 생활을 영위할 수 있었다. 이때 권신 조일신이 횡포하고 교만하여 방자하게 굴면서 이제현이 자기보다 높은 것을 시기하여 헐뜯었다. 그러자 이제현은 "신이 감히 정승의 지위에 있지 못하겠습니다."라며 공민왕에게 정승 자리를 고사하였으나 허락을 얻지 못하였다.

또한 이제현은 말에서 떨어져 발을 다치자 다시 사직을 청하였으나 공민왕은 허락하지 않고 오히려 그에게 추성양절동덕협의찬화공신의 호를 내렸다. 그 후 이제현은 세 번에 걸쳐 상소를 올린 끝에 겨우 허락을 얻어 사직할 수 있었다. 그해 권신 조일신이 불량배들을 모아 밤에 궁궐로 들어가 자신이 미워하고 싫어하는 자들을 주살했는데, 이제현은 이미 사직한 뒤였으므로 다행히 화를 면할 수 있었다. 그 후 조일신이 처형된 뒤 이제현은 우정승에 올라 순성직절동덕찬화공신의 호를 받았으며, 공민왕 2년(1353)에는 계림부원군으로 과거를 주관하여 이색 등을 등용했다.

공민왕 5년(1356), 원나라 황실과 인척 관계에 있는 권신 기철 일파를 죽이는 등 반원 운동이 거세게 일었다. 이에 이제현은 문하시중에 올라 사태를 수습하고 이듬해 관직에서 물러났다.

다방면에 걸쳐 뛰어난 업적을 남기다

이제현은 시·문·사의 대가이자 경사에도 두루 통달한 문호로서 역사와 문학에 있어서도 뛰어난 업적을 남겼다. 충혜왕 복위 3년(1342)에 지은 『역옹패설』은 역사서에 기록되지 않은 기이한 일과 경전·인물·시문·서화 등에 대한 비평, 자신의 시문 등을 싣고 있는데, 『역옹패설』에 실려 있는 역대 시문에 대한 비평은 국문학사상 중요한 위치를 차지하며, 이인로의 『파한집』·최자의 『보한집』과 함께 고려 3대 비평문학서로 꼽힌다. 또한 조선시대 문학 비평의 길잡이 구실을 한 고전적인 저작으로 높이 평가받고 있다.

이제현의 생전인 공민왕 12년(1363)에 아들 창로와 손자 보림이 간행한 시문집 『익재난고』는 모두 10권 4책으로 구성되어 있는데, 시와 문, 역대 왕들의 사찬(史贊)과 주요 기사, 습유(拾遺)·묘지(墓誌)·연보(年譜) 등을 수록하고 있다. 또한 책머리에는 그의 화상이 들어 있으며, 특히 권4에 있는 소악부는 고려 속요를 한시로 옮긴 것으로 귀중한 자료가 되고 있다.

또한 효자 62명의 전기를 모아 화공을 시켜 그림을 그리게 해 『효행록』을 편찬하기도 했고, 호복을 입은 인물 다섯 명이 말을 타고 얼어붙은 겨울 강을 건너는 모습을 그린 「기마도강도」는 대표적인 **여기화**로, 14세기 한국 회화의 한 단면을 보여준다. 이제현은 고려 말 정치·문화·역사에 이르기까지 다방면에 걸쳐 뛰어난 업적을 남긴 인물이었다.

이 밖에도 이제현은 뛰어난 유교 지식과 문학적 소양을 바탕으로 역사 편찬에 앞장섰는데, 『본조편년강목』을 증수하였고, 충렬왕 · 충선왕 · 충숙왕의 『삼조 실록』을 수찬하였다. 이제현은 사직 후 집에서 사관들을 모아 역사를 편찬하는 데 몰두하다 공민왕 16년(1367) 세상을 떠났다. 이때 그의 나이 여든하나였다.

여기화(餘技畵)
사대부들이 여가를 이용하여 그린 그림으로, 직업화가들의 그림과 구분하여 쓰는 말이다. 이들 문인화가들은 단순히 취미로 그림을 그린 것이 아니라 높은 안목을 갖추고 있었으며, 중국의 화풍을 적극 도입하기도 했고, 직업화가들에 비해 좀더 자유분방했다.

고려 중흥을 위한 몸부림
공민왕

공민왕은 고려 제31대 왕으로, 무인집권기와 원나라 지배기를 거치면서 국력이 크게 쇠퇴한 고려를 중흥시키기 위해 권문세족을 제거하고 신진사대부를 등용함으로써 개혁을 꾀했다. 원나라의 지배에서 벗어나 자주 국가를 건설하기 위해 반원정책을 펼쳤으나, 시해됨으로써 그 뜻을 이루지 못한 채 세상을 떠나고 말았다.

당시 중국은 원나라가 쇠퇴하고 명나라가 대륙의 새 주인으로 등장했는데, 공민왕은 이러한 정세 변화를 이용하여 고려 중흥을 위한 많은 개혁들을 추진할 수 있었다. 대외적으로는 적극적인 반원정책을 통해 몽골의 잔재를 없애는 한편, 원나라에 빼앗긴 영토를 회복하기 위해 북진정책을 실시했다. 대내적으로는 권문세족을 제거하고 국가 기강을 재정립하기 위해 일곱 차례에 걸쳐 관제 개혁을 실시했다.

하지만 홍건적과 왜구의 침입으로 국토가 피폐해지고 국력이 소모된 가운데 공민왕의 개혁정책에 반발하는 권문세족은 여전히 막강한 영향력을 행사했다. 이러한 정치적 소용돌이 속에서 공민왕의 개혁 의지도 차츰 퇴색되어 갔고, 결국 그의 갑작스러운 죽음으로 오랫동안 추진해 왔던 개혁정책도 물거품이 되고 말았다. 이로써 고려는 멸망을 향해 치닫기 시작했다.

개혁을 통해 국가 중흥을 꾀하다

공민왕은 충숙왕 17년(1330) 충숙왕과 명덕태후 홍씨의 둘째 아들로 태어났다. 일찍이 강릉대군에 봉해진 공민왕은 충혜왕 복위 2년(1341) 원나라 순제의 부름을 받고 들어가 **숙위**하면서 대원자라 불렸다. 충목왕 즉위년(1344) 강릉부원대군에 봉해졌고, 충목왕이 세상을 떠난 1348년에 이제현 등이 그를 왕으로 추대할 것을 건의했으나 원나라는 충정왕을 세웠다. 공민왕은 귀국하지 못하고 계속 원나라에 머물다가 그해 원나라 위왕의 딸인 노국대장공주와 결혼했다.

공민왕은 그로부터 3년 뒤인 1351년, 원나라로부터 책봉을 받아 제31대 왕으로 즉위했다. 충정왕이 열 살의 어린 나이로 즉위하자 외척 윤시우와 배전 등이 세도를 부려 국가 기강이 문란해진데다가 왜구의 침입으로 나라가 소란스러웠기 때문이다. 이에 따라 민심이 공민왕에게 옮겨졌고, 윤택과 이승로 등의 건의로 원나라가 충정왕을 추방하고 그를 새 국왕으로 즉위시킨 것이다.

공민왕은 귀국 전 대문장가이자 원로 정치가인 이제현을 섭정승 권단정동성사에 임명하는 등 새 조정을 이끌어갈 인사를 단행했다. 그리고 찬성사 조일신에게 **비목**을 주어 먼저 귀국시켰다. 이것은 즉위 후 펼쳐 나갈 개혁 정치에 대한 자신의 의지를 표현한 것이었다.

이제현은 도교 사원과 신사를 수리하고 법관으로 하여금 지방관들의 공적과 과실을 조사하도록 조치하는 등 공민왕이 귀국하기 전에 백성들이 안정된 생활을 누릴 수 있도록 여러 가지 조치를 취했다. 또한 이제현은 그해 11월, 충정왕 때 세도를 부리며 국가 기강을 문란시킨 외척들에 대한 대대적인 숙청을 단행하기도 했다.

1351년 12월, 원나라에 간 지 10년 만에 드디어 귀국한 공민왕은 이듬해 1월 "호복을 입고 변발을 하는 것은 선왕의 제도가 아니오니 이를 금지하소서."라는 감찰대부 이언종의 건의를 받아들여 변발·호복 등의 몽골풍을 폐지했다. 이때 공민왕이 100여년 동안 고려를 지배해 왔던 원나라에 맞서 그들의 풍속을 과감하게 폐지할 수 있었던 것은 원나라 사신으로 갔다 돌아온 최영과 류탁 등으로부터 원나라가 크게 쇠약해졌다는 보고를 들었기 때문이었다. 이것은 앞으로 펼쳐질 반원정책의 신호탄이었다.

이어 2월에는 권문세족들의 세력 기반인 정방을 폐지했다. 정방은 최씨 무인정권 당시 정무를 집행하던 곳으로 고종 12년(1225)에 설치된 이래 문무백관의 인사 행정을 주도해 온 기관이었다. 공민왕이 정방을 폐지한 것은 그동안 권문세족에게 빼앗긴 조정의 인사권을 되찾겠다는 뜻으로 새로운 인재 등용을 통해 개혁 정치를 펼침으로써 나라를 중흥하겠다는 강력한 의지의 표명이기도 했다.

권문세족은 무인집권기에 형성되어 원나라 간섭기에 친원 세력으로 성장해 고려 후기를 지배해 온 세력이었다. 이들은 음서를 통해 자신들의 지위를 세습하는 한편 집안끼리의 혼인을 통해 세력을 확대해 왔으며, 개혁에 적극적으로 반대하는 보수 집단이었다. 또한 이들은 국정 의결 기관인 도평의사사를 독점하여 권력을 장악하고, 광대한 농장과 많은 노비들을 소유함으로써 정치는 물론 나라의 경제를 장악해 왔다. 이들이 바로 고려를 쇠퇴하게 만든 근원이었다.

나라를 망친 암적인 존재를 제거하다

공민왕이 즉위하자마자 강력한 배원정책을 표방하며 권문세족을 억누르고 개혁 정치를 펼치려 한 이유는 무엇일까? 그것은 원나라와 권문세족들이 고려를 쇠퇴시킨 암적인 존재라고 판단했기 때문이다.

숙위(宿衛)
속국의 왕자들이 지배국 궁정에 머무르면서 황제를 호위하는 것을 말한다.

비목
인사 발령에 관해 임금이 재가한 사목.

원나라는 두 차례에 걸친 일본 정벌을 위해 고려로부터 군사들을 비롯한 많은 인적·물적 자원을 징발했다. 오랜 전쟁으로 국력이 피폐할 대로 피폐해진 고려로서는 이에 따라 고통이 가중될 수밖에 없었다. 그러나 두 차례에 걸친 여몽 연합군의 일본 원정은 태풍으로 인해 모두 실패하고 말았다.

원나라로 인한 고려의 피해는 이뿐만이 아니었다. 원나라는 고종 말년 화주(영흥)에 쌍성총관부를 설치하여 철령 이북의 땅을 차지한 데 이어 서경에 동녕부를 설치하여 자비령 이북의 땅을 차지했으며, 삼별초를 진압한 후에는 제주도에 탐라총관부를 설치하고 목장을 경영했다. 동녕부와 탐라총관부는 충렬왕 때 다시 돌려받았으나, 쌍성총관부는 공민왕 때에 이르러서야 비로소 무력으로 되찾을 수 있었다.

한편 고려는 끊임없이 원나라의 내정 간섭을 받아야 했다. 먼저 원나라의 강요로 관제를 개정했는데, 기존의 3성을 격하시켜 첨의부로 단일화했고, 6부는 4사로 통합했다. 또한 원나라는 일본 정벌을 위해 개경에 설치했던 정동행성을 존속시켜 자신들의 연락 기관으로 삼았고, 감찰기관인 순마소와 군관인 다루가치를 배치하여 고려의 내정을 간섭했다.

특히 원나라는 갖가지 구실을 내세워 금·은·베 등을 비롯하여 인삼·약재·매 등의 특산물을 거두어들였고, 이로 인해 백성들의 고통은 더욱 가중되었다. 문화적으로도 몽골어가 사용되고 몽골식 의복과 변발이 유행했으며, 심지어는 몽골식 이름을 가진 사람도 생겨났다. 원나라에 줄을 댄 권문세족들은 국왕마저 위협하며 국정을 전횡하였고, 부를 축적하고 권력 유지에 급급함으로써 국력의 쇠퇴를 가져왔다. 결국 이로 인해 왜구들의 침략을 받기에 이르렀다.

숙위라는 명목 아래 원나라에 끌려가 10년 동안 머무르며 약소국의 왕자로서 받은 각종 불이익과 고려인들의 처지를 한시도 잊을 수 없었던 공민왕의 가슴속에는 반원 의식이 싹틀 수밖에 없었고, 이러한 눈앞의 현실을 목도한 공민왕으로서는 철저하게 원나라와 권문세족을 배제한 개혁 정치만이 고려를 중흥시키는 길이라고 판단할 수밖에 없었을 것이다.

공민왕은 이어 5년(1356)에 몽골의 연호와 관제를 폐지하고 문종 때의 제도를 복구하는 한편, 고려 내정을 간섭하기 위해 원나라가 설치한 정동행중서성 이문소를 폐지했다. 그해 공민왕은 원나라 왕실과 인척 관계를 맺고 권세를 부리던 기철·권겸·노책 일파를 숙청했다.

기철은 누이동생이 원나라 순제의 제2황후가 되어 태자를 낳자, 이를 배경으로 정동행성 참지정사에 임명되고 정승에 임명된 뒤 덕성부원군에 봉해진 인물이다. 기철의 일족과 친당들은 자신들의 권세를 믿고 남의 토지를 빼앗는 등 불법 행위를 자행하였으며, 왕에게 신이라 칭하지 않는 불충을 범했다. 하지만 원나라가 쇠퇴하기 시작하면서 자신들의 입지가 약화되자, 일족과 친당을 요직에 앉히고 역모를 꾀했던 것이다.

권겸은 원나라 황태자에게 딸을 바치고 원나라 태부감태감이 되어 기철과 권세를 다투다가 반원정책으로 입지가 약화되자 역모를 꾀했고, 평양공 왕현의 딸 경녕옹주에게 장가들어 세도가가 된 노책 또한 원나라 황태자에게 딸을 바치고 집현전 학사가 되어 권세를 누리다가 상황이 불리해지자 역모를 꾀했다.

이들의 역모 계획을 사전에 간파하고 있던 공민왕은 연회를 베푼다는 핑계로 홍의를 시켜 기철·권겸·노책의 일족들을 불러들였다. 이러한 사실을 알 리 없는 기철과 권겸이 먼저 입궐하고 나머지는 아직 입궐하지 않은 상태에서 경천흥 등이 비밀리에 다음과 같이 아뢰었다.

"두 사람은 이미 입궐하였으나 노책 부자가 아직 오지 않았는데, 만일 일이 누설되기라도 하면 어떤 사태가 일어날지 모르니 빨리 계획을 도모하는 것이 좋겠습니다."

공민왕은 즉시 장사들을 시켜 기철과 권겸을 주살하도록 했다. 그리

하여 기철은 철퇴를 맞아 그 자리에서 즉사하고 권겸은 도망치다 붙잡
혀 죽었으며, 노책은 집에 있다가 붙잡혀 죽었다. 기철 일파를 숙청하
는 데 성공함으로써 공민왕은 권문세족들을 제거하고 왕권을 회복할
수 있었다.

또한 공민왕은 인당·최영 등에게 군사를 주어 쌍성총관부를 공격
하여 함주·북청 등지의 여러 성을 수복함으로써 100년 동안 존속해
왔던 쌍성총관부를 폐지하고 빼앗긴 영토를 회복하였다. 이어 공민왕
은 17년(1368) 명나라가 건국하자 이인임을 보내 명나라와 협력하여 요
동에 남아 있던 원나라 세력을 마저 공략하였다. 이듬해에는 이성계로
하여금 요동으로 옮겨간 동녕부를 치게 하여 오로산성을 점령함으로써
국위를 크게 떨쳤다. 이러한 조치들은 태조 이래의 숙원사업인 북진정
책을 강행하여 고구려의 옛 영토를 회복하려는 노력의 일환이었다.

신돈을 등용하여 개혁에 박차를 가하다

공민왕은 권문세족에 맞서 조정을 이끌어 나갈 새로운 인재 양성 및
발굴에 힘썼다. 공민왕은 "학교와 상서(지방 학교)는 풍속을 바로잡고
백성을 교화하는 근원인데, 국학이 유명무실하고 12공도와 동서학당이
헐고 무너졌으니 마땅히 이를 수리하고 생도들을 양성할 것이다. 그러
므로 한 가지 경서에라도 능통한 자가 있으면 즉시 명부를 작성하여 올
리도록 하라."는 교서를 내려 인재 양성에 신경을 쓰는 한편, "만일 경서
에 밝고 행실이 바르며 재능이 있고 절개를 지키는 선비가 어떤 산간 마
을에 있다면 안렴사는 보고하고 전리사와 군부사는 그를 적당한 자리에
등용하라."는 교서를 내려 산림에 묻혀 지내는 인재를 발굴할 것을 지시
했다.

그동안 고려 조정은 문벌귀족과 권문세족들이 음서를 통해 자신들
의 지위를 세습하며 핵심 관직을 독차지해 왔기 때문에 신진 관료는 발
붙일 곳이 없었다. 따라서 개혁 정치를 꾀했던 공민왕으로서는 무엇보

다 새로운 인재의 발굴이 절실했다. 그리하여 무인정권기부터 새로운 관료층으로 등장하기 시작한 지방의 중소 지주층들이 이때 본격적으로 중앙에 진출하게 되었다. 학문적 교양과 정치적 실무 능력을 겸비한 학자 관료인 이들 신진사대부들은 구질서와 권문세족 및 불교를 비판하는 진취적 성향과 친명 노선을 택하여 공민왕의 개혁정책에 동참하기 시작했다.

공민왕은 집권 초기 국가 중흥을 위해 많은 노력을 기울였다. 이때 권문세족의 세력을 약화시켜 왕에 의한 통치체계를 확립하고자 공민왕이 등용한 이가 신돈이었다. 당시 공민왕은 "세신 대족들은 친당이 뿌리처럼 이어져 서로 허물을 가리고 숨기니 초야의 신진들은 실지의 감정을 숨기고 일부러 겉으로 꾸며 명망을 취한다. 그러나 이들 신진들이 출세하면 스스로 문벌이 외롭고 한미한 것을 부끄럽게 여겨 대개 대족들과 인척을 맺어 처음의 뜻을 버린다. 유생은 유약하여 강직한 이가 적으며, 또한 당을 만들고 사사로운 정을 따르게 되니, 이 세 가지 사람 모두 쓸 수 없는 것"이라며 권문세족들을 누르고 개혁 정치를 펼 마땅한 인물을 찾고 있었다.

그런데 신돈은 사사로운 욕심을 경계하는 승려인데다 신분이 미천하여 친당이 없으므로 이와 같은 자신의 의도에 딱 맞아떨어지는 인물이었던 것이다. 즉, 공민왕은 자신의 개혁에 걸림돌이 되는 권문세족을 배제하고 강력한 개혁정치를 펼치기 위해서는 유약한 유생이나 세력을 기르기 위해 친당을 짓는 선비들보다는 아무런 걸림돌이 없는 승려가 났다는 생각에서 신돈을 등용한 것이다.

공민왕이 벼슬길에 나올 것을 청하자 신돈은 "일찍이 듣자옵건대 국왕과 대신이 참소와 이간하는 말을 쉽게 믿는다고 하오니, 절대로 이와 같은 일이 없어야만 세상에 복과 이익을 줄 수 있을 것입니다." 하고 대답했다. 그러자 공민왕은 "사(신돈)가 과인을 구원하고 과인이 사를 구원할 것이다, 죽고 삶을 같이하여 다른 사람의 말에 현혹됨이 없을 것이니 부처와 하늘이 이를 증명할 것이다."라는 맹세의 글을 손수 써주며 그에게 국정을 맡겼다. 그 후 공민왕은 신돈을 진평후에 봉하고 정치 개혁을 단행했다.

또한 공민왕은 15년(1366) **전민변정도감**을 설치하고 그 판사에 신돈을 임명했다. 신돈은 권문세족이 부당하게 겸병한 토지를 소유자에게 반환시키고, 불법으로 노비가 된 사람을 해방시키는 등 여러 가지 개혁들을 단행함으로써 조정과 백성들의 큰 호응을 얻었다. 하지만 이와 같은 급진적인 개혁정책은 수많은 권문세족들의 반발을 불러 일으켰다.

어이없는 죽음으로 실패로 끝나버린 개혁

공민왕의 개혁 정치에 대한 반발은 끊이지 않았고, 이로 인해 공민왕은 대외적으로 수많은 시련을 겪어야 했다.

먼저 원년(1352) 권신 조일신의 역모 사건이 일어났는데, 그는 "전하께서 환국하실 때 원나라 조정의 권신들이 고려 사람으로 그들과 친족 관계에 있는 자들에게 벼슬을 줄 것을 부탁드리고 신에게도 그리하였습니다. 그런데 지금 전리와 군부사로 하여금 관리들의 선발을 맡긴다면 법문에 구애되어 일에 차질을 빚을까 걱정됩니다. 청컨대 옛 정방 제도를 회복하시어 안으로부터 벼슬이 임명되도록 하소서."라며 정방의 폐지로 공민왕에게 넘어간 인사권을 되찾으려 했다. 그러자 공민왕은 "이미 정방을 없애고 옛 제도를 고친 지 얼마 되지 않았는데, 중간에 변경한다면 반드시 남의 웃음거리가 될 것이다. 경이 부탁받은 바를 과인에게 고하라. 과인이 선사에게 이르면 누가 감히 따르지 않겠는가."라며 받아들이지 않았다.

이에 조일신은 "신의 말을 따르지 않으신다면 무슨 면목으로 원나라 조정의 사대부들을 다시 볼 수 있겠습니까?"라며 사직한 뒤, 9월 29일 불량배들을 모아 시어궁을 포위해 숙위하고 있던 최덕림 등을 죽였다. 그리고 이튿날 공민왕을 위협해 스스로 우정승이 되고, 정천기를 좌정승에 임명하는 등 조정을 그의 일파로 채웠다. 이어 10월 3일 난을 일으켰다.

공민왕은 단양대군 왕후의 집으로 거처를 옮긴 뒤 정동행성에 행차해 은밀히 조일신을 제거할 계획을 세웠다. 그리하여 김첨수를 시켜 조일신을 잡아들인 뒤 목을 베고, 그 일당들 또한 모두 잡아들여 죽이거나 옥에 가둠으로써 조일신의 난을 진압했다. 또한 5년(1356)에는 원나라와 인척관계를 맺고 권세를 부리던 기철 일파의 역모 사건을 진압했다.

이어 공민왕 12년(1363)에는 김용이 반란을 일으켰다. 공민왕이 원나라에 있을 당시 곁에서 보좌한 공으로 공민왕이 왕위에 오른 후 나라의 요직을 지내고 있던 김용이 김수·조련 등과 짜고 일당 50여 명을 흥왕사에 보내 그곳에 머무르고 있던 공민왕을 죽이려 한 것이다.

일찍이 김용은 정세운이 임금의 총애를 받는 것을 시기해 왔고, 또 안우·이방실·김득배 등이 홍건적을 물리쳐 큰공을 세우자 이들에 대한 임금의 신임이 두터워질 것을 두려워했다. 그리하여 거짓으로 교지를 꾸며 안우 등으로 하여금 정세운을 죽이게 하고, 임금에게 참소하여 안우 등에게 죄를 뒤집어 씌워 죽게 만들었다. 김용은 이와 같은 자신의 죄가 탄로 날까 두려운 나머지 공민왕마저 제거하려 했다. 그러나 환관들의 기지로 공민왕은 간신히 목숨을 건질 수 있었고, 소식을 듣고 달려온 최영과 우제 등에 의해 가까스로 난은 진압되었다.

공민왕은 홍건적과 왜구의 침입에도 끊임없이 시달려야 했다. 당시 고려는 최영과 이성계 등의 분전에도 불구하고 계속되는 왜구들의 침략과 약탈로 해안가 마을 대부분이 텅 비다시피 하는 등 국력 소모가 심했

전민변정도감(田民辨整都監)
몽골 세력을 등에 업은 권신들은 국가 재정과 직결되는 공전(公田)을 대대적으로 사전(私田)화하였다. 전민변정도감은 이러한 전정(田政)의 문란을 시정하기 위해 설치한 것으로, 원종 10년(1269) 처음 설치한 이래 충렬왕·공민왕·우왕 대에 걸쳐 여러 차례 설치되었다. 그러나 권신들의 강력한 반발로 인해 실효를 거두지는 못했다.

다. 또한 홍건적의 침입으로 개경이 함락된 채 복주까지 피난을 가야만 했다.

이러한 대내외적인 혼란 속에서 14년(1365) 노국공주가 죽자 공민왕은 슬픔에서 헤어 나오지 못하고 불사에만 전력을 기울이기 시작했다. 그리고 나랏일은 모두 신돈에게 맡겼다. 그러자 신돈은 점점 오만해져 방탕과 음란을 일삼았고, 정치는 극도로 문란해졌다.

노국공주를 잃은 공민왕은 날로 이상해져 21년(1372)에는 궁중에 자제위라는 관청을 설치했다. 공민왕은 젊고 외모가 잘생긴 청년을 뽑아 이곳에 두고 좌우에서 시중을 들게 했다. 그리하여 홍륜 · 한안 · 권진 · 홍관 · 노선 등이 왕의 총애를 받았다. 그러나 곧 비빈과 자제위 사이에 풍기가 문란해졌으며, 특히 홍륜이 익비를 범해 임신시키기에 이르렀다. 이에 공민왕은 이를 은폐할 의도로 홍륜 · 최만생 등을 죽이려다가 오히려 그들에게 살해되고 말았다.

이로써 공민왕의 개혁 정치는 실패로 끝나고 말았다. 하지만 단순히 공민왕과 신돈의 실정 때문으로만 볼 수는 없다. 결국 친원파와 권문세족의 반발을 극복하지 못했던 것이다. 공민왕의 죽음과 함께 실패로 끝난 개혁 정치는 이성계 등 조선 개국 세력들에게 **폐가입진**의 명분을 주어 고려를 멸망하게 하는 하나의 원인이 되기도 했다.

공민왕은 그림에 뛰어나 고려의 대표적 화가의 한 사람으로 일컬어지기도 하는데, 글씨에도 능하였으며 특히 대자(大字)에 뛰어났다. 작품으로 「천산대렵도」 · 「노국대장공주진」 · 「석가출산상」 · 「아방궁도」 · 「현릉산수도」 · 「동자보현육아백상도」 등이 있다.

폐가입진(廢假立眞)
가짜를 폐하고 진짜를 세운다는 논리로, 우왕이 공민왕의 아들이 아니라 신돈의 아들이므로 우왕의 아들 창왕 역시 왕씨가 아니라는 주장이다. 이것으로 이성계 등은 창왕을 폐하고 공양왕을 옹립했으며, 이것은 결국 조선의 건국으로 이어졌다.

실패한 요동 정벌의 꿈
최영

　최영은 원명 교체기와 고려 말이라는 어지러운 국내외적인 상황 속에서 홍건적과 왜구를 물리친 영웅으로 백성들의 신망을 받으며 역사의 전면에 등장했다. 그러나 고구려 옛 영토의 회복을 노리며 요동 정벌을 꿈꾸다 이에 반대하는 이성계 일파에게 목숨을 잃고 말았다.

　최영이 태어날 당시 고려는 끊임없이 시달려온 내우외환으로 인해 왕조의 운명이 서서히 저물고 있었다. 거란과 여진의 침략을 견뎌낸 고려는 외척의 발호와 100여 년에 걸친 무인집권을 거쳐 또다시 몽골의 침략을 맞아 마침내 그들의 지배를 받기에 이르렀다. 고려의 무능한 왕들은 사사건건 몽골의 간섭을 받으면서도 독립의 의지마저 상실한 채 그들의 비위를 맞추기에 급급했다. 그러자 무력한 고려 조정을 업신여긴 왜구들이 서남해를 수시로 침략하며 방화와 약탈을 일삼기에 이르렀다.

　이러한 때 등장한 공민왕은 몽골의 간섭에서 벗어나 고려의 자주권을 회복하고 개혁을 통해 나라의 중흥을 꾀하고자 했다. 그러나 이미 기울어져 가는 나라를 바로잡기에는 역부족이었고 곧 한계에 부딪쳤다. 안으로는 원나라에 줄을 댄 권문세족들이 끊임없이 공민왕의 정책을 비판하고 나섰으며, 밖으로는 홍건적과 왜구들이 끊임없이 침입해 왔기 때문이다.

이때 최영은 홍건적과 왜구들을 무찌르며 혼란을 극복하고 기울어져 가는 나라를 일으켜 세우려 안간힘을 다했다. 하지만 명나라가 고려를 지배하려 하자 이에 맞서 요동 정벌에 나섰다가 결국 이성계의 위화도회군으로 그 꿈을 접은 채 세상을 달리하고 말았다.

난세의 영웅

최영은 충숙왕 3년(1316) 의종과 명종 대에 중서시랑평장사를 지낸 최유청의 5대 손으로 사헌규정 최원직의 아들로 태어났다. 그는 어려서부터 풍채가 괴걸하고 힘이 셌다. 처음 양광도 도순문사의 휘하에 들어간 최영은 왜적을 물리친 공으로 임금을 호위하는 업무를 담당하는 우달치에 임명되었다. 공민왕 원년(1352)에 조일신이 난을 일으키자 안우·최원 등과 함께 난을 진압하고 호군에 제수되었다. 이어 공민왕 3년(1354)에는 대호군으로 승진했다.

이때 홍건적이 반란을 일으키자 원나라에서 구원군을 요청해 왔다. 최영은 유탁·염제신 등 40여 명의 장수들과 더불어 군사 2천 명을 이끌고 원나라에 갔다. 최영은 원나라 승상 탈탈 등과 함께 홍건적과 싸워 성을 함락시키기 직전까지 갔으나, 탈탈이 참소를 입어 관직에서 물러나는 바람에 어쩔 수 없이 군대를 해산시켜야만 했다.

이듬해 다시 군사들을 불러모아 반란군 토벌에 나선 최영은 회안로와 팔리장에서 적과 싸워 용맹을 떨쳤다. 또한 홍건적 8천여 명이 회안성을 포위하자 밤낮을 가리지 않고 싸운 끝에 이를 물리쳤다. 그러나 적은 포기하지 않고 다시 공격해 왔다. 이때 최영은 여러 번 창에 찔리는 부상에도 아랑곳하지 않고 용감하게 싸워 적을 섬멸했다. 최영의 몸을 아끼지 않는 저돌성은 적을 두려움에 떨게 했고, 이후 왜구들을 토벌할 때에도 마찬가지였다.

최영이 원나라에서 용맹을 떨치고 귀국한 이듬해인 1356년, 공민왕은 마침내 원나라를 향해 칼을 빼들었다. 공민왕은 먼저 친원파인 기철·권겸·노책 등 권신들을 죽이고, 원나라가 고려의 내정을 간섭하기 위해 설치한 정동행중서성 이문소를 폐지했다. 그 후 공민왕은 원나라에 속해 있던 압록강 서쪽 8참과 원이 동북면을 관할하기 위해 그 지역에 설치한 쌍성총관부 공략에 나섰다. 이때 최영은 서북면병마부사로 인당·신순 등과 함께 8참을 공격하여 파사부 등 3참을 빼앗는 전과를 올렸다.

공민왕 7년(1358) 3월, 동북면체복사를 거쳐 이듬해 양광·전라도 왜구체복사에 오른 최영은 오예포에 쳐들어온 왜선 400여 척을 격파하는 등 서남해에서 노략을 일삼던 왜구를 섬멸하였고, 이때부터 백성들 사이에 영웅으로 추앙받기 시작했다.

백전백승의 명장

공민왕 8년(1359), 최영은 왜구를 물리친 공으로 서북면병마사에 올랐다. 이때 홍건적 4만 명이 압록강을 넘어 고려로 쳐들어와 서경을 함락시킨 사건이 일어났다. 최영은 이방실·안우 등과 함께 생양·철화·서경·함종 등지에서 홍건적과 싸워 이들을 물리쳤다. 그리하여 이듬해 평양윤 겸 서북면순문사에 제수되었다.

이 싸움으로 백성들은 극심한 피해를 입었으며 질병과 굶주림에 시달려야만 했다. 최영은 구휼소를 설치하고 백성들에게 종자를 나누어주며 파종을 권하는 한편, 싸움에서 전사한 군사들의 뼈를 거두어 묻어주었다.

그러나 외침은 그것으로 끝나지 않았다. 최영이 서북면도순찰사에 오른 1361년, 홍건적이 10만 대군을 앞세워 또다시 고려에 쳐들어온 것이다. 고려군은 여러 차례 승리를 거두며 분전했으나, 수적 열세를 이기지 못하고 밀리게 되었다. 이때 홍건적의 선봉이 개경 가까이에 이르렀다는 보고를 받은 공민왕은 남쪽으로 피난하기로 결심했다.

최영은 "원하옵건대 대왕께서는 조금 더 도성에 머무르시면서 군사를 모아 종사를 지키소서."라며 눈물로 호소했으나, 이미 피난을 결심한 공민왕의 뜻을 꺾을 수는 없었다. 이튿날 홍건적이 가까이 이르렀다는 보고를 받은 공민왕은 임진강을 건너 남쪽을 향한 피난길에 올랐다. 이때 공민왕은 이천 등을 거쳐 복주(안동)까지 피난을 가야했고, 고려 조정은 도성 개경이 홍건적에게 함락되는 치욕을 겪어야만 했다.

이듬해가 되자 군사를 재정비한 고려군은 대대적인 반격에 나섰다. 최영은 정세운·안우·이방실·이성계 등과 개경을 포위하고 홍건적을 대파하여 도성을 되찾았고, 이어 남은 무리들을 압록강 밖으로 몰아냈다. 이 공으로 최영은 일등공신에 책봉되어 벽 위에 초상화가 그려지는 영광과 함께 공민왕으로부터 많은 토지와 노비를 하사받고 전리판서에 올랐다.

공민왕 12년(1363) 3월, 김용이 반란을 일으켰다. 개경에 있다가 이 소식을 들은 최영은 우제·안우경·김장수 등과 더불어 군사를 거느리고 흥왕사로 달려갔다. 반란군을 진압하고 공민왕을 무사히 구출하여 개경으로 돌아온 최영은 이 공으로 진충분의좌명공신이 되었고, 뒤이어 판밀직사사 평리를 거쳐 찬성사에 올랐다.

이듬해에는 그동안 공민왕의 반원정책에 반기를 들어온 최유가 반란을 일으켰다. 최유는 덕흥군을 왕으로 받들어 원나라 군사 1만여 명을 이끌고 압록강을 건너 의주를 포위했다. 이에 안우경이 나가 일곱 번 싸워 일곱 번 모두 물리쳤으나, 고려군의 수가 적을 뿐 아니라 구원군이 아직 오지 않았다는 사실을 알게 된 최유는 군사를 일곱 부대로 나누어 또다시 공격해 왔다. 이에 놀란 고려군은 황급히 성문 안으로 도망쳤다. 얼마 후 최유는 군사를 몰아 성을 함락시킨 후 군대를 이끌고 선주로 옮겨 그곳에 자리잡았다.

공민왕은 최영을 도순위사에 임명하면서 급히 정예병을 이끌고 안주로 가서 군사들을 지휘하라고 지시했다. 최영은 명령을 들은 즉시 싸움터로 나가며 반드시 적을 섬멸하고 돌아오겠다고 맹세했다. 그 말을 들고 고려 조정은 안심할 수 있었다. 그때까지 싸움에서 한 번도 패한 적이 없는 최영의 용맹을 믿었기 때문이다.

최영이 싸움터에서 도망쳐온 군사를 만나면 곧 목을 베어 군중에 돌리니 비로소 군령이 바로 섰다. 최영은 동북면에서 군사를 이끌고 온 이성계를 비롯한 여러 장군들과 더불어 달천에서 크게 적을 물리쳤다. 최유는 진영을 불사른 뒤 압록강을 건너 달아났다. 그리하여 최영은 다시 한 번 나라를 위기에서 구해냈다.

신돈의 참소로 시련을 겪다

전쟁터를 누비며 수많은 전공을 세웠음에도 불구하고 최영은 참소를 입어 좌천된 뒤 자칫 목숨을 잃을 뻔한 위기에 처하기도 했다. 그것은 당시 공민왕의 신임을 받고 국정을 좌지우지하고 있던 신돈과의 불화 때문이었다. 지난날 신돈이 밀직부사 김란의 집에 머무르고 있을 때, 김란은 두 딸로 하여금 신돈의 잠자리를 돌보게 했다. 그러자 이를 본 최영이 김란을 크게 꾸짖었고, 이때부터 신돈은 최영에게 앙심을 품고 호시탐탐 복수할 기회를 노렸다.

그러던 어느 날 최영이 경복흥과 더불어 고봉현에서 사냥으로 소일하자 신돈은 그것을 구실 삼아 공민왕에게 참소했다. 공민왕은 판개성부사 이순을 보내 "경은 동서강도지휘사이면서 왜구가 창릉에 들어와 세조의 초상화를 가져갔는데도 모르고 있었다. 그래서 김속명으로 하여금 경의 자리를 대신하게 했음에도 경은 속히 군사를 김속명에게 넘겨주지 않고 시도 때도 없이 사냥만 하고 있음은 무슨 까닭인가? 비록 과인이 그것을 탓하지 않는다 해도 대간들이 경을 용서하겠는가? 지금 경을 계림윤에 제수하니 하루 빨리 임지로 떠나도록 하라"며 최영을 꾸짖었다. 최영은 "오늘날 죄 지은 자로서 몸을 보전하는 이가 적은데 나는 계림윤이 되어 가니 이것 역시 전하의 은혜로다."라며 즉시 임지로 떠났다.

최영에 대한 신돈의 참소는 거기서 끝나지 않았다. 그는 다시 최영이 이구수 · 양백익 · 석문성 · 박춘과 함께 내신 김수만과 결탁하여 상하를 이간하고, 어진 관리를 배척하고 내쫓는 큰 불충을 저질렀다며 거짓으로 고했다. 이때에도 공민왕은 신돈의 손을 들어주었다. 당시 노국공주를 잃고 모든 의욕을 상실한 채 나랏일을 신돈 일파에게 맡겨버린 공민왕에게서는 즉위 초 적극적으로 개혁 정치를 펼치던 모습은 더 이상 찾아볼 수 없었다. 신돈은 이득림을 보내 최영을 국문하게 했다. 최영은 거짓으로 자백하며 "빨리 형을 집행하라."고 오히려 이득림을 다그쳤다. 이때 최영은 3품 이상의 관직을 삭탈당하고 가산을 몰수당한 채 귀양을 가야 했다.

그 후 공민왕 20년(1371), 신돈이 공민왕의 총애를 잃고 반역을 꾀하다 사전에 발각되어 참수된 후에야 최영은 문하찬성사로 관직에 복귀할 수 있었다. 이어 1373년, 육도도순찰사에 임명된 최영은 장수와 수령의 승진과 퇴직은 물론 군적을 작성하고 전함을 건조하며 죄인을 즉결 처분할 수 있는 권한을 부여받았다.

이때 최영은 70세 이상된 사람에게 품계에 따라 쌀을 거두어 군수에 보충하게 했는데, 이에 백성들의 원망이 크게 일어났다. 이를 빌미로 이듬해 최영이 경상 · 전라 · 양광도 도순문사에 임명되자 사헌부가 반대하고 나섰다. 이에 최영은 "소신이 성심을 다해 나라를 위하여 몸을 바쳐왔는데, 이제 이와 같이 비방을 듣게 되었습니다. 청컨대 신의 관직을 파면시켜 주시기를 청합니다"며 파직을 청하는 상소를 올렸다.

공민왕은 최영을 정직하게 여겼으나 대간과 신하들의 성화에 못 이겨 최영을 대신할 사람을 천거하라는 명을 내렸다. 그러나 곧 마음을 바꾸어 최영을 논박한 대사헌 김속명을 파면하고 지평 최원유를 연안부사로 좌천시켰으며, 최영에게 '진충분의선위좌명정란'이라는 공신호를 내렸다.

그러나 최영이 양광 · 전라 · 경상도 도통사가 되어 왕명을 거역하는 탐라(제주)를 진압하고 10월에 돌아왔을 때는 공민왕 이미 시해당한 뒤였다. 한때 반원정책과 개혁 정치를 표방하며 고려를 중흥의 길로 이끌었던 제31대 공민왕은 재위 23년 만인 1374년, 45세의 나이로 세상을 떠났다. 공민왕의 뒤를 이어 강녕부원대군 우가 즉위하니 그가 바로 제32대 우왕이다.

백발을 휘날리며 싸움터를 누비다

우왕이 즉위한 뒤에도 왜구의 노략질은 그치지 않았다. 이듬해 부여에 침범한 왜구들이 공주에 이르자, 공주목사 김사혁이 정현으로 나가 이에 맞서 싸웠으나 패배하고 말았다. 이어 석성에 침범한 왜구들과 싸우다가 원수 박인계가 전사하는 사건이 발생했다.

그 소식을 들은 최영은 친히 군사를 이끌고 나가 왜구를 치겠다고 청했다. 그러자 우왕은 싸움터에 나가기에는 너무 늙었다며 최영을 만류했다. 하지만 최영은 "지금 시기를 잃고 막지 못한다면 뒷날 그들을 물리치기가 더욱 어려울 것입니다. 또한 다른 사람을 장수로 삼아 왜적을 막는 것은 승산이 적을 뿐 아니라 충분히 훈련을 한 군사들이 아니어서 쓸 수가 없습니다. 신이 비록 몸은 늙었지만 뜻은 쇠하지 않았습니다. 다만 사직을 보전하고 왕실을 지키고자 할 따름입니다. 원컨대 부하들을 거느리고 나가 치게 하여 주옵소서." 하고 간절히 청한 끝에 허락을 얻어 출전했다.

최영은 잠도 자지 않고 그 날로 즉시 싸움터로 달려가 홍산에 이르렀다. 먼저 도착한 왜적들은 험하고 좁은 곳을 의지하여 진을 치고 있었는데, 삼면이 모두 높은 절벽으로 둘러싸여 있어 오직 한 길을 통해서만 그곳에 이를 수 있었다. 그러자 여러 장수들이 두려워하여 더 이상 나아가지 못했다.

이에 최영이 몸소 선봉이 되어 돌진해 나가자 왜적들이 바람에 초목 쓰러지듯 했다. 이때 최영은 왜구 한 명이 숲속에 숨어서 쏜 화살에 입

술을 맞아 피가 낭자했지만, 얼굴색 하나 변하지 않고 적을 쏘아 거꾸러뜨린 후에 화살을 뺐냈다. 최영의 분전에 사기가 오른 군사들은 그 기세를 몰아 왜구들을 크게 물리쳤다.

승전 소식을 전해들은 우왕은 크게 기뻐하며 최영에게 옷과 술, 안마를 하사하고, 의원을 보내 최영의 상처를 정성껏 치료하게 했다. 이것이 그 유명한 홍산대첩으로, 이때부터 왜구들은 최영을 '백발의 최 만호'라 부르며 크게 두려워했고, 최영이 나타나면 곧바로 물러갔다고 한다. 우왕은 최영을 시중에 임명하려 했으나, 최영은 "중책을 맡게 되면 전투에 임하여 몸을 아끼지 않고 싸우기가 어려우니 왜구가 평정되기를 기다린 후에 그리하십시오."라며 완강히 사양했다. 그러자 우왕은 대신 최영을 철원부원군에 봉했다.

이듬해 왜구가 다시 밤을 틈타 착량에 들어와 전함 50여 척을 불태우고 1천여 명을 죽였다. 이때 착량을 수비하던 장수는 만호 손광유였는데, 화살에 맞았으나 작은 배를 타고 도망하여 겨우 목숨을 구할 수 있었다. 앞서 최영은 손광유에게 "군사의 위엄만 보이고 바다에 나가서는 싸우지 말라."고 지시했었다. 그런데 손광유는 최영의 명령을 무시하고 착량을 떠나자마자 술에 취해 깊은 잠에 빠졌다가 적에게 기습할 틈을 내주고 말아 크게 패한 것이다.

개경은 크게 술렁거리기 시작했다. 그 여세를 몰아 왜구가 다시 강화에 침입했기 때문이다. 그곳을 지키고 있던 김지서와 곽언룡은 황급히 마니산으로 도망쳤고, 이에 왜적들은 마음놓고 노략질을 할 수 있었다. 우왕은 싸움에서 패한 손광유·김지서·곽언룡을 옥에 가두고, 최영을 도통사로 삼아 승천부에 주둔하며 왜구를 막게 했다.

그러자 강화에서 도망친 왜구들은 수안·통진·동성 등의 현을 침범하여 노략질을 일삼았다. 이때 한 아이가 적진으로부터 도망쳐왔다. 장수들이 그 아이를 불러 적진의 상황을 묻자, 아이는 "적들이 항상 말하기를 '두려워할 사람은 오직 백발의 최 만호뿐이다. 지난날 홍산 싸움에서 최 만호가 나타나자 그 군사들이 앞을 다투어 말을 달려 우리 군사들을 짓밟으니 매우 두렵더라'고 했습니다." 하고 대답했다. 이처럼 자신의 몸을 돌보지 않고 언제나 앞장서서 적을 물리치는 최영은 왜구들에게 유일한 두려움의 대상이었던 것이다.

이때 경상도 원수 우인렬이 다음과 같은 상소를 올렸다.

"왜선의 돛과 돛대가 서로 맞닿아 바다를 덮을 정도이므로 군사를 보내 요새를 나누어 지키도록 했으나, 적의 군세가 워낙 커서 한 도의 군사로는 막아내기가 어렵습니다. 하루빨리 구원군을 보내주십시오."

강화에 머물고 있는 왜적이 개경과 가까이 있어 이를 방비하기도 힘든 상황에 올라온 이 상소로 고려 조정은 또 한 번 걱정에 휩싸였다. 그러자 최영이 나섰다.

"강화는 적을 막는 요새인데, 권신들이 앞다투어 그 지역의 전답을 차지함으로써 군량을 제대로 충당하지 못하고 있습니다. 그러니 강화에 있는 개인 소유의 논밭을 나라에 귀속시켜 그곳에서 나오는 소출로써 군량을 충당하는 것이 좋겠습니다."

우왕의 허락을 얻은 최영은 늙은이와 어린아이들을 육지로 옮기고 젊은이들로 하여금 농사를 짓게 했다. 또한 각각의 원수들로부터 종복 10명과 말을 징발하고 궁궐과 창고를 지키는 사람들을 강화로 보내 변방을 지키게 함으로써 왜적의 침입에 대비했다.

우왕 4년(1378), 또다시 착량을 거쳐 승천부에 들어온 왜적들이 '장차 개경을 칠 것'이라는 소문을 퍼뜨렸다. 이에 크게 놀란 고려 조정은 계엄령을 내리는 한편 군사를 나누어 동서강에 나가 주둔하게 하고, 호위병들을 궐문에 세워 적의 침입에 대비했다. 이때 최영은 군사들을 독려하여 해풍에 진을 치고, 찬성사 양백연을 부원수로 삼았다. 이 사실을 안 왜적은 "최영의 군사만 깨뜨리면 개경은 저절로 무너질 것"이라면서, 다른 진은 공격하지 않고 곧바로 해풍으로 진격해 왔다.

최영은 "나라의 존망이 이 한 번의 싸움으로 결정된다."며 양백연과 함께 나가 싸웠으나, 왜적은 오직 최영을 목표로 공격해 왔다. 이때 이성계가 정예 기병을 거느리고 합세하여 적을 크게 무찌를 수 있었다. 최영은 도망치는 왜적들을 끝까지 쫓아가 이를 토벌하고 돌아왔다. 피난 준비를 하고 있던 우왕은 사자가 와서 승전보를 올리자 안심하고 계엄령을 해제했다.

비록 왕의 뜻이라 해도

최영은 잘못된 일은 언제나 바로잡는 강직한 성격의 소유자였다. 정지가 순천·조양 등지에서 왜적에게 패하자, 경복흥·황상·우인열이 최영을 찾아와 정지에게 그 책임을 물어야 한다고 주장했다. 그러자 최영은 "왜적의 침략이 이토록 심한데, 재상들은 어찌하여 근심하지 않는가? 왜구가 마구 날뛰어 이 지경에 이르렀으니 정지가 아무리 용맹한들 혼자서 그 많은 적을 어찌 당하겠는가?"라며 정지를 옹호했고, 경복흥 등은 부끄러워 얼굴을 들지 못했다.

또 한번은 허완과 윤방안이라는 관리가 아내를 시켜 우왕의 유모 장씨를 이용해 임견미와 도길부를 밀어내기 위해 참소한 일이 있었다. 우왕은 장씨의 말만 듣고 임견미 등을 집으로 돌려보내고 궁중 출입을 금지시켜 버렸다. 이에 임견미 등이 최영·경복흥·이인임에게 달려와 "허완 등이 우리 두 사람을 죽이려고 하니 공들에게도 화가 미칠 것입니다." 하고 말했다.

그로부터 얼마 후 허완 등이 거짓 왕명으로 최영을 불렀다. 최영은 만일의 사태에 대비하여 경복흥·이인임 등과 흥국사에 모여 병사들을 주위에 배치하고, 관료들을 불러모은 후 우왕에게 장씨를 국문할 것을 청했다. 이에 우왕이 부르자 최영은 "전하께서 저희들의 청을 허락하신다면 신이 들어가 뵙겠습니다."라며 궁궐로 들어가려 했다. 그러자 재상들이 "간신이 궁궐 안에 있으니 경솔하게 들어가서는 안 되오. 공이 가면 군사들이 반드시 소란을 피울 것이고, 그리하면 나라 또한 편안하지 못할 것이오."라며 최영을 말렸다.

최영은 재상들의 말에 따라 입궐하지 않고, 대신 대간들이 궁궐에 들어가 장씨를 하옥하고 심문하기를 청했다. 우왕이 이를 허락하지 않자 최영 등은 장씨의 족당인 강유·권원순·권원보 등을 가둔 뒤 심문했다. 그러자 우왕은 그 일을 누설한 환관 정난봉을 가두고 경복흥과 목인길을 불러 "과인이 임금으로써 어찌 유모를 구하지 못하겠는가. 어서 그들을 석방하고 죄를 묻지 말라"고 당부했다.

하지만 최영 등이 지지 않고 계속해서 장씨의 죄를 묻기를 청하자, 우왕은 허완과 윤방안을 하옥하고, 최영에게 "경은 도대체 어떤 도적을 막으려고 계속 군사를 거느리고 있으며, 과인이 부르는데도 오지 않고 있는 것인가? 경은 지난날 스스로 말하기를 여러 대의 충신이라 하더니 그 충심은 대체 어디에 있는 것이오?"라며 군사를 해산시킬 것을 명했다.

이에 최영은 "신이 만일 부름에 응하여 들어간다면 군사들이 반드시 신을 따를 것입니다. 신이 군사를 이끌고 대궐에 들어간다면 그 죄는 죽어 마땅한 것입니다. 신이 어찌 죽음을 두려워하겠습니까마는 주상의 뜻이 아닌 것 같아 감히 그렇게 하지 못하는 것입니다. 신의 몸이 비록 작사오나 관계되는 바는 심히 크오니 만일 간신의 손에 죽는다면 나라가 위태로울 것입니다."라며 뜻을 굽히지 않았다.

최영이 계속해서 장씨를 내치기를 청하자 우왕은 장씨를 이인임의 집으로 보내면서 죽이지는 말고 국대부인의 작위만 삭탈하라고 했다. 그리하여 마침내 장씨를 귀양보내고, 허완·윤방안을 죽인 후, 이 일에 관계된 사람들도 모두 죽이거나 매를 쳐 귀양보냈다. 얼마 지나지 않아 장씨마저 죽였다. 이처럼 최영은 옳은 일에는 비록 왕 앞이라 해도 끝까지 맞서며 자신의 뜻을 굽히지 않았다.

우왕 6년(1380), 해도도통사를 겸한 최영은 장수들과 함께 출전하여 동서강에 진을 치고 왜구의 침입에 대비했다. 그러던 중 최영이 병에 걸려 자리에 눕자 장수들이 걱정했다. 이에 최영은 "장수가 군사를 거느리고 밖에 나왔는데 어찌 사사로운 병 따위를 염려하겠는가?"라며 장수들을 독려했다. 그리고 의원이 올린 약을 물리치며 "내가 늙었으니 죽고 사는 것은 하늘의 명이다. 어찌 약을 먹어 살기를 구하겠는가?"라며 의연한 자세를 잃지 않았다.

이듬해 최영은 그동안의 공로를 인정받아 문하수시중에 올랐는데, 우왕이 술에 취한 채 용수산에서 말을 달리다가 떨어진 사건이 발생했다. 이것을 본 최영은 울면서 "충혜왕이 색을 좋아하였으나 반드시 밤에 해서 사람이 보지 않게 하였고, 충숙왕이 놀기를 좋아하였으나 반드시 때때로 놀아서 백성들의 원망을 사지 않았는데, 지금 전하께서는 노는 데 절도가 없어 말에서 떨어져 몸을 상하였습니다. 신이 재상의 자리에 있으면서도 바르게 하고 구하지 못하였으니 무슨 면목으로 사람들을 보겠습니까?" 하고 극간했고, 이에 우왕은 곧 자신의 잘못을 뉘우쳤다.

이어 최영은 사직을 청했으나 우왕은 오히려 그를 영삼사사에 임명했다. 이때 우왕이 도성을 철원으로 옮기려고 하자 최영은 "도성을 옮김은 백성들을 편하게 하고자 함입니다. 원컨대 전하께서는 이를 가볍게 시행하지 말고 밤낮으로 염려하여 선왕의 업을 떨어뜨리지 마소서." 라며 이를 말렸다.

우왕 14년(1388) 문하시중에 오른 최영은 우왕의 밀령을 받아 부정부패를 일삼던 염흥방과 임견미 일당을 숙청했다. 이때 우왕이 최영의 딸을 비로 맞아들이고자 하여 사람을 보내오자, 최영은 "신의 딸이 품성이 바르지 못하고 또한 본처의 소생이 아니니 마땅히 측실에 둘 것이지, 지존의 배필로 삼지는 못할 것입니다. 전하께서 반드시 들이라 하시면 노신은 머리를 깎고 산에 들어갈 것입니다."라며 극구 반대했다. 하지만 우왕이 계속해서 사람을 보내 설득하자 마지못해 허락했다.

실패한 요동 정벌의 꿈

1388년에 접어들면서 고려 조정은 명나라와의 외교 마찰로 큰 위기에 빠졌다. 원나라를 물리치고 새롭게 중국 대륙의 주인으로 들어선 명나라는 이사경 등을 보내 압록강 건너에 "철령 이북과 이동 및 이서는 본래 원나라에 속해 있었으니 그 지역 안의 군인은 한인 · 여진 · 타타르 · 고려인을 막론하고 모두 명나라에 속한다"는 방을 붙였다. 그리고 그해 8월 쌍성총관부 관할지역에 철령위를 설치하겠다고 통고하기에 이르렀다.

최영은 문무백관을 불러모아 철령 이북을 명나라에 바칠 것인가에 대한 의견을 물었다. 그러자 모두들 반대했다. 이에 최영은 우왕과 비밀리에 요동을 정벌할 계획을 세우고 군사를 징발하여 한양에 중흥산성을 쌓았다.

우왕은 전국의 정예 군사들을 불러모으는 등 요동 정벌을 본격적으로 준비하기 시작했다. 이때 명나라 후군도독부에서 요동백호 왕득명을 보내 철령위를 세웠다고 통고했다. 최영은 이 사실을 우왕에게 알리고 나서 방문을 가지고 온 명나라 군사 21명을 죽여버렸다. 그리고 이사경 등 5명은 그대로 머물게 한 후 군사를 시켜 거처를 감시하게 했다.

요동 정벌을 떠나기에 앞서 우왕은 사냥을 한다며 영비(최영의 딸) 및 최영과 함께 해주로 떠났다. 그러는 한편 우현보에게 도성을 지키게 하고 장정들을 징발하여 함께 데리고 갔으니, 명목은 사냥이었지만 실은 요동 정벌을 위한 군사 훈련에 그 목적이 있었던 것이다. 마침내 우왕은 최영과 이성계를 불러 "요동을 정벌하고자 하니 경들은 마땅히 힘을 다하라"는 왕명을 내렸다. 그러자 이성계는 **사불가론**을 내세워 이에 반대했다.

그 날 밤 최영은 우왕을 찾아가 다른 의견은 받아들이지 말 것을 청했다. 다음 날 우왕은 이성계를 불러 "이미 군사를 일으켰으니 여기서 그만둘 수는 없다."고 말했다. 그러나 이성계는 물러서지 않고 이렇게 대답했다.

"반드시 그 계획을 이루고자 하시면, 지금은 일단 서경에 머물러 가을을 기다렸다가 그 후에 군사를 낸다면 들판에 곡식이 널려 있어 군량을 충당할 수 있을 것입니다. 하지만 지금처럼 때가 아닌 때에 군사를 낸다면 비록 요동의 성 하나를 함락시킨다 하더라도 얼마 지나지 않아 비가 내리고 물이 불어서 더 이상 군사를 진격시킬 수 없으며, 그로 인해 군사가 태만해지고 양식이 떨어지기라도 하면 오히려 큰 화만 초래할 것입니다."

하지만 이러한 이성계의 강력한 반대에도 우왕과 최영은 계속해서 요동 정벌을 추진했다. 우왕은 최영을 팔도도통사에 임명하고 조민수를 좌군도통사, 이성계를 우군도통사로 삼아 정벌길에 올랐다. 이때 정벌군의 규모는 좌·우군이 3만 8,830명, 군속이 1만 1,634명, 말이 2만 1,681필이었다.

정벌군이 드디어 평양을 출발하자 최영은 우왕에게 "지금 대군이 길에서 열흘이나 지체한다면 큰일을 그르칠 염려가 있으니 소신이 앞으로 나가 군사들을 독려하겠나이다." 하고 청했다. 그러나 우왕은 "경이 가면 나는 누구와 함께 정사를 논하겠는가?"라며 최영과 함께 나가 군사들을 독려했다. 그러자 최영은 다시 한 번 우왕에게 "전하께서는 그만 도성으로 돌아가십시오. 소신은 이곳에 남아 장수들을 지휘하겠나이다." 하고 청했다. 하지만 우왕은 "선왕(공민왕)께서 해를 당한 것은 경이 곁에 없었기 때문인데 과인이 어찌 하루라도 경과 떨어져 있을 수 있겠는가?"라며 한사코 최영에게서 떨어지려 하지 않았다.

이렇듯 우왕에게 있어서 장인이자 가장 신뢰하는 신하였고, 요동 정벌의 동반자였던 최영이었으나 그의 운명은 그리 오래가지 못했다. 처음부터 요동 정벌에 극구 반대했던 이성계 등의 움직임이 심상치 않았던 것이다.

이때 이성계는 조민수와 위화도에 머물고 있었는데, 이들은 다시 상소를 올려 군사를 돌릴 것을 청했다. 그러자 최영은 "두 도통사가 직접 와서 왕께 아뢰어야 할 것이다. 군사를 물리치자는 말은 나는 결코 하지 못하겠다."며 단호히 거절했다. 우왕 역시 이를 듣지 않고 군사들을 독촉하여 계속 나아가게 했다. 이성계와 조민수가 다시 사람을 보내 최영에게 속히 군사를 돌리기를 청했지만 최영은 전혀 듣지 않았다. 결국 조민수를 비롯한 장졸들의 호응을 얻은 이성계가 위화도에서 군사를 돌림으로써 최영과 우왕이 이루고자 한 요동 정벌의 꿈은 물거품이 되고 말았다.

우왕과 최영이 개경으로 돌아오자 군사들이 개경 주위에 진을 치고 글을 올려 최영을 제거할 것을 청했다. 그러나 우왕은 듣지 않고 오히려 조민수 등의 관직을 삭탈하고 최영을 좌시중으로 삼았다. 그러자 이성계는 군사들을 이끌고 궁궐을 공격하기 시작했다. 최영은 숙위군과 환관들을 무장시켜 직접 지휘하며 끝까지 저항했으나 이성계가 이끄는 정벌군을 막기에는 역부족이었다. 고려의 주력 부대가 대부분 정벌군에 편성되어 있었고, 도성에는 군사들이 거의 남아 있지 않았던 것이다. 얼마 지나지 않아 최영의 수비군은 무너지고 말았다.

이미 대세를 돌이킬 수 없음을 깨달은 최영은 우왕에게 작별을 고했다. 우왕은 최영의 손을 잡고 울었다. 최영은 우왕에게 마지막으로 작별 인사를 올리고 난 뒤 곽충보를 따라 이성계의 진영으로 갔다. 고려 말, 왕조의 쇠퇴를 틈타 끊임없이 침략과 약탈을 일삼는 왜적을 물리치고 백성들의 신망을 한 몸에 받은 두 영웅, 최영과 이성계는 동지가 아닌 적으로서 만났다. 한 사람은 승자였고 다른 한 사람은 패자였다. 이

사불가론(四不可論)
첫째, 작은 나라가 큰 나라를 거스르는 것은 옳지 않고, 둘째, 여름철에 군사를 움직이는 것은 시기적으로 부적절하며, 셋째, 정벌을 떠난 틈을 타서 왜구가 기승을 부릴 것이고, 넷째, 장마철을 맞아 활의 아교가 녹고 군사들이 질병에 걸릴 것이 염려가 된다는 주장이다.

성계는 눈물로 최영과 작별을 고했다.

"이러한 사태는 정녕 내 본심이 아니오. 다만 요동을 치는 일이 대의에 거슬릴 뿐 아니라, 나라가 위태롭고 백성이 고통스러워하며 원망이 하늘에 이르렀으므로 부득이하게 행한 일이었소. 부디 잘 가시오."

이성계는 최영을 그의 고향인 고봉현으로 귀양보냈다. 이것은 고려 말, 고려왕조를 수호하려는 구파 군벌과 고려왕조를 부정하는 신흥군벌의 대립에서 구파 군벌이 패배했음을 의미한다. 결국 고려는 이성계가 이끄는 신흥군벌에 의해 몰락하고 만다.

내 무덤에는 결코 풀이 돋지 않으리라

최영은 다시 합포(마산)로 옮겨졌다가 창왕이 즉위한 뒤 개경으로 압송되었다. 전법판서 조인옥과 이제 등이 상소를 올려 최영의 죄를 물을 것을 청했다.

"최영이 공민왕을 섬겨 홍왕사의 난을 평정하고 승려들을 북쪽 변방으로 내몰았으며, 우왕을 섬길 때에는 왜구를 승천부에서 물리쳐 사직을 보존했고, 여러 흉도들을 소탕하여 백성들을 구제했으니 그 공이 큽니다. 그러나 형세에 어두워 중론을 무시하고 요동 정벌을 결행하여 천자에게 죄를 얻어 나라가 멸망할 지경까지 이르게 했습니다. 원컨대 전하께서는 하늘의 뜻을 생각하여 그 죄를 다스림으로써 역대의 임금들게 고하고 천자의 화를 풀어 태평성대를 여소서."

창왕이 이를 좇아 그해 12월 드디어 최영을 처형하니, 이때 그의 나이 일흔셋이었다. 최영은 수많은 싸움터를 누빈 용장답게 죽음을 눈앞에 두고서도 얼굴색과 목소리 하나 변하지 않았다고 한다. 최영이 죽은 날에 개경 사람들은 그의 죽음을 슬퍼하여 시장을 파했고, 아이들과 여인네들까지 모두 눈물을 흘렸다.

최영은 죽을 때, "내 무덤에는 결코 풀이 돋지 않으리라"는 말을 남겼다고 한다. 개풍군 덕물산에 있는 적분(赤墳)이 바로 그의 무덤으로, 그의 말대로 정말 풀이 나지 않는다고 한다. 왕조를 지켜내지 못한 한과 요동 정벌의 꿈을 이루어내지 못한 한이 적분으로 나타난 게 아닐까? 뒷날 이성계는 조선을 건국한 후 최영에게 '무민'(武愍)이라는 시호를 내려 그의 공을 기렸다.

고려왕조와 운명을 같이하다
정몽주

이 몸이 죽고 죽어 일백 번 고쳐 죽어
백골이 진토 되어 넋이라도 있고 없고
님 향한 일편단심이야 가실 줄이 있으랴

이 시조는 고려 말 무너져가는 고려왕조를 일으키기 위해 혼신의 힘을 다했던 고려의 충신 정몽주의 「단심가」이다.

정몽주는 고려왕조 500년을 지탱하는 마지막 보루이자 고려를 대표하는 충신으로 추앙받고 있다. 그는 성리학을 연구한 유학자로서 당시 중국 대륙의 새 주인으로 등장한 명나라와의 교류를 적극 주장하며 친원파인 경복흥·이인임 등에 맞섰다. 또한 이성계의 위화도회군 이후 이성계·정도전 등과 뜻을 같이하며 폐가입진을 내세워 창왕을 폐하고 공양왕을 옹립하여 고려의 부흥에 앞장섰다.

그러나 고려왕조 안에서의 개혁을 꿈꾸었던 온건적 개혁주의자였던 정몽주는 급진개혁파인 이성계 일파에 맞서 무너져 가는 고려왕조를 일으켜 세우기 위해 몸부림치다가 결국 이방원에 의해 제거되고 말았다. 그의 죽음과 함께 500년 고려왕조도 역사의 뒤안길로 사라지고 말았다.

동방 이학의 시조

정몽주는 충숙왕 복위 6년(1337) 경북 영천에서 정운관의 아들로 태어났다. 그의 선조는 의종 대에 추밀원지주사로 인종의 유지를 받들어 임금의 잘못을 간하다 간신들의 비방을 받고 자살한 정습명이다.

정몽주의 초명은 몽란(夢蘭)과 몽룡(夢龍)인데, 그의 어머니가 그를 임신했을 때 난초 화분을 품에 안고 있다가 땅에 떨어뜨리는 꿈에 놀라 깨어나 그를 낳았기 때문에 지은 이름이다. 또 정몽주가 아홉 살 때 어머니가 낮에 검은 용이 뜰 가운데 있는 배나무로 올라가는 꿈을 꾸다 깨어나 밖으로 나가 보니 배나무에 그가 올라가 있었다. 그래서 몽룡이라고 고쳤으며, 그가 성인이 된 뒤 다시 몽주(夢周)로 고쳤다. 정몽주는 태어나면서부터 재주가 남달랐고, 어깨 위에 북두칠성 모양의 검은 점이 일곱 개가 있었다고 한다.

어려서부터 학문을 좋아했던 정몽주는 대학자 목은 이색의 문하에서 이숭인·정도전 등과 함께 수학하여 공민왕 9년(1360) 문과에 장원급제했다. 그로부터 2년 뒤인 공민왕 11년(1362)에는 예문관의 수찬·검열로 관직에 첫 발을 내딛었고, 1364년에는 이성계의 종사관으로 여진족 삼선과 삼개를 화주에서 토벌하였다.

이후 정몽주는 여러 관직을 거쳐 전농시승에 올랐다. 이때 고려는 원나라 지배기를 거치면서 사회가 혼란한 틈을 타서 상제(喪祭)가 문란하고 해이해져 사대부들마저도 100일이 지나면 탈상하기에 이르렀다. 하지만 정몽주는 부모의 상을 당하자 무덤 곁에 초막을 짓고 상례를 극진히 했다. 그러자 나라에서 그의 집 앞에 **정문**을 세워 이를 표창하였다.

공민왕 16년(1367), 정몽주는 예조정랑으로서 성균관 박사를 겸하게

정문(旌門)
충신·효자·열녀 등의 행적을 기리기 위하여 이들의 집 앞이나 살던 마을 앞에 세우던 붉은 문.

되었다. 그때까지 고려에 들어온 경서는『주자집주』밖에 없었는데, 정몽주는 성균관 박사로서 유교 경전의 뜻을 정확하게 해석하였으며 이를 설명함에 있어서도 탁월했다. 그러나 정몽주의 강의를 들은 사람들은 전혀 생각지 못한 해석을 듣게 되자 그의 학문을 의심하기에 이르렀다. 하지만 그 후에 들어온『사서통』과 정몽주의 강의 내용이 일치하자 사람들은 그의 높은 학식에 탄복하며 오해를 풀었다.

이색은 "정몽주의 논리는 횡설수설하는 것 같아도 이치에 합당하지 않음이 없다."면서 그를 '동방 이학의 시조', 즉 우리나라 성리학의 원조로 추앙하기에 이르렀다. 당대의 대학자이자 자신의 스승이었던 이색으로부터 이와 같은 극찬을 받을 정도로 정몽주는 성리학에 통달하였던 것이다. 그리하여 이듬해 성균관 사예가 되었고, 공민왕 20년(1371)에는 잠시 태상소경으로 옮겼다가 곧 성균관 사성이 되었다. 우왕 원년(1375)에는 우사의대부에 제수되었고 이듬해 성균관 대사성에 올랐다.

위기를 기회로 바꾼 뛰어난 외교가

정몽주는 처음 명나라가 일어났을 때부터 그들과의 교류를 주장하며 명나라에 사신으로 다녀오는 등 당시로서는 혁신에 가까운 외교정책을 주장했다. 그의 주장은 철저히 원나라를 배척하고 개혁을 통해 고려를 중흥시키고자했던 공민왕의 뜻과 일치함으로써 실현될 수 있었다.

정몽주가 배원친명주의를 내세운 것은 당시의 국내외 정세에 따른 선택이었다. 1368년, 주원장이 명나라를 세우자 원나라는 북쪽으로 쫓겨가 겨우 그 명맥을 유지하고 있었다. 성리학을 연구한 고려의 신진사대부들은 원나라를 오랑캐라 하여 한족이 세운 명나라를 중국의 정통적인 주인으로 인식했다. 또한 권문세족에 맞서 고려 조정을 개혁하고자 했던 신진사대부들은 권문세족이 의지하고 있는 기존의 원나라보다는 신흥국인 명나라를 내세울 수밖에 없었던 것이다.

그런데 뜻하지 않게 공민왕이 환관 홍윤 등에게 시해됨으로써 명나라와의 외교에 문제가 발생했다. 공민왕이 살해된 뒤 친원파인 김의가 명나라 사신을 죽인 사건이 발생했고, 이에 고려 조정에서는 명나라의 보복이 두려워 감히 사신을 보내지 못했던 것이다.

그러자 정몽주는 대의를 내세워 "요사이의 변고는 마땅히 왕께 자세히 아뢰어 명나라로 하여금 의혹함이 없게 하여야 할 것이다. 어찌 먼저 의심하여 백성들에게 화를 짓게 하겠는가?"라고 주장했다. 이에 고려 조정은 정몽주의 주장에 따라 명나라에 사신을 보내 공민왕의 죽음을 알리고, 김의의 사건을 해명함으로써 관계를 복원할 수 있었다. 명나라로서도 아직 원나라의 잔존 세력과 대치하고 있는 상황에서 원의 배후에 있는 고려의 도움이 필요했기 때문이다. 이것은 정몽주가 학문뿐 아니라 국제 정세 또한 정확하게 꿰뚫고 있었음을 말해 준다.

이때 명나라에게 북쪽으로 쫓겨난 원나라, 즉 북원이 고려에 사신을 보내왔다. 그러자 권신 이인임과 지윤이 나가 사신을 맞이하려 했다. 당시 고려의 지배층인 권문세족들은 원나라를 자신들의 기득권을 유지하는 데 이용하고 있었기 때문이다. 그러나 고려의 개혁과 중흥을 위해서는 원나라보다는 명나라를 따르는 것이 유리하다고 확신하고 있던 정몽주로서는 원나라 사신을 받아들이는 것을 수용할 수 없었다. 그는 곧 문신 10여 명과 함께 이에 반대하는 상소를 올렸다.

> 지난번 원나라가 북방으로 쫓겨가고 명이 일어나 사해를 영유하자 공민왕께서는 분명히 천명을 알고 표문을 받아들여 신하라 일컬었습니다. 황제께서 이를 가상히 여겨 왕에 책봉하였고, 주는 것과 바치는 것이 서로 연속하여 이제 6년이 되었습니다. ……엎드려 생각건대 전하께서 영단을 내려 원의 사신을 잡고 원나라 조서를 거두며, 오계남과 장자온 및 김의가 데리고 갔던 자들을 모두 결박하여 명나라로 보내면 애써 변명하지 않아도 사실이 저절로 밝혀질 것입

니다. 그 다음 정요위와 약속하여 군사를 양성한 뒤 시기를 보아 북쪽으로 향한다고 성명하면 원의 남은 무리들이 멀리 도망하여 나라의 복이 무궁하게 될 것입니다.

하지만 이 상소로 인해 정몽주는 정치적으로 첫 시련을 맞게 된다. 친원파인 지윤과 이인임에 의해 언양으로 유배된 것이다. 정몽주는 이듬해 유배에서 풀려나긴 했으나 관직을 제수받지 못한 채 곧바로 일본에 사신으로 파견되었다. 여기에는 그를 제거하고자 하는 친원파 권신들의 정치적 음모가 숨어 있었다.

당시 왜구의 잦은 약탈과 방화로 해안가 마을 대부분이 텅 비기에 이르자, 고려 조정은 우왕 원년(1375) 나흥유를 일본 패가대에 보내 화친을 꾀했다. 그러나 일본은 나흥유를 첩자라 하여 잡아 가두고는 굶겨 죽이려고 했다. 그러다가 이듬해 10월에야 겨우 풀어주었다. 이러한 사실을 잘 알고 있던 지윤과 이인임은 왜구가 계속해서 창궐하자 우왕 3년(1377) 정몽주를 패가대에 사신으로 파견했던 것이다.

하지만 정몽주는 조금도 망설이지 않고 곧장 일본으로 건너갔다. 그는 패가대의 주장을 만나 뛰어난 말솜씨로 고금의 교린하는 예를 이해시켰다. 정몽주의 인품과 학식에 탄복한 패가대 주장은 그를 공경하며 후하게 대접했다. 또한 정몽주는 시를 써줌으로써 많은 승려들의 공경을 받았는데, 그들은 날마다 정몽주에게 경치 좋은 곳으로 구경가기를 청할 정도였다.

정몽주는 그해 7월 귀국하면서 일본에 포로로 잡혀 있던 윤명과 안우세 등 수백 명을 데리고 돌아오는 외교적 성과를 거두었다. 이로써 그를 죽이고자 했던 지윤과 이인임의 음모는 실패로 돌아갔고, 정몽주는 오히려 이 공으로 승진하게 되었다. 정몽주는 일본에서 돌아온 이듬해인 우왕 4년(1378) 우산기상시에 제수된 데 이어 전공·예의·전법·판도의 판서를 차례로 역임했으며, 우왕 6년(1380)에는 이성계와 함께 운봉에서 왜구를 크게 물리치고 돌아와 밀직제학으로 승진하기에 이르렀다. 이어 정몽주는 첨서밀직사사에 올랐다가 다시 정당문학으로 승진하였다.

이때 고려와 명나라 사이에 심각한 외교 분쟁이 일어났다. 명 태조 주원장이 고려가 명나라와의 약속을 지키지 않았다며 세공을 늘리겠다고 통보해 온 것이다. 또한 지난 5년 동안 고려가 바친 세공이 약속했던 것과 다르다며 사신으로 간 홍상재·김보생·이자용 등을 곤장을 쳐서 먼 곳으로 유배보내기에 이르렀다. 이러한 중에도 고려는 명 태조의 생일을 축하하기 위해 사절을 보내야 했다. 상황이 이러하니 모두들 명나라에 사신으로 가는 것을 꺼릴 수밖에 없었다.

고려 조정에서는 논의 끝에 밀직부사 진평중을 사신으로 보내기로 결정했다. 그러자 진평중은 당시 실권을 쥐고 있던 권신 임견미에게 노비 수십 명을 뇌물로 바치고 병을 핑계로 사퇴해 버렸다. 그러자 임견미는 정몽주를 천거하였다. 그 또한 지윤·이인임 등과 같이 평소 정몽주를 눈엣가시로 여기고 있었기 때문이다.

하지만 정몽주는 이와 같은 음모에 전혀 개의치 않고 흔쾌히 명나라 사신으로 가겠다고 나섰다. 이때 정몽주는 우왕에게 "왕명이라면 물불도 피하지 않을 것인데, 하물며 명에 가는 일이겠습니까? 그러나 우리나라에서 남경까지는 무릇 8천리나 되어 발해에서 순풍을 기다리는 것을 빼면 실제로 90일의 일정입니다. 이제 성절까지의 날짜가 겨우 60일밖에 남지 않았는데 이 또한 순풍을 기다리는 열흘을 빼고 나면 겨우 50일이 남을 뿐이니, 다만 이것이 한스러울 따름입니다."라고 아뢰었다.

왕명이 떨어지자 정몽주는 조금도 지체하지 않고 곧바로 출발했다. 그는 밤낮으로 길을 달려 가까스로 주원장의 생일에 맞춰 표문을 올릴 수 있었다. 명 태조는 표문을 보고 날짜를 꼽으면서 "너희 나라 신하들이 서로 사신으로 오기를 미루니 날이 임박하여 이에 그대를 보낸 것이로다. 그대는 전날 촉의 평정을 축하하러 왔던 자가 아니냐?" 하고 물었다. 예전에 정몽주는 촉의 평정을 축하하기 위해 명나라에 간 적이 있었는데, 돌아오는 길에 태풍을 만나 배가 난파되는 우여곡절을 겪은 끝에 이듬해 겨우 돌아왔다. 정몽주는 당시의 상황을 자세하게 얘기했다. 그러자 명 태조는 그를 위로하고 예부를 시켜 후히 대접해 보내게 하였으며, 홍상재 등을 석방해 주었다.

이듬해 정몽주는 동지공거로서 과거를 주관하고, 우왕 12년(1386)에는 명나라에 사신으로 가 관복을 청하고 세공을 감면해 주기를 청했다. 이때 정몽주는 명 태조에게 고려의 사정을 상세히 알려 5년 동안 미납된 세공과 늘어난 세공을 면제받고 돌아왔다. 우왕은 크게 기뻐하여 그에게 의대와 안마를 하사하고 문하평리에 제수하였다.

명분과 의리를 지키는 원칙주의자

이렇듯 정몽주가 나라를 위해 동분서주하는 동안 고려 내부에서는 일대 변혁이 일어났다. 정몽주의 외교적 노력에도 불구하고 명나라는 원나라가 지배했던 철령 이북 땅을 요구해 왔는데, 이에 고려 조정은 최영 등 강경파에 의한 군사적 대응, 즉 요동 정벌을 들고 나왔다. 그리하여 고려는 우왕 14년(1388), 최영의 주도 아래 요동 정벌에 나섰다. 하지만 사불가론을 내세워 처음부터 요동 정벌에 반대하고 나섰던 이성계가 그해 6월 위화도에서 회군하여 우왕과 최영을 제거하고 창왕을 옹립한 것이다. 이로써 친명파가 득세하게 되었다.

그동안 명나라와의 관계 개선에 앞장서왔던 정몽주는 이성계와 뜻을 같이했다. 창왕 원년(1389), 예문관 대제학에 오른 정몽주는 이성계를 좇아 폐가입진의 논리를 내세워 창왕을 폐하고 공양왕을 옹립했다.

그해 11월 김저와 정득후가 비밀리에 황려(여흥)에 있던 우왕을 찾았는데, 이때 우왕이 울면서 "여기 있으면서 죽을 날만 기다릴 수는 없다. 이성계를 제거하면 과인의 뜻이 이루어질 것이다. 과인이 본래 예의판서 곽충보와 잘 지냈으니 네가 가서 만나보고 계획을 도모하라"는 말과 함께 팔관회 행사 때 거사하라라며 구체적인 날짜까지 정해주었다. 개경으로 돌아온 김저는 우왕의 말과 함께 우왕이 보낸 검을 곽충보에게 전했다. 그러나 곽충보는 거짓으로 승낙한 뒤 곧 이성계에게 그 사실을 알렸다.

이 사건을 계기로 이성계는 우왕을 강릉으로 옮기고, "우와 창은 본래 왕씨가 아니니 종사를 받들게 할 수 없다. 마땅히 가짜 왕을 폐하고 진짜 왕을 세워야 할 것이다. 정창군 요는 신종의 7대 손으로 가장 가까우니 그를 왕으로 세워야 할 것"이라고 주장했다. 이때 정도전·조준·심덕부 등과 함께 그 자리에 참석했던 정몽주도 이에 찬성했다. 그리하여 창왕을 폐하여 강화로 내쫓고 정창군 요를 왕으로 세우니, 그가 바로 고려 마지막 왕인 제34대 공양왕이다.

이 공으로 정몽주는 문하찬성사 동 판도평의사사사 호조상서사사 진현관대제학 지경연춘추관사 겸 성균대사성 영서운관사로 승진하고, 익양군 충의군에 책봉되었으며, 순충논도좌명공신호를 하사받았다.

공양왕 원년(1390) 또 하나의 사건이 발생했다. 명나라에 간 윤이와 이초가 명 태조에게 이성계가 고려의 종실이 아닌 왕요(공양왕)를 왕으로 삼았으며, 이색·조민수 등을 살해하고 우현보 등을 귀양보냈다고 보고한 것이다. 이 사실이 명나라에 사신으로 갔던 왕방과 조반에 의해 고려 조정에 알려지자, 대간이 잇따라 상소를 올려 윤이와 이초를 국문할 것을 청했다. 그리하여 우현보·홍인계·윤유린 등을 순군옥에 가두고 국문하고, 이색 등은 청주에서 국문하게 했다. 그러나 이 사건은 명나라 역사에서는 그 기록을 찾아볼 수 없어 이성계를 비롯한 역성혁명 세력들이 반대파를 제거하기 위해 만들어낸 조작극으로 보이기도 한다.

이때 정몽주는 "이색·권근 등을 사면하는 큰 은혜를 내리소서."라며 대사령을 내릴 것을 건의했다. 그러나 공양왕이 정몽주의 건의에 의해 대사령을 내렸음에도 헌부와 형조에서는 다시 윤이와 이초의 죄를 다스리기를 청했다. 이에 공양왕은 도당에서 그 일을 의논하게 하였다.

정몽주는 또다시 "윤이 · 이초의 죄가 명백하지 않으며 이미 사면을 받았으니 다시 논죄할 수 없습니다." 하고 주장했으나, 신변에 위협을 느낀 공양왕은 하는 수 없이 우현보 등을 귀양보내기에 이르렀다. 그러자 형조에서는 윤이 · 이초를 두둔한다며 정몽주를 탄핵하고 나섰다.

이에 정몽주는 두 번이나 표문을 올려 사직을 청했으나 공양왕은 이를 허락하지 않고 오히려 그를 불러 위로했다. 그리하여 공신각에 초상화가 걸리는 벽상삼한삼중대광 수문하시중 판도평의사사 병조상서사사 영경령전사 우문관대제학 감춘추관경연사 익양군충의백에 제수되었다. 하지만 이 사건을 계기로 정몽주는 사실상 이성계 일파와 결별하게 된다.

공양왕 3년(1392), 왕이 경연관에게 "사람들이 중국의 고사는 알면서 우리나라의 일은 알지 못함이 옳은가?" 하고 물었다. 그러자 정몽주는 "근대사도 모두 편수하지 못하였고, 선대실록 또한 상세하지 못합니다. 청컨대 편수관을 두어 『통감강목』에 의거해 수찬하여 열람에 대비하소서." 하고 대답했다. 공양왕은 정몽주의 의견을 받아들여 실록을 수찬하도록 지시했으나 반대파의 저지로 시행되지 못했다.

이때 김주가 조민수와 뜻을 같이하여 창왕을 세운 이색의 죄를 묻기를 청했다. 그러자 정몽주는 "조민수는 창의 근친이니 창을 세우고자 한 것은 조민수의 뜻입니다. 이때에 이색이 비록 종실을 세우고자 할지라도 조민수의 뜻을 어길 수가 있었겠습니까? 그러니 이색의 죄는 응당 가벼이 다스려야 할 것입니다."라는 상소를 올려 이에 반대했다. 그리하여 공양왕은 정몽주의 주장에 따라 조민수 등만 처벌했다. 또한 정몽주는 "지금부터 이후에 이 일을 논핵하는 자가 있으면 무고로써 논죄하게 하소서." 하고 쐐기를 박음으로써 더 이상 이색이 고통받는 것을 면하게 해주었다.

이어 정몽주는 명나라의 『대명률』과 원나라의 『지정조격』 및 고려의

법령을 참작하고 수정하여 『신율』을 만들어 무너진 법질서를 확립하고
자 힘썼다.

이성계 일파를 제거하라

정몽주는 비밀리에 이성계를 제거할 기회를 엿보았다. 위화도회군
이후 군정을 장악한 이성계의 위세가 갈수록 더해갈 뿐 아니라 그의 추
종 세력인 조준·남은·정도전 등이 그를 새 임금으로 추대하려는 움
직임을 보이고 있었기 때문이다. 그것은 곧 역성혁명을 의미했고 고려
500년 사직의 끝을 의미했다. 고려의 사직을 계속 유지하려면 이성계
일파를 제거하는 방법밖에 없었다.

그러던 중 정몽주에게 이성계와 그 추종 세력들을 제거할 수 있는 절
호의 기회가 찾아왔다. 왕명을 받아 명나라에서 돌아오는 세자 왕석을
마중 나갔던 이성계가 사냥하다 말에서 떨어져 병이 위독하다는 소식
이 전해졌기 때문이다. 그들을 제거할 기회를 노리고 있던 정몽주에게
는 기쁜 소식이 아닐 수 없었다.

정몽주는 대간들에게 사람을 보내 "이성계가 지금 말에서 떨어져 병
이 위독하니 마땅히 먼저 그 일파인 조준 등을 제거한 후에야 일을 도모
할 수 있다."면서 이성계 일파를 탄핵하는 상소를 올리게 했다. 이 기회
에 조준·정도전·남은 등 이성계의 무리들을 제거해야만 장차 이성계
를 제거할 수 있다고 판단했기 때문이다. 그 결과 조준은 멀리 귀양가
고, 남은·윤소종·남재·조박 또한 관직을 삭탈당한 채 귀양보내졌
으며, 봉화에 유배 중이던 정도전은 보주에 감금되었다.

그러나 순조롭게 진행되던 이성계 일파의 제거 노력은 의외의 사건
으로 반전되고 말았다. 정몽주의 의도를 눈치챈 이성계의 아들 이방원
이 즉시 해주로 달려가 이성계에게 "정몽주가 반드시 우리 집안을 해칠
것"이라고 전한 뒤 그 날 밤 비밀리에 개경으로 돌아온 것이다. 또한 이
방원은 이성계의 동생 이화 및 사위 이제 등과 의논한 뒤 휘하의 군사들

에게 "우리 이씨 집안이 왕실에 충성하는 것은 모든 사람이 아는 바이다. 이제 정몽주에게 모함을 받아 악평을 받게 되었으니 후세에 누가 이를 알아주겠는가?"라며 억울함을 호소한 뒤 정몽주를 제거할 계획을 꾸몄다.

정몽주 또한 이성계의 형 이원계의 사위인 변중량을 통해 이러한 사실들을 알게 되었다. 이에 정몽주는 좀더 사태를 자세히 파악하기 위해 병문안을 핑계로 이성계를 방문했다. 이때 평소 정몽주의 학식과 강직함을 높이 평가하고 있던 이성계는 그를 반기며 후하게 대접했다. 하지만 이방원의 생각은 달랐다. 이방원은 돌아가려는 정몽주를 자신의 방으로 청해「하여가」로 그의 마음을 떠보았다.

> 이런들 어떠하며 저런들 어떠하리
> 만수산 드렁칡이 얽어진들 어떠하리
> 우리도 이같이 얽혀서 백년까지 누리리라

정몽주는 이에 대해「단심가」로 자신의 마음을 대신했다.

> 이 몸이 죽고 죽어 일백 번 고쳐 죽어
> 백골이 진토 되어 넋이라도 있고 없고
> 님 향한 일편단심이야 가실 줄이 있으랴

이에 정몽주의 마음을 돌이킬 수 없다고 판단한 이방원은 조영규 등을 보내 집으로 돌아가는 정몽주를 선죽교에서 살해했다. 공양왕 3년(1392) 4월 4월의 일로 이때 정몽주의 나이 쉰여섯이었다. 또한 이방원 등은 정몽주의 지시에 따라 조준 등을 탄핵한 대간들을 국문하여 귀양 보내고 그 일당을 유배시킨 뒤, 정몽주의 머리를 거리에 매달고 "거짓으로 일을 꾸미고 대간을 꾀어 대신을 모해하고 국정을 혼란시켰다."는 방을 붙였다. 그리고 상소를 올려 정몽주의 가산을 몰수하였다.

고려 사직을 지키려던 정몽주의 마지막 몸부림이 이와 같이 물거품이 되어버림으로써 고려왕조는 멸망의 길을 걷게 되었다. 이성계는 정몽주가 죽은 지 3개월 후인 1392년 7월, 정도전 · 조준 등의 추대를 받아 공양왕을 내쫓고 왕위에 올랐으며, 이듬해 1393년 3월 15일 새 국호로 조선을 씀으로써 고려는 역사의 뒤안길로 사라지고 말았다.

그 후 조선 제3대 임금으로 등극한 태종(이방원)은 정몽주가 죽은 지 13년 만인 1405년, 권근의 건의에 따라 그를 대광보국숭록대부 영의정부사 수문전대제학 겸 예문춘추관사 익양부원군에 추증하고, '문충'(文忠)이라는 시호를 내렸다.

『여말충의열전』은 정몽주를 가리켜 다음과 같이 전하고 있다.

> 정몽주는 타고난 자질이 지극히 높고 호탕하며 인품이 뛰어나 충효의 큰 절개가 있었다. 어려서부터 학문을 좋아하니 부지런히 성리학을 연구하여 깊이 깨달은 바가 있었다. 평소 이성계가 그의 재주를 중히 여겨 정벌할 때에 반드시 그와 같이 갔으며 여러 번 천거하여 함께 재상이 되었다. 이때 나라에 사고가 많아 정무가 번거로웠는데, 정몽주는 큰 일을 처리하고 의심스러운 일을 결단하는 데 있어 목소리와 얼굴색 하나 변하지 않고 좌우에 응답하여 모두 그 적당함을 얻었다. 이때에 풍속이 오로지 불법을 숭상하는지라 정몽주가 비로소 선비와 서민으로 하여금 주자가례를 모방하여 가묘를 세워 조상에게 제사를 받게 하였다. 또 도성 내에 5부학당을 세우고 지방에는 향교를 두어 유학을 일으켰다. 그 밖에 의창을 세워 백성들을 진휼하고 수참을 두어 조운을 편리하게 한 것 등이 모두 그가 계획한 것이다. 그의 시문은 호방하면서도 엄숙하고 깨끗하며, 포은집이 있어 세상에 전한다.

교양으로 읽는 고려사

초판 1쇄 발행 2017년 8 월 14일

지은이 송은명

펴낸이 김형성
디자인 정종덕
인쇄 정민인쇄
제본 정민문화사

펴낸곳 (주)시아컨텐츠그룹
주소 경기도 파주시 재두루미길 150(활자마을)
전화 031-955-9696 (代)
팩스 031-955-9393
E-mail siaabook9671@naver.com

ISBN 979-11-88519-01-9
값 15,000원